해커스잡만의 추료

"저자 직강 자소서 인강" 수강권 (1강)

7F8FAAAF5C245DD6

해커스잡 사이트(job.Hackers.com) 접속 후 로그인 ▶ 사이트 메인 상단의 [마이클래스] 클릭 ▶
[결제관리-쿠폰·포인트·수강권] 클릭 ▶ 위 쿠폰번호 등록 ▶ [마이클래스-내 강의실]에서 수강 가능

* 쿠폰 유효기간 : 2021년 2월 28일까지 / 본 쿠폰은 한 ID당 1회에 한해 등록 및 사용 가능
* 쿠폰 등록 시점부터 30일 동안 이용 가능

* 이 외 쿠폰 관련 문의는 해커스 고객센터(02-537-5000)로 연락 바랍니다.

"10대 공기업 자소서 합격 가이드" 다운로드 쿠폰

SDJ974YTB654E38U

해커스잡 사이트(job.Hackers.com) 접속 후 로그인 ▶ 사이트 메인 상단의 [마이클래스] 클릭 ▶
[학습지원-교재자료 다운] 클릭 ▶ [취업교재 무료자료 다운로드] 페이지에서 본 교재 우측의 [다운로드] 클릭하여 이용

* 이 외 쿠폰 관련 문의는 해커스 고객센터(02-537-5000)로 연락 바랍니다.

"자소서부터 인적성 · 면접까지" 필수 취업 인강 30% 할인쿠폰

A6628828CD3DB435

해커스잡 사이트(job.Hackers.com) 또는 해커스공기업 사이트(public.Hackers.com) 접속 후 로그인 ▶
사이트 메인 상단의 [마이클래스] 클릭 ▶ [결제관리-쿠폰·포인트·수강권] 클릭 ▶ 위 쿠폰번호 등록 ▶
인강 결제 시 적용

* 쿠폰 유효기간 : 2021년 2월 28일까지 / 본 쿠폰은 한 ID당 1회에 한해 등록 및 사용 가능
* 해당 쿠폰은 단과/종합 강의에만 적용 가능

* 이 외 쿠폰 관련 문의는 해커스 고객센터(02-537-5000)로 연락 바랍니다.

"입사 지원 필수 관문" 토익스피킹/오픽 인강 2만원 할인쿠폰

9B9E889D66E5833U

해커스인강 사이트(HackersIngang.com) 접속 후 로그인 ▶ 사이트 메인 상단의 [마이클래스] 클릭 ▶
[결제관리-내 쿠폰 확인하기] 클릭 ▶ 위 쿠폰번호 등록 ▶ 인강 결제 시 적용

* 쿠폰 유효기간 : 2021년 12월 31일까지 / 본 쿠폰은 한 ID당 1회에 한해 등록 및 사용 가능
* 해당 쿠폰은 단과/종합 강의에만 적용 가능
* 쿠폰 등록 시점부터 7일 동안 사용 가능

해커스
스펙을 뒤/집/는
자/소/서

해커스잡

대기업·공기업 자소서의 모든 것

최신판

해커스
스펙을 뒤/ᄀ/는
자/소/서

개정 6판 2쇄 발행 2020년 7월 27일

개정 6판 1쇄 발행 2019년 2월 8일

지은이	윤종혁 · 해커스 취업교육연구소 공저
펴낸곳	(주)챔프스터디
펴낸이	챔프스터디 출판팀

주소	서울특별시 서초구 강남대로 61길 23 (주)챔프스터디
고객센터	02-566-0001
교재 관련 문의	publishing@hackers.com
	해커스잡 사이트(ejob.Hackers.com) 교재 Q&A 게시판
학원 강의 및 동영상강의	ejob.Hackers.com

ISBN	978-89-6965-128-0 (13320)
Serial Number	06-02-01

취업강의 1위,
해커스잡(ejob.Hackers.com)

- 저자 직강 동영상강의
- 10대 공기업 자소서 합격 전략 가이드
- 자소서 작성 TOOL, 기출면접연습, 매일 스펙업 콘텐츠 등 다양한 무료 취업 자료
- 본 교재 인강 및 취업 인강(교재 내 할인쿠폰 수록)

[취업강의 1위] 헤럴드 선정 2018 대학생 선호 브랜드 대상 '취업강의' 부문 1위

자기소개서가 스펙을 뒤집는다!

"무엇을 써야 할지도 모르겠고, 글자 수 채우기도 힘들어요.
 제가 제대로 쓰고 있는 걸까요?
 자소서에 나만의 스토리를 어떻게 담아내야 하는 건가요?"

자소서로부터 도망치고 싶은 마음, 이해합니다.

개개인의 생각과 경험에서까지 정답을 찾는 사회에서 하루아침에 자신만의 스토리를 쓰기는 어려운 일이니까요. 하지만 더 이상 스펙만으로는 면접을 기대하기 어렵고, 오히려 자소서가 스펙을 뒤집을 만큼 점점 더 중요해지고 있습니다.

공기업에서는 블라인드 채용을 도입하고, 직무 역량을 중점적으로 평가하는 NCS 기반의 채용을 시행하고 있습니다. 삼성, LG 등 대기업 역시 스펙보다는 지원자의 역량을 평가할 수 있는 방향으로 채용 기준과 프로세스를 점차 바꿔나가고 있습니다. 스펙의 비중이 줄어드는 대신 자소서, 에세이를 통한 평가 항목이 늘어나면서, 이제 스펙이 다소 부족하더라도 자소서와 에세이에서 뛰어난 역량을 보인 지원자들이 면접, 그리고 최종 합격의 기회를 얻을 수 있게 된 것입니다. 이것이 바로 자소서로부터 도망치는 것이 아니라, 자소서를 무기로 삼아야 할 이유입니다.

평범한 내 자소서를 "남다른" 자소서로 만들 수 있도록,
제시한 대로 따라만 하면 자소서가 술술 써질 수 있도록,
더 이상 자소서로부터 도망치지 않고, 합격의 기회로 만들 수 있도록,
보다 구체적이고, 확실한 합격자소서 작성 비법을 『스펙을 뒤집는 자소서』에 담았습니다.

1. 『스펙을 뒤집는 자소서』는 자소서 작성 Tip만 설명한 다른 교재들과 다르게, 자소서 작성 전, 작성 단계, 작성 후 각각의 과정에서 어떻게 해야 하는지를 구체적으로 제시하였습니다.

2. 『스펙을 뒤집는 자소서』는 〈합격자소서 작성 TOOL〉을 통해 단계별로 따라만 하면 어렵지 않게 자소서를 완성할 수 있도록 하였습니다.

3. 『스펙을 뒤집는 자소서』는 20대 기업의 〈기업별 합격자소서 작성 가이드〉와 주요 공기업의 〈NCS 합격자소서 작성 가이드〉를 수록하여 사례와 함께 자소서 작성에 대한 구체적인 가이드를 제시하였습니다.

4. 『스펙을 뒤집는 자소서』는 실제 합격한 학생들의 자소서를 합격 포인트가 잘 드러나도록 교정하여 수록하였습니다.

지식을 휴대하는 사회가 되면서 더더욱 스토리는 중요해지고 있습니다. 지식을 새롭게 창조할 수 있는 능력은 바로 자신만의 스토리를 쓸 수 있는 사람으로부터 나오기 때문입니다. 따라서 기업은 새로운 제품과 서비스를 창출하는 데 기반이 될 개개인의 개성을 기다리고 있습니다.

이제, 여러분만의 스토리로 모든 사람들의 스펙을 뒤집을 차례입니다.

윤종혁 · 해커스 취업교육연구소

스펙을 뒤집는 자소서
Contents

프롤로그 ✎

자기소개서(이하 자소서) 책을 쓰면서 가장 고민이 되었던 부분은 어떻게 하면 내가 하고 싶은 말을 정확히 전달할 수 있을까에 대한 것이었다. 글쓰기는 말하기보다 어렵고 굉장히 힘든 작업이다. 글로 본인이 하고 싶은 말을 모두 표현한다는 것 자체가 불가능한 일일지도 모른다. 머릿속에는 하고 싶은 말들이 넘쳐나는데, 이것을 어떤 방식으로 표현해야 오해하지 않고 읽어낼 수 있을지에 대한 고민이 든다.

2017년 하반기부터 모든 공공기관이 블라인드 채용을 시행하기로 했다. 더 나아가 이를 민간 기업으로 확대 실시할 전망이다. 블라인드 채용의 도입은 그동안 채용에서 중요시되었던 스펙이라고 하는 외형적인 부분보다는 능력과 직무 적합성 위주로 인재를 선발하는 데에 그 목적이 있다. 그러므로 채용 과정에서 자소서를 더 많이 보는 것은 너무나 당연한 결과라고 할 수 있다. 앞으로 자소서 항목은 더 복잡해질 것이고, 지원자에게 요구되는 사항은 더 많아질 것이다.

지원자들은 이 부분이 부담스럽게 느껴질 것이다. 다양한 자소서 책을 뒤져보고 합격자소서를 보아도 자소서는 잘 써지지 않고, 컴퓨터 앞에 앉아 있는 시간이 길어질 뿐이다. 쓴다고 하더라도 전혀 마음에 들지 않는다. 당연한 이야기이다. 우리는 좋은 글은 많이 접해보았으나, 많은 글을 써보지는 않았기 때문이다. 즉, 글을 보는 눈과 글을 쓰는 실력의 차이가 크다는 의미이다. 그래서 자소서를 더 어려워하는지도 모른다.

자소서를 쓰기 위해서는 먼저 자소서를 정확하게 이해하는 작업이 필요하다. 당신은 자소서가 무엇이라고 생각하는가? 문자 그대로 '자기를 소개하는 글'이라고 할 수 있는데, 바로 이 부분이 어려운 것이다. 우리는 남을 소개하기는 쉽지만, 자기를 소개하는 일은 굉장히 어려워한다. 말로도 어려운데 글로는 더더욱 어렵지 않겠는가. 즉, 자기를 소개하는 글을 쓴다는 것은 원래부터 쉽지 않은 일이다. 게다가 우리는 자소서 항목에 맞는 경험도 없다. 특정 기업에 들어가기 위해 경험을 쌓은 것이 아니기 때문이다. 경험은 우연히 하게 되는 것이다. 그리고 자소서는 우연히 경험한 것들을 필연의 영역으로 바꾸는 작업이다.

자소서를 쓸 때 흔히 하는 실수 중 하나는 자기 눈 앞에 펼쳐진 광경만을 상상하며 서술하는 것이다. 그러다 보니 자신의 행위가 드러나지 않게 되고, 느낌만으로 정확하게 표현하지 못하는 단어들을 나열하게 된다. 따라서 자소서를 잘 쓰기 위해서는 자신의 행위를 생각하여 작성하고, 추상적인 단어는 지워야 한다. 어쩌면 이것은 현대사회에서 강조되는 인문학과도 일맥상통한다고 볼 수 있다. 인문학은 추상적인 단어와 감각적인 영역을 구체화하는 작업이기 때문이다.

자소서 역시 당신이 한 행위를 구체적으로 기재하는 것이다. '구체적'이란 본인이 그 단어를 설명할 수 있어야 함을 의미한다. 예를 들어 당신의 설득으로 프로젝트를 성공시킨 경험을 작성할 때는 '설득'이라는 단어를 정확하게 설명할 수 있어야 한다. 지금 당장 설득이라는 단어를 설명해보자. 쉽지 않을 것이다. 설득은 상대방이 나의 의견에 100% 동의하게 만드는 것이다. 이렇게 정의해보면 자신이 어떤 내용을 써야 할지 좀 더 명확해질 것이다.

자소서는 자신만의 이야기를 보여주는 수단이다. 자신만의 이야기를 보여주라고 하면 대부분 "봉사활동을 했다. 그래서 보람되었다." 또는 "소통을 통해 문제를 해결했다."와 같이 쓴다. 하지만 중요한 것은 누구나 할 수 있는 경험 그 자체가 아니다. '왜 봉사를 했고', '무엇을 느꼈는지'에 대한 내용이 담겨 있어야 한다. 과거에는 자소서를 쓸 때 특별한 경험이 중요하다고 여겨졌다. 그러나 더 이상 특별한 경험은 없다. 취업 준비를 하는 사람들은 대부분 봉사활동이나 대외활동, 팀 프로젝트, 공모전, 인턴, 아르바이트 등의 경험을 갖고 있다. 심지어 이러한 경험 없이도 취업에 성공하는 사람이 있다. 그럼에도 불구하고 여전히 많은 사람이 더욱 특별하고 다양한 경험이 필요하다고 생각한다. 이 생각부터 버려야 한다.

요즘 인문학이 유행하고 있으니 인문학자들이 많이 사용하는 단어를 사용해보자. 인문학자들이 많이 사용하는 말 중에 '판단중지'라는 말이 있다. 어떤 사물이나 사실의 본질을 캐내기 위해 논리를 따라가다 보면 가끔 막힐 때가 있다. 이때 인문학자들은 판단중지를 한다. 혹시나 자신이 오류를 범하고 있을지도 모른다는 생각에서이다. 자신이 설정해놓은 개념에 꼬리를 물고 들어가다 보면 자신의 판단이 궤변이 될 수 있기 때문이다. 당신은 지금 '판단중지'가 아닌 '경험중지'를 해야 한다. 아마도 당신은 취업 성공 사례를 찾아다니며 그 사람들이 어떤 경험을 했는지를 꼼꼼히 메모하고, 그 경험을 하기 위해 애쓸 것이다. 그리고 그러한 경험을 자소서에 나열하는 데 급급하다. 그러나 당신은 취업 성공 사례에서 그 사람이 어떤 경험을 했는지에 주목할 것이 아니라, 그 사람이 왜 그 경험을 하게 되었는지를 파악해야 한다. 이것이 바로 당신이 경험중지를 해야 하는 이유이다.

당신의 경험은 이미 충분하다. 이제 남은 것은 당신의 경험을 어떠한 방식으로 보여줄 것인가에 관한 일이다. 삼성이나 은행권을 비롯한 일부 기업에서는 '자소서'를 '에세이'라고 말한다. 나는 그것이 정확한 표현이라고 생각한다. 에세이는 자신이 겪은 일을 나열하는 것이 아니라, 일정한 구조 안에서 자신이 겪은 일에 감정을 섞어 전달하는 글이기 때문이다. 분명 당신들은 열심히 살아왔을 것이다. 자소서에 쓸 말이 없다고 생각하기보다는 자신의 인생을 긍정하고, 인생에서 무엇을, 왜, 어떻게 배웠는지를 잘 보여줄 수 있어야 한다.

자소서 작성은 이제부터 시작이다. 지금부터 내가 책에서 다룰 내용은 위에서 한 이야기를 실천으로 옮기는 작업이다. 중요한 것은 자소서를 잘 쓰기 위해서는 일단 써봐야 한다는 점이다. 많은 시도를 하면 할수록 좋은 자소서를 쓸 가능성은 커진다. 자신의 이야기를 많이 풀어내면 풀어낼수록 자신에 대한 이해가 깊어지기 때문이다. 자신에 대한 이해가 깊어지면 자신의 강점을 어떻게 강조할 수 있는지, 어떠한 약점을 보여주는 것이 상대적으로 유리한지 등을 파악할 수 있게 된다. 또한, 처음 자소서를 쓸 때보다 훨씬 더 간결하고 의미가 명확한 문장을 사용할 수 있게 된다. 이 책을 읽고 한 번에 자소서를 잘 쓰겠다는 욕심을 버려라. 대신 이 책이 보여주고 있는 대로 기업과 자신을 파악하고, 좋은 자소서의 요건을 활용해 자소서 작성을 시도해 보자. 그렇게 된다면 다른 자소서와 비슷비슷한 자소서가 아닌 '당신만의' 좋은 자소서를 반드시 갖게 될 것이다.

스펙을 뒤집는 기본 원칙 1

기업분석은 선택이 아닌 필수이다

가끔 기업분석을 하지 않고 자소서를 쓰는 친구들이 있다.

당연히 자소서가 잘 써질 리 만무하다.

특히 대부분 기업의 첫 번째 자소서 항목인 '지원동기'를

작성하는 데 큰 어려움을 겪게 된다.

기업은 모두 비슷한 바를 추구하는 것 같지만,

사실 각기 다른 목표, 비전, 경영철학 등을 가지고 있기 때문에

각 기업이 원하는 인재도 다를 수밖에 없다.

대부분의 기업이 창의적이고 열정적인 인재를 원하지만,

기업마다 창의와 열정에 대한 해석이 다른 것이다.

따라서 지원하고자 하는 기업과 관련한 주요 사항을 살펴보고,

이를 통해 기업이 지원자에게 원하는 역량이 무엇인지 확인해야 한다.

01 기업분석하기 전엔 이름도 쓰지 말자

기업이 원하는 인재를 알아야 한다

　기업은 어떤 사람을 채용하고자 할까? 기업은 직원에게 몇천만 원의 연봉을 주고 일을 시킨다. 직원에게 복지 혜택을 주는 경우에도, 직원을 지속적으로 교육하는 데에도 많은 비용이 들어간다. 이처럼 기업은 채용한 인재에 대해 투자를 하게 된다. 이러한 점에서 생각해본다면 기업이 인재에 대해 투자한 만큼 그로부터 이익을 얻길 바라는 것은 당연한 일이다. 따라서 기업이 원하는 인재란 자신이 갖춘 능력을 이용해 최대의 이윤을 창출할 가능성이 높은 사람일 것이다.

　기업 내에서 최대의 이윤을 창출해내기 위해서는 현재 기업의 수익 창출 근원이 무엇인지 분명히 파악할 수 있어야 하고, 미래의 수익 창출에 기여할 수 있는 방법에 대해 고민해볼 수 있어야 한다. 이 모든 것이 가능하기 위해서는 가장 먼저 기업의 경영전략과 사업영역을 확인해야 한다. 지원하고자 하는 기업이 어떠한 방식으로 지속적인 성과를 이룩하고 있는지, 해당 산업군에서 경쟁우위를 확보하기 위해 어떤 부분에 주력하고 있는지 등을 확인해야 하는 것이다.

　그런데 자소서를 작성하기 전에 기업을 분석한답시고 기업이 가지고 있는 이미지만을 열심히 분석하는 지원자들이 있다. 이들은 광고나 제품의 이미지를 기업의 이미지에 대입

하는 실수를 저지른다. 광고나 제품에서 드러나는 기업의 이미지는 소비자에게 각인시키기 위한 이미지라는 점을 명심하자. 당신은 지원하고자 하는 기업에 당신이 단순한 소비자를 넘어서 생산자의 역할을 할 수 있음을 증명해야 한다.

따라서 기업에 지원하지 않는 사람과 별반 다를 것 없이 기업의 이미지만을 가지고 단편적으로 기업을 분석하기보다는 기업이 어떻게 이윤을 창출하고 성장을 도모하고 있는지 다양한 관점에서 통찰하고, 이 통찰을 통해 기업을 객관적으로 분석하여 생산자적 마인드를 갖추고 있음을 보여주어야 한다.

이 사람, 우리 회사랑 잘 맞겠는데?

과거에 기업의 경쟁력을 결정하는 것은 혁신적 기술을 이용한 제품이었다. 그러나 최근 기술 상향 평준화 추세가 뚜렷해짐에 따라 혁신적 기술 이외의 다양한 요소들이 기업의 경쟁력 확보를 가능하게 하고 있다. 그중 대표적인 것이 바로 기업의 가치관이다. 추상적인 기업의 가치관을 구체화하고, 이를 소비자에게 효과적으로 드러내는 것은 기업에 속한 직원들의 몫이다.

이러한 점에서 본다면 직원은 단순히 기업의 부품에 불과한 것이 아니라 기업의 생존을 결정하는 일종의 전략적 파트너로 보는 것이 옳다. 그러다 보니 기업의 가치관과 부합하는 가치관을 지닌 지원자를 뽑으려는 기업의 움직임은 어쩌면 당연한 일일지도 모른다. 따라서 자소서를 작성하기 전에는 반드시 기업이 추구하는 가치관을 확실히 파악하고, 자소서를 통해 이 가치관과 자신의 가치관이 부합한다는 것을 드러낼 필요가 있다.

이것이 가능하기 위해서는 기업분석이 먼저 이루어져야 한다. 많은 지원자들이 자소서 작성의 첫 단계라 할 수 있는 기업분석에 대해 막연한 두려움을 갖고 있다. 하지만 기업분석 시 살펴보아야 할 사항은 몇 가지로 압축될 수 있으며, 기업의 공식 사이트 및 기업 관련 뉴스를 통해 쉽게 확인할 수 있다.

그러므로 당신은 개인 블로그, 사이트 등을 통해 다른 이들이 정리해놓은 기업분석 내용을 무작정 수용하기보다는, 스스로 기업의 전반적인 사항을 평가하고 이를 통해 기업이 지원자에게 무엇을 바라고 있는지를 직접 확인할 수 있어야 한다. 이는 기업이 추구하는 다양한 가치관 중 당신과 맞는 가치관을 직접 선별할 수 있는 기회이기 때문이다. 또한, 기업분석은 대부분의 자소서 항목에 드러나야 하는 기업과 당신의 접점을 찾는 과정이기도 하다.

> **기업에 대한 유용한 정보를 얻을 수 있는 온라인 채널**
> - 각 기업의 대표 사이트
> - 각 기업의 채용 사이트
> - 각종 기업 관련 인터넷 뉴스
> - 금융감독원 전자공시시스템(dart.fss.or.kr)
> - 공공기관 경영정보 공개시스템 알리오(www.alio.go.kr)
> - 전국경제인연합회(www.fki.or.kr)

지원자에게 있어서 기업분석이 갖는 의미

① 기업분석은 당신이 선택한 기업에 대해 알아볼 수 있는 방법이다

당신은 어떤 기업에라도 지원할 수 있는 사람이다. 충분히 능력을 발휘할 수 있는 사람이며, 어느 곳에 두어도 열심히 일할 의지도 가지고 있다. 이러한 측면에서 보면 당신은 기업에 의해 '선택당하는' 입장이 아닌 기업을 '선택하는' 입장에 놓여있기도 하다.

당신은 참고서 하나를 고를 때도 온갖 리뷰를 보며 분석할 것이다. 하물며 당신의 인생을 좌우할 수도 있는 직장을 선택할 때 기업분석을 하지 않는다는 것은 당신의 선택이 올바른지 꼼꼼히 따져보는 것을 포기하는 것과 마찬가지라고 할 수 있다.

② 기업분석에 기초한 자소서는 지원자가 기업에 대한 관심이 많다는 것을 증명한다

기업이 원하는 인재가 된다는 것은 무조건 기업에 충성하는 사람이 되는 것을 의미하지 않는다. 간혹 기업이 원하는 인재를 "시켜만 주십시오. 열심히 하겠습니다."라고 외치며 열정으로 가득 찬 사람으로만 착각하는 사람들이 있다. 그러나 기업에 지원하고자 하는 이들 중 시키면 열심히 하지 않을 사람이 몇이나 되겠는가? 이러한 태도는 기업에 지원하는 모두가 가져야 할 당연한 태도이기 때문에, 이 점만을 자소서에 강조하는 것으로는 절대 채점관의 마음을 뺏을 수 없다.

차라리 "나는 열심히 살아온 과정에서 이 기업을 만나게 되었고, 이 기업에 대해 알아 봤더니 나의 성향과 잘 맞더라. 따라서 나는 이 기업에 지원하여 이제까지 그래왔던 것처럼 열심히 살고자 한다."라는 뉘앙스의 이야기를 자소서에 담는 것이 훨씬 설득력이 있다. 여기에는 기업에 대해 실제로 알아본 내용, 즉 기업분석의 내용이 포함되어야 하고, 이를 통해 기업에서 열심히 '어떻게' 하고자 하는지가 구체적으로 제시될 수 있어야 할 것이다.

③ 기업분석을 통해 자소서의 소재를 얻을 수 있다

자소서 작성 시 쓸 말이 없어 고민이라는 사람을 쉽게 찾을 수 있다. 하지만 기업에 관한 객관적 사실 몇 가지만 가지고서도 풍부한 내용의 자소서를 작성할 수 있다. CJ ENM E&M 부문의 미디어콘텐츠본부를 예시로 살펴보자.

CJ ENM E&M 부문 미디어콘텐츠본부 특징	• tvN, Mnet, OCN 등 다양한 장르의 전문 방송 채널 보유 • 아시아 최대 MCN 사업자인 DIA TV의 창의적인 디지털 콘텐츠, 드라마 전문 제작사 STUDIO DRAGON의 웰메이드 드라마 등 다양한 문화 콘텐츠 창출 • 디지털 플랫폼 TVING은 언제 어디서나 자유롭게 영상 콘텐츠를 시청할 수 있는 OTT(온라인 영상 스트리밍) 서비스로서 이용자에게 보다 풍부한 콘텐츠 경험을 선사

〈출처: CJ ENM 기업 사이트〉

CJ ENM E&M 부문의 미디어콘텐츠본부는 단순히 TV 프로그램을 만드는 곳이 아니라, 문화 콘텐츠를 이용해 한국의 문화를 세계에 알리고 이를 통해 영업 이익을 창출하는 곳이다.

이러한 점을 기반으로 하여 CJ ENM E&M 부문이 한국 문화를 재조명하고 있으며, 글로벌 문화 트렌드를 선도할 문화 창출에 노력을 기울이고 있다는 내용과 함께 이에 당신이 어떻게 기여할 수 있는지에 대한 생각 또는 관련 경험 등을 제시한다면 더 이상 자소서의 분량이 부담스럽게 느껴지지 않을 것이다. 이처럼 당신이 기업에 대해 아는 것이 많으면 많을수록 자소서가 풍부해질 수 있다는 사실을 기억하자.

O2 기업분석, 제대로 하자

경영목표와 비전 그리고 철학

만약 당신이 기획하는 일을 목표로 하고 있다면, 기획에 대한 나름대로의 철학과 비전을 가지고 있을 것이다. 당신이 기획을 '새로운 것을 창조함으로써 주변 또는 사회에 영향을 주는 행동'으로 여긴다면 이것은 일종의 기획에 대한 철학이라 할 수 있다. 또한, 기획을 지속적으로 행하며 경력을 쌓고, 이를 통해 10년 뒤에 최고의 경영 기획자가 되고자 한다면 이것은 비전이라 할 수 있다. 이러한 철학과 비전을 염두에 두고 당신은 기획 업무를 할 수 있는 기업에 들어가고자 전략을 짜게 될 것이다.

기업도 마찬가지이다. 보이는 것처럼 기업 역시 비전과 철학을 바탕으로 경영목표를 세우고, 이를 통해 단기, 중기, 장기 사업전략을 구상하게 된다.

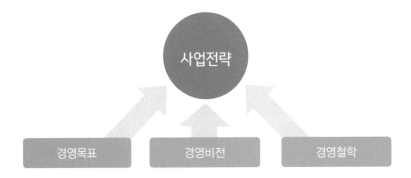

따라서 기업의 현재 및 미래 사업전략 흐름을 읽기 위해서는 그 기업의 경영목표와 비전, 철학 등을 먼저 파악해야 한다. 이때, 기업이 경영목표와 비전, 철학을 뚜렷하게 제시하지 않고 모두 결합하여 하나의 개념으로 나타내는 경우도 있고, '경영목표'를 '경영원칙',

'경영목적', '경영이념' 등의 다른 용어로 표현하는 경우도 존재한다. 그러나 이 경우 모두 경영목표, 비전, 철학과 마찬가지로 사업전략을 구상하는 데 근본이 되는 내용이라는 점을 잊지 말아야 한다.

위 사항을 염두에 두고 예시 기업인 SK텔레콤을 함께 살펴보자.

경영목표	기업의 영구 존속과 발전을 통해 고객, 구성원, 주주에 대한 가치를 창출하여 사회·경제 발전에 핵심적인 역할을 수행하고 나아가 인류의 행복에 공헌한다.
비전	대한민국 대표 New ICT 기업

〈출처: SK텔레콤 기업 사이트〉

SK텔레콤의 궁극적 경영목표는 고객, 구성원, 주주 등을 비롯한 기업의 다양한 이해관계자들의 행복을 추구하는 것이다. 이는 SK텔레콤과 관련된 사람들 또는 기업이 모두 꿈을 실현할 수 있도록 돕고, 이를 통해 기업과 사회의 이익을 동시에 도모하겠다는 의지이기도 하다. 여기에서 당신은 SK텔레콤이 이해 관계자들의 행복을 어떻게 만들어낼 것인지 그 방법을 모색하는 데 관심이 있다는 점을 기억해야 한다.

이번에는 SK텔레콤의 비전을 살펴보자. SK텔레콤은 '대한민국 대표 New ICT 기업'으로 자리매김하는 것을 비전으로 삼고 있다. 이에 대해서 당신은 SK텔레콤의 사업 중 이 비전을 달성할 수 있는 것이 무엇인지 확인해야 한다. SK텔레콤은 이동통신 서비스와 더불어 4차 산업혁명 시대를 대비하기 위해 인공지능(AI), 사물인터넷(IoT), 빅데이터, 5G 등의 분야에 집중하고 있다. 이를 통해 SK텔레콤이 ICT(정보통신) 기술을 이용해 생활 전반에 변화를 가져오는 것에 관심이 있음을 알 수 있다.

위 사항을 토대로 한다면 SK텔레콤의 지원자는 어떠한 역량을 갖추어야 할까? 우선 SK텔레콤이 기업과 사회의 이익을 도모할 수 있는 새로운 가능성을 모색해야 한다는 점에서 진취적 성향은 매우 중요하게 여겨질 것이다. 또한, 비전을 달성하는 데 중요한 역할을 할 ICT 기술에 대한 폭넓은 이해, 특히 선진화된 ICT 기술을 기반으로 한 4차 산업혁명 시대의 특징을 읽어낼 수 있는 능력이 있어야 한다.

기업의 최대 관심사인 지속가능경영

　기업의 경영목표, 비전 그리고 철학 등을 전반적으로 파악했다면 이를 실현하기 위한 세부적인 활동에는 무엇이 있는지 확인해야 한다. 기업의 세부적인 활동은 '지속가능경영'을 통해 확인할 수 있다. 지속가능경영의 목적은 수익 창출이라는 기업 본연의 목적을 달성하는 동시에 환경을 보전하고, 인류의 보편적인 가치를 추구하기 위해 사회적인 책임을 다하는 것에 있다. 다시 말하자면, 지속가능경영은 경제, 사회, 환경이라는 세 가지 측면에서 기업이 지속적으로 성과를 내고, 산업군에서 경쟁 우위를 확보하기 위해 마련된 기업의 구체적 방안인 것이다. 지속가능경영은 다음과 같이 구분될 수 있다.

경제적 지속 가능성	경제의 질적 성장	– 지역사회 경제 기여 – 기업 투명성(회계 투명성, 정보 공개) – 공정 경쟁 – 혁신(경영 혁신, 기술 혁신)
사회적 지속 가능성	사회적 책임	– 사회공헌 활동 – 준법경영 – 인권경영 – 안전 보건 활동
환경적 지속 가능성	에코 효율성	– 청정생산 – 전 과정 관리 　(친환경 공급망 관리, 제품 책임주의) – 기후 변화 대응 – 환경 리스크 관리 – 생물 다양성 보호 – 제품의 서비스화

〈출처: 전국경제인연합회 사이트〉

　대부분의 기업은 공식 사이트에서 지속가능경영 보고서를 공개하거나, 보도 기사를 통해 지속가능경영 내용을 밝히고 있다. 하지만 이 지속가능경영이라는 단어를 쉽게 발견할 수 없다고 당황하지 말자. 그 단어 대신 '윤리경영', '사회공헌 활동', '사회적 책임' 등의 단어가 보일 테니 말이다. 위에서 확인할 수 있듯이 지속가능경영이라는 개념은 사실 그 범위가 매우 넓으므로, 기업의 세부 활동이 어떠한 성격의 지속가능경영인지 파악하면 된다.

　이번에는 SK텔레콤이 경영목표와 비전, 철학을 실현하기 위해 어떤 세부적인 활동, 즉 어떤 지속가능경영을 실현하고 있는지 함께 살펴보자. SK텔레콤은 지속가능경영 추진 과제를 총 다섯 개 분야로 나누고 각각 고객중심경영, 동반성장, 사회기여, 투명윤리경영, 환경경영을 추구하고 있다.

① SK텔레콤의 경제적 지속 가능성 분석

SK텔레콤이 추구하는 고객중심경영은 기술적으로 최상의 통화 품질 서비스를 제공하여 고객 만족도를 극대화하는 데 있다. 또한, 고객 라이프 스타일을 반영한 혜택 및 요금제 제공을 통해 고객의 가치를 제고하여 소비자로부터 신뢰를 얻는 것 역시 중요한데, 이는 SK텔레콤이 다른 통신사들에 대해 경제적 우위를 차지하기 위해 반드시 갖춰야 하는 요소이기도 하다.

SK텔레콤이 추구하는 동반성장은 비즈니스 파트너와 수평적 관계를 유지하고, 비즈니스 파트너의 경쟁력을 제고하는 데 도움을 주는 것이다. 이는 ICT 산업의 건전한 기업 생태계 조성을 가능하게 해 ICT 산업 전체의 경제적 성장을 도모한다고 할 수 있다.

한편 SK텔레콤은 경제적 지속 가능성과 관련한 세부 활동이라 할 수 있는 투명윤리경영을 실천하기 위해 기업시민위원회를 설치하고, 윤리경영 그룹 및 윤리경영 Agent 등 실천조직을 설립하고 있다.

② SK텔레콤의 사회적 지속 가능성 분석

SK텔레콤은 단순한 개념의 사회봉사 대신에 오랫동안 추진해 온 ICT 영역에서 가능성이 실현될 수 있는 터전을 마련하는 것에 대한 사회적 책임을 인식하고 있다. 그 예로 정보소외 계층을 대상으로 하는 ICT 역량 강화 교육 프로그램, 대학생을 대상으로 창업교육과 인큐베이팅, 해외 진출 지원 등 체계적인 창업 지원을 하는 청년비상 프로그램 등이 있다.

이렇듯 ICT 역량을 활용한 사회 가치 창출 프로그램을 추진함으로써 당장의 이익보다는 새로운 가능성을 만들어 사회적 이익과 기업의 이윤 추구를 모두 달성하려는 것이 바로 SK텔레콤의 전략이다.

③ SK텔레콤의 환경적 지속 가능성 분석

끝으로 SK텔레콤은 환경경영을 실시함으로써 글로벌 기업으로서의 위상을 달성하고자한다. 친환경 라이프 스타일을 만들어 내고, 지구 환경 보호의 선두 주자의 역할을 다함으로써 다양한 글로벌 이해 관계자들로부터 사랑받고자 하는 것이다.

이제 SK텔레콤의 지속가능경영을 종합해보자. 우선 이 기업이 주력하고 있는 모바일 서비스, ICT 기술의 경우 기업마다 기술적으로 큰 차이가 있지 않은 무형의 제품이다. 그러다 보니 기술 하나만으로는 경쟁사와의 관계에 있어서 비교 우위를 확실하게 점하기가 난해하다. 따라서 기술 이외의 요소를 통해 소비자로부터 선택받아야 하는 SK텔레콤의 경우, 고객 맞춤형 혜택 및 요금제를 통해 소비자 니즈를 충족할 수 있는 다양한 서비스를 제공하고 있다. 이를 통해 SK텔레콤은 소비자로부터 신뢰를 받고, 매출을 올리고 있다는 사실을 알 수 있다.

한편 SK텔레콤의 지속가능경영은 전반적으로 '동반성장'을 통한 사회적 책임의 수행에 무게가 실려 있다는 사실도 포착할 수 있다. 이를 통해 당신은 SK텔레콤이 원하는 인재로 신뢰를 토대로 고객 또는 비즈니스 파트너와 상생할 수 있는 사람, 사회적 책임을 분명히 알고 이를 수행하기 위해 노력하는 사람 등이 있음을 짐작할 수 있다.

이처럼 기업의 지속가능경영을 확인하면, 기업의 세부 활동 및 경영전략을 경제, 사회, 환경적 측면에서 다양하게 평가할 수 있다. 또한, 지속가능경영에서 발견할 수 있는 일련의 공통점 또는 특이점을 통해 지원하고자 하는 기업이 원하는 인재의 역량이 무엇인지 가늠해볼 수 있다.

지원자들이 지원동기와 입사 후 포부를 작성할 때 어려움을 호소하는 경우가 특히 많다. 이 경우 지원하는 기업 또는 직무에서 주도하는 사업의 특징을 우선 파악하여 지속가능경영 중에서도 어떤 가치를 특히 지향하고 있는지 확인하고, 이와 관련한 자신의 주장 또는 생각을 풀어내면 어렵지 않게 지원동기와 입사 후 포부를 작성할 수 있다.

기업이 원하는 인재

이제 기업의 인재상을 파악해야 한다. 대부분의 기업이 친절하게도 경영목표와 가치에 부합하는 이상적인 인재상을 공개하고 있다. 종종 기업의 인재상이 다 비슷비슷해 딱히 중요한지 모르겠다고 말하는 지원자를 발견할 수 있다. 하지만 인재상은 당신이 가지고 있는 다양한 장점 중 특히 강조해야 할 부분이 무엇인지 파악하는 데 큰 도움을 준다.

다음 SK텔레콤의 인재상을 살펴보자.

경영철학에 대한 확신	패기
경영철학에 대한 확신과 VWBE를 통한 SUPEX 추구 문화로 이해 관계자 행복 구현	과감한 실행의 패기, 일과 싸워서 이기는 패기를 실천하는 인재

〈출처: SK그룹 기업 사이트〉

SK텔레콤이 바라는 인재상은 SK그룹의 인재상과 동일하게 경영철학에 대한 확신을 바탕으로 일과 싸워서 이기는 패기를 실천하는 인재이다. 위의 표에서 'VWBE'는 자발적이고(Voluntarily) 의욕적으로(Willingly) 두뇌활용(Brain Engagement)을 통해 최대한의 역량을 발휘하여 성과 창출에 기여하는 것을 의미한다. 'SUPEX'는 Super Excellent Level의 줄인 말로 인간의 능력으로 도달할 수 있는 최고의 수준을 가리킨다.

또한, '패기'는 스스로 동기 부여하여 높은 목표에 도전하고 기존의 틀을 깨는 과감한 실행을 하는 것, 그리고 그 과정에서 필요한 역량을 개발하기 위해 노력하며 팀워크를 발휘하는 것을 의미한다. 이는 기업의 비전 분석에서 언급했던 지원자의 역량인 기업과 사회의 이익 모두를 극대화할 새로운 방법을 찾을 줄 아는 진취적 성향과 일맥상통한다고 할 수 있다.

이처럼 인재상의 경우 기업이 제시한 인재상을 구체화하는 것이 중요하다. 앞서 언급한 기업의 경영목표와 비전, 철학, 지속가능경영과 인재상을 연결 지어 생각하면 기업의 인재상을 구체화하는 데 큰 도움을 받을 수 있다.

[△△모비스]

△△모비스 해당 직무 분야에 지원하게 된 이유를 기재해주시기 바랍니다.

`Good Point 1` 자동차와 관련된 일을 하고 싶다고 생각한 시기는 군대에서의 생활과 대학교에 입학한 후 전공을 배우면서였습니다. 저는 가평의 야전수송교육단이라는 운전병 교육부대에 행정병으로 있었습니다. 교육과정 중에 부대 밖으로 나가서 교육하는 도로주행에서 민간인과 사고가 가끔씩 발생했습니다. 대부분 인명피해가 있는 끔찍한 대형사고였습니다.

`Good Point 2` 이런 사고 소식과 함께 부대에서 교육할 때 사용되는 차량과 민간인이 타고 있던 차량에 대한 정보를 들으면서 자동차 설계 시 자동차에 타고 있는 탑승자에 대한 안전이 가장 중요하다고 생각했습니다. 그래서 고객의 안전을 지켜줄 수 있는 자동차를 만들어보고 싶다는 생각이 들었습니다.

최근에 자동차 산업은 전자, IT 기술의 적극적인 활용으로 기계 산업이 아닌 융합 산업으로 바뀌고 있습니다. 저는 전기공학을 전공하여 전기 관련 지식을 습득했습니다. 그리고 자동차 전자 기술 워크숍에 참석하여 미래에 주목받을 자동차 기술에 대한 연구에 대해 공부했습니다. `Good Point 3` 이런 저의 지식과 경험을 △△모비스의 무한 책임 정신과 연결하여 고객의 생명을 지키고자 하는 무한한 책임 정신을 가진 엔지니어가 될 수 있을 것이라 생각합니다. 또한 △△모비스에서 저의 전기공학과 관련된 역량을 발휘하여 자동차가 단순한 이동 수단이 아닌 삶의 동반자가 될 수 있도록 최선을 다하겠습니다.

채점관의 평가

`Good Point 1` 직무와 관련된 경험을 앞부분에 배치하여 흥미를 유발하고 있음

`Good Point 2` 자신의 경험에서 기업의 사업 분야와 연관시킬 수 있는 부분을 부각함

`Good Point 3` 기업의 경영철학에 대한 관심이 드러나며, 입사 후 포부로 내용을 확장함

합격자소서 작성 TOOL - ①

[기업분석으로 자소서 작성 준비하기]

[기업분석으로 자소서 작성 준비하기] 프로세스

STEP 1 기업의 경영목표, 비전, 철학을 분석한다.

STEP 2 기업의 지속가능경영을 분석한다.

STEP 3 기업의 인재상을 분석한다.

STEP 4 분석 내용을 토대로 자소서에서 강조하면 좋을 역량을 찾는다.

프로세스 적용 사례

CJ제일제당과 해당 직무에 지원한 동기는 무엇인가요? [CJ제일제당/식품 마케팅 직군]

STEP 1 기업의 경영목표, 비전, 철학을 분석한다.

비전	대형제품/브랜드와 일류 기술로, K-Food 식문화를 선도하는 글로벌 No.1 종합식품회사

⇒ **한식으로 대표되는 자사 제품의 세계화를 통해 해외 식품 시장에서의 지배력을 확대하려는 기업**

STEP 2 기업의 지속가능경영을 분석한다.

경제적 지속 가능성	• 다양한 소비자의 니즈를 충족할 수 있는 제품 출시 　– 고객의 건강을 고려한 다양한 제품 및 브랜드를 출시 　– 할랄 인증 도입, HMR 식품 개발 강화 등 사회의 여러 이슈를 반영한 제품을 개발

⇒ **사회 변화에 따라 다양해지고 있는 소비자의 니즈를 파악하고 이를 충족하는 제품 출시에 노력을 기울이는 기업**

합격자소서 작성 TOOL − ❶ [기업분석으로 자소서 작성 준비하기]

⇒ 글로벌 식품 트렌드를 반영한 제품을 개발하여 글로벌 식품 기업으로 자리매김하고 자 하는 기업

STEP 3 기업의 인재상을 분석한다.

정직하고 열정적이며 창의적인 인재	− 하고자 하는 의지가 있는 반듯한 인재 − 최선을 다하는 인재
글로벌 역량을 갖춘 인재	− 글로벌 시장에서 경쟁력 있는 어학 능력과 글로벌 마인드를 지닌 인재 − 문화적 다양성을 존중하는 인재
전문성을 갖춘 인재	− 자신의 분야에서 남과 다른 핵심 역량과 경쟁력을 갖춘 인재 − 자신이 속한 비즈니스의 트렌드에 민감하며, 끊임없이 학습하는 인재

⇒ 한국 문화를 이해하고 다양한 문화를 수용할 수 있는 개방적인 자세를 갖춘 인재를 필 요로 하는 기업

⇒ 기업을 잘 파악하고, 직무에서 어떻게 자신의 역량을 발휘해야 하는지 잘 아는 인재 를 필요로 하는 기업

STEP 4 분석 내용을 토대로 자소서에서 강조하면 좋을 역량을 찾는다.

⇒ 기업의 제품을 대표할 한식의 우수성이 무엇인지 알고 이를 드러낼 수 있는 방법을 찾 으려는 태도

⇒ 음식을 비롯한 문화의 다양성을 체험하고 이를 통해 형성된 개방적인 성향

⇒ 기업에 대한 이해를 바탕으로 직무에서 기업의 제품을 해외 식품 시장에서 어필할 수 있는 방법을 강구할 수 있는 역량

ejob.Hackers.com

자소서부터 면접까지 해커스잡에서 ONE-STOP!
온/오프라인 취업강의 · 무료 취업자료

스펙을 뒤집는 기본 원칙 2
좋은 경험보다 잘 쓴 경험이 중요하다

자소서는 엉덩이가 쓴다는 말이 있다.
오래 앉아서 자신이 하고 싶은 말과
자신이 살아온 인생을 하나하나 되새기는 작업이기 때문이다.
사실 어떻게 보면 참으로 낯선 작업이다.
하지만 자소서는 남이 아닌 나의 이야기를 담아내는 글이다.
따라서 **자소서를 쓰기 위해서는 자신의 캐릭터를 분명히 파악하고,**
자신이 살아온 인생을 정리하여 나의 이야기를 구성해야 한다.
이것이 가능하기 위해서는 가장 먼저
나의 경험과 생각을 정리하는 작업이 반드시 필요하다.

01 경험은 이미 충분하다

자소서에서 다뤄야 하는 특별한 경험은 따로 없다

"저는 경험이 없어서 쓸 말이 없습니다." 내가 자소서 첨삭이나 자소서 강의를 하면서 가장 많이 듣는 말이다. 심지어 자소서에 어떤 특별한 경험을 써야 좋은지 나에게 묻는 사람도 있다. 이러한 말을 하는 사람은 어떤 오류에 빠져 있다. 당신은 알아차렸는가? 바로 '특별한 경험'이라는 말의 오류다.

많은 지원자들이 본격적으로 취업 준비라는 것을 하게 되면, 부랴부랴 기업과 관련 있는 아르바이트 또는 인턴 등에 지원하는 경우가 많다. 자소서 작성 시기에는 취업 관련 블로그, 인터넷 카페를 돌아다니며 일명 '정답 자소서'라 불리는 합격자의 자소서에 담긴 경험이 무엇인지 확인하는 지원자도 꽤 많다. 이들은 합격자의 자소서에 담긴 경험을 특별한 경험이라 생각하고, 이러한 경험이야말로 기업이 원하는 경험이라고 여긴다.

그러다 보니 합격자의 자소서에 담긴 경험을 자신의 경험과 비교하며 공통부분을 찾으려 한다. 심지어는 합격자의 경험과 비슷한 경험을 할 계획까지 세우는 경우도 있다. 이처럼 많은 지원자들은 자소서를 작성하기 위해서는 무엇인가 특색이 뚜렷하고, 특별한 경험을 해야 하는 줄로 알고 있다.

합격자의 자소서에 대학 재학 중 지원 직무와 관련된 인턴 경험이 제시되어 있다고 가정해보자. 단지 인턴 경험이 포함되어 있어 합격한 것이라고 할 수 있을까? 인턴 경험이든, 인턴 경험보다 사소하다고 생각할 수 있는 일상적인 경험이든 그 경험이 자소서에 작성할 만한 경험이 되려면 경험을 통해 지원자가 얻은 것과 그것이 지원 직무와 어떤 연관성이 있는지가 드러나야 한다. 이 지원자의 자소서가 합격할 수 있었던 것은 인턴 경험 그 자체가 아니라 인턴을 거침으로써 지원자가 어떤 사람이 되었는지가 잘 드러나서일 것이다.

하지만 많은 사람들은 그저 인턴 경험 그 자체에 주목하여, 특별한 경험이 있기 때문에 합격했다고 생각을 하고 자신도 인턴, 공모전 등과 같은 스펙 쌓기 위주의 특별한 경험을 시작하려 한다. 수많은 시간과 비용을 투자하고도 특별한 경험을 하지 못했을 경우, 자소서에 작성할 내용이 없다며 불평까지 한다. 그러나 자소서는 이러한 의미의 특별한 경험을 작성하는 장이 아니라는 사실을 명심해야 한다.

사실 자소서에서 다뤄야 하는 경험은 지원자들이 일반적으로 생각하는 특별한 경험과는 조금 다르다. 직접적으로 말하자면, 자소서에서 다뤄야 하는 특별한 경험은 따로 존재하지 않는다. 가만히 살펴보면 자신이 하고 있는 경험 이외에 다른 사람이 한 경험은 대부분 특별해 보이는 것이 당연하다. 자신이 직접 겪은 일이 아니다 보니 유독 그 경험이 특별해 보일 수밖에 없는 것이다.

당신은 합격자의 경험이 무엇인지 탐구하고, 그것을 이뤄내기 위해 노력하기보다는 이미 가지고 있는 경험을 잘 풀어내고, 그 경험이 가진 나만의 의미와 가치를 파악하여 표현할 수 있어야 한다. 다시 말해, 일반적이고 평범한 경험이 가진 나만의 의미를 찾아냈을 때 그 경험이 자소서의 소재로 다뤄질 수 있다는 것이다. 경험 그 자체가 얼마나 특별하느냐가 아니라 경험과 생각이 얼마만큼 조화를 이루느냐가 바로 좋은 자소서의 결정적인 요인이 된다.

이러한 점에서 특별하지 않은 경험이라도 경험에 대한 자신의 생각을 잘 표현하면 얼마나 특별해질 수 있는지 다음 자소서를 통해 직접 확인해보자.

[△△△△음료]

지원동기를 구체적으로 기술해주세요.

저는 술을 좋아합니다. 그중에서 가장 좋아하는 것은 소주입니다. `Good Point 1` 제가 소주를 좋아하는 이유는 소주는 가장 인간다운 술이라고 생각하기 때문입니다. 와인을 비롯한 다른 술은 브랜드마다 술맛의 차이가 크다는 특징이 있습니다. 그러나 소주는 그렇지 않습니다. 소주는 사람의 기분에 따라 맛이 달라집니다. 기분에 따라 쓰기도 하고, 달기도 하고 심지어는 아무 맛도 나지 않을 수 있습니다. 한편, 소주는 사람과 사람을 이어주는 매개체이기도 합니다. 사람 만나는 것을 좋아하고, 대화하는 것을 좋아하며, 설득하기를 좋아하는 저로서는 소주가 좋은 친구입니다.

`Good Point 2` 현재 △△△△음료는 현지화 전략으로 중국과 일본 시장 진출을 성공적으로 달성하고, 전 세계 주류 시장에 한류 열풍을 일으키기 위해 달려가고 있습니다. △△△△음료가 이끌고 있는 주류의 한류는 단순히 상품을 파는 것이 아니라고 생각합니다. 인간과 인간을 연결하여 한국의 문화를 전달하고, 가장 인간다운 술을 통해 한국인 특유의 '정(情)'을 느끼게 해주는 것이라 생각합니다. `Good Point 3` 이러한 점에서 한국의 소주 문화를 누구보다 더 잘 이해하고, 소주에 대한 철학이 있는 저는 대한민국 최고의 주류 기업인 △△△△음료의 마케팅/기획 부문에서 한국의 소주 문화를 바탕으로 한 이벤트 및 상품을 기획하고 싶습니다.

채점관의 평가

`Good Point 1` 누구나 보유하고 있는 일상적인 경험에 자신만의 의미를 덧붙임

`Good Point 2` 자신의 경험과 기업의 사업 현황을 자연스럽게 연결함

`Good Point 3` 지원동기에서 입사 후 포부로 내용을 자연스럽게 확장함

일상적인 경험이 자소서의 강력한 소재가 된다

어느 누구를 만나더라도 취업을 준비하는 사람 중에서 특별한 경험만을 유독 많이 한 이는 많지 않다. 그럼에도 불구하고 대부분 자신에게만 특별한 경험이 없다고 생각하면서 자신을 평가절하한다. 지금 내 수업을 듣는 학생 중에서도 비슷한 경우가 있다. 이 학생의 일화를 살펴보자.

> 20살 되던 해부터 부모님으로부터 용돈을 받을 수 없었다. 그래서 대학을 다니면서 등록 금을 마련해야 했고, 동시에 용돈도 스스로 벌어야 했다. 그중에서도 등록금을 마련하는 것 이 가장 어려웠다. 이때 장학금을 받으면 등록금을 충당할 수 있을 것이라는 생각이 들어 열 심히 공부를 했고, 이를 통해 장학금을 받을 수 있었다.
>
> 장학금은 해결했지만, 부족한 용돈을 벌기 위해 새벽 4시 반에 일어나 우유 배달도 하게 되었다. 그러나 점점 졸업할 때가 가까워지자 돈이 들어갈 곳이 더욱 많아지게 되었다. 결국 아는 형의 도움을 받아 부동산 경매에 눈을 뜨게 되었고, 소자본으로 원룸 경매에 나서 지금 은 원룸 월세를 통해 용돈을 충당하고 있다.
>
> 졸업을 목전에 둔 지금도 여전히 아침마다 우유를 배달하고, 오후에는 학원을 다니며 열 심히 취업을 준비하고 있다.

위의 일화를 보면 이 학생은 다양한 경험을 했다는 것을 알 수 있다. 그런데도 이 학생 은 고민이 많다. 많은 사람들이 가지고 있는 특별한 경험을 하지 못한 것에 대해서 걱정을 하고 있는 것이다. 남들이 다 가는 어학연수도 가보지 못했고, 봉사활동도 해보지 못해서 치열한 취업 시장에서 성공을 거둘 수나 있을지 의문이 든다고 했다. 지금이라도 당장 해외 로 떠나거나 기업 인턴에 도전해야 하는 것은 아닐까 매일 생각한다.

그러나 이미 그가 보유한 경험은 근면성을 보여주는 강력한 소재가 될 수 있다. 몇 년 간 매일 새벽 4시 반에 일어나 우유 배달을 한 것, 장학금을 받기 위해 공부한 것은 어떤 누구보다도 부지런히 살아왔음을 보여주는 확실한 증거가 된다. 또한, 부족한 용돈을 충당 하기 위해 소자본을 가지고 도전한 부동산 경매 역시 위기 대처 능력과 융통성을 보여주는 소재가 될 수 있다. 이처럼 이 학생은 자소서에 적을 수 있는 좋은 경험을 갖고 있었으나 '특별한 경험'이라는 함정에 빠져 자소서에 드러낼 자신의 모습을 찾지 못했다.

일상적인 경험이 당신을 더욱 잘 보여줄 수 있는 자소서의 중요한 소재가 될 수 있다는 점을 잊지 말자. 많은 사람들이 어떤 대단한 결과를 얻을 수 있었던 특별한 경험을 자소서에 담아내야 하는 것은 아닌지 걱정한다. 그러나 일상적인 경험 또한 특별한 경험과 마찬가지로 어떠한 결과를 가져온다. 이 결과는 특별한 경험을 통해 얻은 결과보다 거대할 수도 있고 그렇지 않을 수도 있으며, 가시적일 수도 있고 그렇지 않을 수도 있다.

하지만 결과의 크기나 형태와 상관없이 그 경험을 통해 당신이 가지게 된 생각이 무엇인지가 중요하다. 경험과 더불어 경험과 관련된 생각이 드러났을 때, 일상적인 경험은 경험 자체로만 그치는 것이 아니라 자소서에 설득력을 부여할 수 있는 강력한 소재가 될 수 있다.

예를 들어, 학교에서 팀플레이에 참여했던 학생이 있다고 가정해보자. 이 학생은 팀플레이를 주도적으로 이끌어야 하는 리더도 아니었고, 팀플레이 결과물을 다른 이들에게 설명해야 하는 발표자도 아니었다. 이 학생은 관련 자료를 열심히 조사하고, 이를 보기 좋게 정리하여 넘겨줬을 뿐이다. 결과적으로 이 팀플레이는 좋은 성적을 가져다주지는 못했다.

그러나 이 학생은 팀플레이를 하면서 각자가 잘하는 업무를 맡았을 때 공동 목표를 이루기가 수월해진다는 것을 알았다. 이 학생이 만약 자소서에 이러한 경험과 함께 협업에 대한 자신의 생각을 나열하고 이를 행동으로 옮기겠다는 의지를 밝힌다면, 기업은 이 사람이 협업을 경험해보았으며, 협업의 성공 요소를 파악했다는 사실을 알게 될 것이다. 이를 통해 기업은 이 사람을 어느 위치에 있어도 공동의 목표를 위해 어떻게 행동할지 아는 사람으로 판단하게 된다.

이처럼 일상적인 경험은 자신의 생각을 효과적으로 전달할 수 있다. 따라서 객관적으로 평가될 수 있는 결과에 초점을 두어 특별한 경험을 찾는 데 급급하기보다는 일상적인 경험에 대해 나는 어떠한 평가를 내릴 수 있는지를 생각해 보도록 한다.

가장 먼저 자신이 어떤 경험을 했는지 확인한다

앞서 언급했지만, 자소서를 작성하지 못하는 가장 큰 이유 중 하나는 자신에 대한 평가절하이다. 자소서에 담기에 자신의 경험이 부족하다고 생각하기 때문에, 자소서에 작성할 적합한 경험도 잘 찾지 못하는 것이다.

사실 한 명 한 명하고 이야기해보면, 대부분의 지원자들은 대단한 능력을 가지고 있으며, 그 능력을 갖게 되거나 성장시킬 수 있는 계기가 되었던 경험을 보유하고 있다. 그러나 이러한 경험과 능력이 취업과 아무 연관성도 없다고 생각하다 보니 자소서를 작성하려는 시도조차 어려워하는 것이다.

아래 항목을 읽고 해당하는 항목에 체크해보자.

1. 처음부터 완벽한 자소서를 작성하려고 한다. ☐
2. 남들이 해본 경험을 못한 것에 대한 불안감이 있다. ☐
3. 자소서 작성을 위해 새로운 도전을 해볼까 하고 고민한 적이 있다. ☐

위의 체크리스트의 항목 중 자신에게 해당하는 것이 하나라도 있는가? 그렇다면 자소서 작성에 대한 마음가짐부터 바꾸어야 한다.

자소서 작성이 어려운 가장 큰 이유는 완벽한 자소서를 쓰려고 하는 태도이다. 완벽한 신입사원은 없으며, 완벽한 취업 준비생도 없다. 따라서 완벽한 자소서도, 완벽한 자소서에 담길 완벽한 경험도 없다. 그런데 왜 당신은 완벽한 경험을 하려 하고, 완벽한 자소서를 쓰려고 하는가? 가장 먼저 '완벽한'이라는 관념부터 버려야 한다. 그래야 자소서 작성에 대한 부담을 줄일 수 있다.

한편 경험이 많다고 해서 자소서를 잘 쓰는 것도 아니다. 내가 만난 학생 중에는 세계 일주를 한 학생이 있었다. 그런데 번번이 서류 전형에서 떨어지곤 했다. 그래서 토익 900점, 토익 스피킹 7급을 갖추고, 한국사 자격증 1급 등을 획득해 다시 취업에 도전했는데도 여전히 서류 전형에서 떨어진다고 했다. 그 학생은 무엇이 문제인지 몰랐다.

이 학생의 문제점은 가지고 있는 것은 많았으나, 가진 것들을 자소서에 잘 표현해 내지 못했다는 것에 있었다. **이 학생의 사례를 보자.**

저는 많은 것을 배우고 싶어서 세계 여행을 한 적이 있습니다. 가장 먼저 도착한 곳은 독일이었습니다. 독일에 도착해서 뮌헨 박물관에서 많은 것을 보고 배웠습니다. 그리고 프랑스, 스페인을 돌아다니면서 많은 사람들을 만나고 많은 것을 느꼈습니다. 특히 스페인에서 소매치기를 당했습니다. 여권과 돈을 모두 잃어버렸고 저는 어디로 가야 할지 모르는 상황이었습니다. 그러나 주위 지인의 도움으로 한국 대사관을 찾아가 사정을 설명하고 다시 여권을 발급받았습니다. 그리고 다시 은행에서 통장을 개설하고 무사히 여행을 다시 할 수 있게 되었습니다. 그 뒤로 저는 17개국을 돌아다니면서 많은 사람과 만나고 많은 것을 느낄 수 있는 계기가 되었습니다. 힘들었지만 저에게는 가장 값비싼 경험이었습니다.

위의 사례를 보고 무엇을 느꼈는가? 분명 이 학생은 많은 경험을 했을 것이다. 세계 여행! 정말 대단한 경험이고 특별한 경험이다. 그럼에도 불구하고 왜 무언가 부족하다고 느껴지는 것일까? 바로 자신이 한 경험에 대한 나열만 있을 뿐, 무엇을 느끼고 무엇을 배웠는지, 게다가 어떤 점이 힘들었는지 전혀 쓰지 않았기 때문이다.

조금 심하게 말하자면, 마치 유치원생의 글과 닮아 있다. 어린아이들이 일기를 쓸 때 대부분 위의 자소서처럼 쓴다. "아버지와 동물원에 갔습니다. 사자도 보고 호랑이도 보고 많은 동물들을 봤습니다. 참으로 재미있었습니다."라는 유치원생의 글과 위의 사례가 무엇이 다른가. 자신이 한 경험을 나열해 놓고 "저는 힘들었습니다. 알아주세요."라고 이야기하고 있는 것에 불과하다. 그러니 서류 전형에서 탈락할 수밖에 없는 것이다. 이렇듯 대단한 경험을 했다는 것과 좋은 자소서를 작성하는 것은 거리가 멀 수밖에 없다.

자소서는 내가 가지고 있는 생각들을 보여주는 것이다. 좀 더 고급스럽게 말하면 자소서는 자신의 가치관을 전달하는 것이다. 일반적으로 사람들은 다른 사람들에게 자신을 소개할 때나 자신에 대해서 이야기할 때, 자신이 겪은 경험만을 언급하지 않는다. 경험과 더불어 그 팩트에 대한 자신의 생각들을 자연스럽게 표현한다. 자소서도 마찬가지다. 기업에 자신을 소개할 때, 특별한 경험이든 일상적인 경험이든 자신이 보유한 경험에 자신의 가치관을 자연스럽게 녹여내면 된다.

좋은 자소서의 요건
1. 당신이 가지고 있는 경험이 분명히 드러나야 한다.
2. 경험과 함께 경험을 통해 구축하게 된 가치관이 제시되어야 한다.

당신은 생각보다 많은 경험을 했다. 대부분 취업을 준비하는 사람들이라면 충분한 대인관계도 쌓았고, 사랑도 해봤으며, 집단생활도 해봤을 것이다. 다시 말해, 당신들은 이미 자소서의 소재가 될 경험을 충분히 보유하고 있다. 그리고 경험을 통해 얻게 된 생각들이 특별한 것이다. 단지 잘 안 된 부분이 있다면 보유한 경험을 정리하는 습관이다. 따라서 가장 먼저 당신이 한 경험부터 정리하는 연습을 하자.

경험을 정리할 때는 한눈에 알아보기 쉽도록 연도별로 나열하는 것이 좋다. 작게는 학교생활부터, 아르바이트 경험, 취미, 스터디, 고치지 못한 습관, 매일 반드시 하는 일 등 다양한 경험을 모두 발생한 순서대로 배열해본다. 그리고 가능하다면 각 경험의 세부적인 내용을 적도록 한다. 학교생활의 경우라면 어떤 전공 수업을 들었는지, 친구들과 무슨 일을 했는지, 얼마간의 기간 동안 어떠한 활동을 했었는지 등을 모두 적어보는 것이다.

세부 활동과 관련하여 특히 인상 깊은 사건이 있었다면 그 내용도 함께 정리하도록 한다. 많은 기업들이 위험을 극복한 경험이나 목표를 달성한 경험 등과 같이 아예 '특정한 경험' 자체에 초점을 맞춘 자소서 항목을 마련하고 있는데, 이 경우 일상에서 겪었던 인상 깊은 사건이 좋은 소재가 되기도 하기 때문이다. 아래의 표에 자신의 경험을 정리해 보면 자소서 작성에 많은 도움이 될 것이다.

보유하고 있는 경험 나열하기

시기	구분 (학교생활, 취미, 아르바이트 등)	세부 활동
예) 20xx년	취미	유명 음식점 탐방

[△△시네마]

학업 이외에 관심과 열정을 가지고 했던 다양한 경험 중 가장 기억에 남는 것을 구체적으로 기술해주세요.

대학교 입학과 동시에 봉사 동아리 활동을 시작하게 되었습니다. 학창시절 의무적으로 했던 봉사 활동이 아닌 어려운 사람들에게 직접적인 도움을 주고 싶었기 때문입니다. 방과 후 학교, 농촌 봉사 활동, 쪽방촌 나눔 활동 등 다양한 봉사활동을 했지만 그중에서도 농촌 봉사활동을 했던 경험이 가장 기억에 남습니다. `Good Point 1` 서울 토박이로 자란 탓에 낯선 환경에서 실수를 했지만, 이후 낮은 자세로 다가가 신뢰를 회복하는 데 성공했기 때문입니다. 당시 마을회관을 숙소로 사용하게 되었고 방 하나에 귀중품을 모아놓고 문을 잠그고 나갔는데 그것이 문제가 되었습니다. 그날 밤 이장님이 마을 회관으로 찾아오셨고 저희들의 행동이 주민들을 의심하는 것처럼 비쳤다고 말씀하셨습니다. (중략)

`Good Point 2` 실수를 만회하기 위해 몇 가지 규칙을 정했습니다. 작업 시작 전에 다 같이 모여 인사드리기, 작업 도중 먼저 다가가 말동무 되어 드리기, 새참 시간에 술을 권하시더라도 거절하지 않고 마시는 시늉이라도 하기 등 진심을 전달하려고 노력했습니다. 그리고 예정에 없었던 마을잔치를 열기 위해 가져온 재료로 음식을 만들고 이웃 마을에서 노래방 기계를 빌려와 장기자랑도 했습니다. 떠나는 날 어르신들이 마을 입구까지 마중을 나오셨고 오해해서 미안했다는 말씀과 함께 아쉬운 마음에 눈물을 흘리시기도 했습니다. 신뢰를 회복한 덕분에 다음 해 농촌 봉사활동으로 마을을 다시 찾을 수 있었습니다. `Good Point 3` 이런 저의 경험을 바탕으로 영화관 운영 업무를 수행하면서 컴플레인이 발생하더라도 고객의 입장에서 다시 생각하고 결국에는 고객을 감동시키는 직원이 될 것입니다.

채점관의 평가

`Good Point 1` 자신이 보유한 경험이 특별한 이유를 정확하게 제시함
`Good Point 2` 자신의 행위를 자세하게 서술함으로써 내용의 신뢰성을 높임
`Good Point 3` 경험을 통해 획득한 역량을 지원 분야와 관련지어 설명함

02 내 경험, 어떻게 쓸 것인가

익숙해진 경험의 새로운 의미를 찾으면 새로운 경험이 된다

당신이 오늘 약속을 잡으려고 할 때 왜 약속을 잡으려는지를 생각해보자. 누군가 오랜만에 연락이 되어 보고 싶어서일 수도 있고, 술을 한 잔 마시기 위해서일 수도 있다. 반면 이유가 없다고 생각할 수도 있는데, 이는 우리가 사람을 만나는 것에 대해 이미 익숙해졌기 때문이다.

친구를 만나고, 학교생활에 열중하고, 봉사활동을 하고, 학원에 다니는 등 우리는 매일 하는 일들을 통해 경험치를 쌓고 있다. 그러나 당신은 많은 경험을 하지 않았다고 이야기한다. 경험을 반복하다 보면 그것에 익숙해지고, 그것을 당연한 일로 여기게 되기 때문이다. 경험에 익숙해지면 우리는 더 이상 그 경험에 대해 어떠한 생각과 느낌을 가지지 않게된다. 다시 말해, 그 경험이 어떠한 의미도 가지지 않게 되어 버리는 것이다.

그러나 누누이 말했지만, 자소서에는 경험뿐만 아니라 경험의 의미가 분명히 함께 드러나야 한다. 따라서 당신에게 이미 익숙해진 경험이나, 일상적인 경험을 자소서의 소재로 활용하기 위해서는 경험이 가진 의미를 찾아내는 과정이 이루어져야 한다. 이때 하나의 경험이 오로지 하나의 의미만을 담고 있는 것은 아니라는 점을 기억하자. 그 경험에 대해 사람들이 일반적으로 부여하는 의미가 아닌 또 다른 새로운 의미를 찾는 것이 가능하다는 것이다.

지원자들이 자소서에 담을 경험으로 '여행'을 선택하는 경우가 꽤 많다. 특히 해외여행을 자소서의 경험으로 삼는 경우가 있는데, 이는 해외에서 일어나는 모든 것이 한국에서 일어나는 것과는 다르고 낯설게 느껴져 그에 대해 많은 얘기를 할 수 있다고 생각하기 때문이다.

　이러한 점에서 영감을 받은 한 학생은 자신이 거주하고 있는 일상적인 공간인 서울을 여행 장소로 고려하면서부터 '서울'의 새로운 의미를 발견하였다. 이미 너무나 익숙해져 버린 서울이지만, 서울이 가진 역사적 가치를 고려했을 때 낯설게 느껴진다는 것을 포착한 것이다. 이 학생은 자소서에 '서울 여행'이라는 소재를 담아내었으며, 더 나아가 일상생활의 터전인 서울이 가진 또 다른 가치를 발견하는 과정을 구체적으로 드러내었다.

　이처럼 익숙한 경험이 가진 다양한 의미를 파악하는 데 성공한다면, 남들보다 뛰어난 경험을 가지지 않아도 충분히 인상적인 자소서를 작성하는 것이 가능하다는 점을 기억하도록 한다. 이제 당신이 보유한 특별하지 않다고 생각했던 경험에서 어떠한 의미를 찾을 수 있을지 아래의 표에 정리해보자.

보유한 경험의 의미 찾기

시기	세부 활동	경험이 갖는 의미
예) 20xx년	유명 음식점 탐방	낯선 음식에 대한 새로운 도전

　앞서 언급한 '서울 여행'이라는 새로운 의미의 소재를 찾아낸 학생의 자소서를 살펴보며 일상적인 경험의 새로운 의미가 얼마나 자소서를 풍부하게 할 수 있는지도 함께 확인하도록 한다.

[△△△△△은행]

도전적인 목표를 정하고, 목표를 달성하기 위해 체계적인 계획을 세우고 실천하였던 경험에 대해 서술해주십시오. 목표·계획의 세부적인 내용과, 그 과정에서 어려움을 극복한 방법, 결과적으로 본인이 얻은 성취에 대해 구체적으로 써주시기 바랍니다.

다른 사람들이 여행을 다녀와 많은 경험담을 이야기할 때 저는 부러웠습니다. 그들처럼 해외여행을 다닐 만한 시간적 여유와 금전적 여유가 없었기 때문입니다. (중략) 그래서 일단 해외여행 책자를 구해 어떤 것을 위주로 여행 가이드를 하는지에 대해 살펴보았습니다. 대부분 역사적인 명소들로 이루어져 있다는 것을 알게 되었습니다. **Good Point 1** 그래서 저도 한국의 역사를 따라 여행을 하는 계획을 세웠습니다. 근대와 현대사의 발자취를 따라가는 계획을 세우고 역사책을 탐독하는 도중 놀라운 사실을 알게 되었습니다. 제가 살고 있는 서울이라는 도시가 역사적으로 대단한 도시라는 것을 깨닫게 되었고, 아르바이트를 쉬는 주말을 이용해 서울투어를 하기 시작했습니다.

한양을 도읍으로 한 조선의 개국공신인 정도전의 생애부터 따라가 보았습니다. 그런데 놀랍게도 종로구청 자리가 정도전의 생가가 있던 터였습니다. 그리고 서울의 곳곳을 돌아보았습니다. (중략)

그런데 어려운 점이 있었습니다. **Good Point 2** 서울이 발전하면서 우리가 역사적으로 알고 있던 대부분의 것들이 사라져서 없어졌다는 점이었습니다. 자료를 찾기가 쉽지 않았고, 특히 숙종 시대부터 영·정조 시대에 이르는 시기의 유적들과 자료들을 찾기 어려웠습니다. 그래서 현대사를 중심으로 다시 역사를 거슬러 올라가면서 여행을 하고 있습니다. 1920년대와 30년대의 역사적 사진을 찾아보고 그곳을 가서 선조들의 삶을 다시 한 번 더 느끼고 있습니다.

Good Point 3 이렇게 저는 서울 여행을 계획하고 다니면서 여행은 단순히 멀리 있는 것이 아니라, 어떤 대상을 자신이 어떤 관점으로 바라보느냐에 달려 있다는 점을 느꼈습니다. 그리고 제가 계획한 대로 여행을 하면서 그동안에는 몰랐던 사실을 알게 되는 기쁨도 느끼게 되었습니다.

채점관의 평가

Good Point 1 일상적인 경험과 공간에 새로운 의미를 덧붙임
Good Point 2 경험을 통한 문제의식을 제시함
Good Point 3 경험을 통해 자신이 느낀 바를 분명히 서술함

낯설게 보면 자소서에 담아낼 수 있는 경험이 많아진다

앞서 제시한 합격자소서를 통해서 알 수 있듯이 경험의 새로운 의미를 찾기 위해서는 이미 익숙해진 경험을 다른 각도로 낯설게 살펴볼 수 있어야 한다. 앞서 제시한 표에 당신이 보유한 경험의 의미를 찾아보았는가? 사실 쉽지 않았을 것이다. 처음 해보는 일이기 때문이다. 그렇지만 남들과 똑같이 보유하고 있는 경험을 당신만의 것으로 만들기 위해서는 자신의 경험이 특별해질 수 있는 의미를 부여해야 한다. 과정은 간단하다. 익숙해진 경험을 하게 된 이유와 그 결과를 통해 얻은 바가 무엇인지에 대해 스스로 묻는 것이다.

일상적인/익숙한 경험	왜 그 경험을 했는가?
	그 경험을 통해 무엇을 얻었는가?

예를 들어, 당신을 매일 아침 뉴스를 보는 사람이라고 가정해보자. 당신에게 있어서 뉴스는 어떤 의미인가? 이때 절대 '그냥'이라는 단어를 붙이면 안 된다. '그냥 TV가 켜져 있어서 뉴스를 봤다.'라고 생각하면 당신이 매일 뉴스를 보는 경험은 아무런 의미가 없어진다.

뉴스를 통해 당신이 얻은 것은 무엇인가? 우선 지식을 흡수함으로써 사회 정세를 파악할 수 있었을 것이다. 더불어 다른 사람들과 함께 논의할 수 있는 화젯거리도 찾을 수 있었을 것이다. 뉴스를 보는 것 자체에서도 이렇게 다양한 결과를 도출할 수 있다. 그 의미가 작아 보인다고 스스로 평가절하하지 않길 바란다. 경험이 갖는 의미에 당신이 어떠한 평가를 내리느냐가 중요하다.

만약 당신이 뉴스를 통해 매일 사회 정세를 파악했다면, 당신은 주위 변화를 파악하기 위해 노력하고 있는 준비성 있는 사람이라는 점을 어필할 수 있다. 반면 뉴스를 보는 것이 대화 소재를 찾기 위한 목적이었다면, 당신은 커뮤니케이션의 소중함을 알고 좀 더 쉬운 방법으로 커뮤니케이션을 진행할 줄 아는 사람이 된다. 이처럼 작은 경험 하나하나를 낯설게 보고 여기에 새로운 의미를 부여한다면 당신은 더 이상 자소서에 작성할 경험 또는 소재가 없다고 말할 수 없을 것이다.

한편 어학연수, 봉사활동 등의 경험을 가진 경우에도 낯설게 보기를 적용하면 더 많은 의미를 이끌어 낼 수 있다. 어학연수를 다녀온 사람들에게 무엇을 배웠냐고 물어보면, 새로운 언어나 문화를 배울 수 있었으며 외국 친구들을 많이 만날 수 있었다고 대답하는 것이 일반적이다. 하지만 이는 어학연수를 다녀온 대부분의 사람들이 생각하는 것이다. 당신의 경험을 대부분의 사람들이 하는 경험이 아닌 나만의 경험으로 만들기 위해서는 다른 각도에서 경험을 평가할 수 있어야 한다.

만약 원어민과 최대한 많이 대화했던 경험을 통해 단기간에 언어를 습득했다면, 원어민과 최대한 많이 대화하기 위해 어떤 전략을 세웠는지 원어민과 대화했던 경험을 통해 언어 습득 이외에 얻은 것이 무엇인지를 돌이켜 볼 필요가 있다. 원어민과 대화하기 위해 거리를 구석구석 돌아다니고, 다양한 이야깃거리를 미리 정리하여 원어민에게 먼저 말을 걸었다면 목표를 향해 직접 발로 뛸 줄 알고, 특유의 친화력과 적응력을 보여주는 경험을 보유한 것이 된다. 언어 습득이라는 일종의 정형화된 어학연수의 의미에 새로운 의미를 덧붙일 수 있게 된 것이다.

이처럼 경험의 새로운 의미를 찾기 위해서는 스스로 경험의 과정을 돌이켜보며 각 순간 순간의 행동이 어떠한 결과를 가져왔는지, 왜 그렇게 행동했는지 등을 정리하고, 이를 통해 경험의 다양한 의미를 파악하는 것이 이루어져야 한다.

기업에 맞는 경험을 찾아야 한다

당신의 경험을 나열하고, 낯설게 보기를 통해 당신의 경험에서 새로운 의미를 찾았다면 이제 자소서에 담아낼 수 있는 경험을 선별해야 한다. 자소서에 담아낼 수 있는 경험은 당연히 지원하는 기업과 관련 있는 경험일 것이다.

많은 학생들이 여기서 또 의문을 제시한다. "저는 이 기업에서 인턴생활을 해본 적이 없는데요?", "이 기업에 다니는 사람과 만나본 적이 단 한 번도 없는데요?" 등과 같은 의문이다. 그러나 기업 자체와 직접적으로 관련 있는 경험만을 자소서에 담을 수 있는 것은 아니다.

기업이 원하는 인재가 당신이라는 점을 드러내는 것이 자소서의 목적이라는 점을 고려한다면, 기업과 관련 있는 경험은 기업에서 원하는 역량을 보여줄 수 있는 경험이 가장 이상적이다.

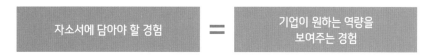

자소서에 담아야 할 경험 **=** 기업이 원하는 역량을 보여주는 경험

기업에서 원하는 역량의 경우 기업분석을 통해 확인할 수 있다. 우선 기업분석부터 한 후 당신이 나열한 경험 중 기업이 원하는 역량을 키울 수 있었던 또는 역량의 중요성을 확인할 수 있었던 경험을 찾는다. 예를 들어, 기업의 인재상이 '열정을 가진 인재'라면, 우선 당신은 '열정'을 정의해보아야 한다. 열정을 '끊임없이 도전하는 노력'으로 정의하는 사람도 있고, '어떤 것에 몰두하는 집중력'으로 정의하는 사람도 있을 것이다. 어떤 정의든 크게 문제가 되지 않는다.

자소서에 '열정'에 대한 당신의 정의를 언급하고, 이를 뒷받침할 만한 경험을 선택한다. 만약 '끊임없이 도전하는 노력'으로 열정을 정의한 사람이라면, 학교생활에서든지, 아르바이트 경험에서든지 끊임없이 도전했던 경험을 언급하며 이를 통해 자신이 열정이 있음을 보여줄 수 있다. 마찬가지로 열정을 '어떤 것에 몰두하는 집중력'으로 정의한 사람이라면, 오랜 기간 동안 가졌던 취미생활 등에 대해 언급할 수 있을 것이다.

한편 지원하는 직무에 필요한 역량과 관련된 경험을 자소서에 담아낼 수도 있다. 이 경우에는 직무에 필요한 역량을 찾아보는 과정이 먼저 이루어져야 한다. 몇몇 기업은 각 직무에 필요한 역량을 직접 명시하고 있다. 만약 당신이 지원하고자 하는 기업이 따로 직무에 대한 역량을 언급하고 있지 않다면, 그 직무가 하는 일을 토대로 필요한 역량을 스스로 정의하도록 한다. 기업 사이트 내에 존재하고 있는 현직자의 인터뷰 또는 하루 일과와 관련된 내용을 참고하는 방법도 있다.

예를 들어, 당신이 영업 직무에 지원하고자 한다면 우선 영업 직무에 필요한 역량이 무엇인지 생각해보아야 한다. 영업 직무의 가장 대표적인 역량을 의사소통 능력으로 정의한 경우, 일상적인 경험에서 의사소통의 중요성을 체득하거나, 의사소통능력을 향상시킬 수 있었던 경험을 자소서에 작성하면 된다. 이러한 직무의 필수 역량과 지원자의 경험 간의 연결고리는 지원자가 영업 직무에 적합하다는 것을 명확하게 드러내 줄 것이다.

이때, 의사소통능력이라고 해서 무조건 외국인과 대화한 경험, 높으신 분들 앞에서 프레젠테이션을 진행했던 경험 등 거창한 경험들만을 염두에 두지 않길 바란다. 학교생활 중 팀플레이를 위해 SNS를 비롯한 다양한 채널을 이용하여 지식을 주고받은 경험, 처음 본 사람과도 친하게 지내고 이를 통해 좋은 관계를 맺을 수 있었던 경험 등 일상적이고 사소한 경험들도 충분히 당신의 의사소통능력을 보여줄 수 있는 경험이 될 수 있다.

중요한 것은 새로운 관점에서 경험을 통해 무엇을 얻을 수 있었는지 파악하고, 경험에서 얻은 것과 기업 또는 직무와의 접점을 찾는 것이다. 이 일련의 과정이 이루어진다면 당신의 경험은 어떤 그 누구의 경험보다 강력한 설득력을 가진 자소서의 소재가 된다는 점을 명심하자.

합격자소서 살.펴.보.기

[△△△△비전]

대학생활과 졸업 이후 가장 어려웠던 경험은 무엇인가요? ① 어려움이 발생한 이유, ② 이를 극복하기 위한 노력(행동, 생각 등)과 그 결과, 느낀 점을 모두 포함하여 구체적으로 작성해주세요.

`Good Point 1` 지역 행사의 홍보대사로 일할 때였습니다. 2인이 한 조를 이루어서 활동하는 것이 원칙이었으며, 총 다섯 조가 각자 활동을 펼쳐나갔습니다. 그러던 중 저와 함께 조를 이루었던 친구가 활동 도중에 외국으로 떠나게 되었고 혼자 남은 저는 이 활동을 이어나가야 할지 고민했습니다. 하지만 이왕 시작한 일, 혼자서라도 잘 마무리하자는 결단을 내렸습니다.

`Good Point 2` 외국에 있는 친구와 면대면 의사소통이 아닌 화상 전화를 통해 회의하고, 혼자 활동을 전개하였습니다. 친구는 외국 박물관 또는 전시관을 다니며 인상 깊었던 홍보 방법에 대해 알려주었고 저는 그것을 직접 실행했습니다. 한편 저는 경쟁자라 할 수 있는 다른 조와 협력해 활동을 펼쳐나가는 전략을 세웠습니다. 원래 각 조는 특정 기간에만 홍보할 기회가 있었습니다. 하지만 저는 다른 한 조와 접촉하여 저희 조와 다른 조의 홍보 기간을 합쳐서 홍보 기간을 총 6일로 늘리고, 그 기간에 함께 홍보 활동을 해보자고 제안했습니다. 행사를 개최한 지역에서 나고 자란 저는 그 지역에 대해 잘 알고 있었다는 강점이 있었고, 그 조는 이런 저의 강점을 알고 저의 제안을 수락했습니다.

학기 중에 지방으로 내려가 혼자 홍보물을 제작 및 전달하고, 직접 행사 장소에서 프로그램을 설명하는 일이 쉽지만은 않았습니다. 그러나 이 일을 포기했을 때 다가올 패배감이 더욱 두려웠습니다. 가만히 앉아있지 않고 발로 뛰며 관람객을 직접 홍보부스로 모시고, 행사를 안내하였습니다. (중략) 그 결과, 저는 혼자서도 2인의 역할을 잘 해낼 수 있었습니다. `Good Point 3` 이처럼 예상치 못한 상황에서도 다각도로 생각함으로써 해결책을 찾고, 융통성과 모험심을 발휘할 줄 알았던 저는 어려운 상황에 마주치더라도 끝까지 도전할 수 있는 영업인이 될 것이라고 자신합니다.

채점관의 평가

`Good Point 1` 영업직 직무와 연관 지을 수 있는 경험을 소재로 함

`Good Point 2` 인재상인 '열정', '창의'에 해당하는 역량이 드러나는 경험을 부각함

`Good Point 3` 자신의 경험을 통해 얻은 것을 직무 역량과 연관 지음

합격자소서 작성 TOOL - ❷

[자소서의 소재가 될 경험 찾기]

[자소서의 소재가 될 경험 찾기] 프로세스

STEP 1 그동안 해왔던 경험을 나열해본다.

STEP 2 낯설게 보기를 통해 경험의 결과와 새로운 의미를 찾는다.

STEP 3 지원하는 기업 또는 직무와 관련 있는 경험을 선별한다.

프로세스 적용 사례

CJ제일제당과 해당 직무에 지원한 동기는 무엇인가요? [CJ제일제당/식품 마케팅 직군]

STEP 1 그동안 해왔던 경험을 나열해본다.

유명 음식점 탐방, 스노보드, 토익 스터디, 학교 축제 참가 등

STEP 2 낯설게 보기를 통해 경험의 결과와 새로운 의미를 찾는다.

세부 활동	경험의 결과 또는 의미
유명 음식점 탐방	– 유명 음식점에 대한 정보 수집 – 새로운 음식에 도전 – 음식 콘셉트 구축의 필요성 파악 – 음식 평가 기준 수립
스노보드	– 실패에도 불구하고 끊임없이 도전하면 성공할 수 있다는 깨달음을 얻음
토익 스터디	– 협업에서 리더 역할의 중요성을 알게 됨 – 단기적/구체적 목표 설정의 중요성 파악 – 다양한 인간관계를 형성할 수 있었던 기회
학교 축제 참가	– 협업 시 개인의 특성을 고려한 업무 배분으로 수익을 창출함

합격자소서 작성 TOOL – ❷ [자소서의 소재가 될 경험 찾기]

> **STEP 3** 지원하는 기업 또는 직무와 관련 있는 경험을 선별한다.

CJ제일제당은 자사 음식을 성공적으로 해외 시장에 선보일 수 있는 방법을 강구할 수 있고 마케팅 수립에 가장 중요한 고객 및 시장 분석 능력을 보유한 인재를 원하므로 이와 관련 있는 경험인 '유명 음식점 탐방'을 선택함

스펙을 뒤집는 기본 원칙 3

채점관을 사로잡는
나만의 자소서를 작성하자

자소서를 쓸 때 잊어서는 안 되는 사실이 있다.

바로 자소서는 읽는 상대, 즉 **채점관이 존재한다는 것이다.**

이는 당신이 자소서로 채점관을 설득해야 한다는 의미이기도 하다.

그렇다면 **설득력을 지닌 자소서는 어떻게 작성할 수 있는가?**

정답은 **탄탄하고, 잘 짜여 있는 구성에 있다.**

탄탄한 구성을 만드는 방법이 무엇인지 확인하고

이를 이용해 당신의 이야기를 자소서에 담아내자.

분명 당신의 이야기는 설득력을 가지게 될 것이며

더불어 누구나 인정할 수밖에 없는 완벽한 자소서가 완성될 것이다.

01 채점관을 사로잡는 자소서 작성 공식

좋은 자소서의 구성은 ABA′ 원칙을 통해 이루어진다

일반적으로 채점관은 자소서를 검토할 때 문장 하나하나를 꼼꼼하게 읽지 않는다. 다시 말해 자소서에 줄을 그으면서 읽거나 외우는 것이 아니므로, 각 문장에 담긴 내용을 모두 확인하지 않는다는 것이다. 대신 그들은 문장과 문장이 만나 이루어지는 스토리를 확인한다. 이 때문에 좋은 자소서를 작성하기 위해서는 소위 우리가 글빨이라고 부르는 화려한 글쓰기 기술보다는 좋은 구성으로 작성할 수 있는 능력이 필요하다.

채점관은 당신이 어떻게 살아왔는지, 어떤 생각을 하고 있는지 전혀 알고 있지 않기 때문에, 당신의 이야기를 최대한 구체적이고 상세하게 나열해야 한다. 문제는 자소서에는 글자 수 제한이 분명히 존재한다는 것이다. 따라서 당신이 보유한 긴 스토리를 일목요연하게 정리하고, 가장 중요한 내용을 강조하는 구성을 선택할 필요가 있다. 말하고자 하는 바를 정확하게 전달하는 자소서를 쓰기 위해서는 아래와 같은 ABA′ 원칙을 따르는 것이 좋다.

ABA′ 원칙, 자소서 작성에 적용하기

A(주장)   자소서 항목에 대한 주장과 생각을 직접적으로 나타내기

⬇

B(사례)   주장과 생각을 뒷받침할 사례 자세하게 보여주기

⬇

A′(강조)   주장과 생각을 다시 한번 정리하여 강조하기

ABA′ 원칙이란 '주장 – 사례 – 강조'를 순서대로 나열하여, 가장 중요한 내용을 앞부분에 배치하고, 마지막 부분에서 가장 중요한 내용을 한 번 더 강조하는 것이다. 가끔 자소서의 소제목에 무엇인가 많이 담으려는 사람들이 종종 있는데, ABA′ 원칙에 따라 작성한 자소서의 경우 글의 첫 부분에서부터 강력한 메시지를 전달할 수 있기 때문에 굳이 소제목을 달지 않더라도 크게 문제가 되지 않는다.

A(주장): 자신의 주장과 생각을 앞부분에 나타내라

① 각 자소서 항목의 숨겨진 의도를 파악하라

자소서 작성 시 앞부분에 위치해야 하는 것은 각 항목의 숨겨진 의도에 대한 자신의 주장과 생각을 직관적으로 보여줄 수 있는 내용이다. 사실 지원동기, 성격의 장단점, 입사 후 포부, 성장과정 등 일반적인 자소서 항목은 기업이 확인하고자 하는 바가 잘 드러나기 때문에, 이에 대한 자신의 주장과 생각을 작성하기가 상대적으로 쉽다.(일반적인 자소서 항목에 숨겨진 의도는 스펙을 뒤집는 기본 원칙 4. 자소서 항목의 숨은 의도를 파악해라를 통해 확인하도록 한다.) 만약 자소서 항목이 직무에 도움 되는 지원자의 역량을 확인하는 것에 초점을 두고 있다면, 직무에 도움 되는 역량을 당신이 갖추고 있다는 사실을 직접적으로 드러내는 문장을 자소서 앞부분에 작성한다. 기업이 가장 궁금해하는 당신의 주장과 생각을 가장 먼저 보여주는 것이다.

② 추상적인 자소서 항목의 경우, 자소서 항목의 의미부터 명확하게 다시 정의하라

문제는 자소서 항목이 추상적인 경우이다. 이때는 각 자소서 항목을 당신 스스로 재정의하는 행동이 필요하다. 예를 들어, '뛰어난 성과를 이룩한 경험을 기술하시오.'라는 자소서 항목을 보자. 모든 사람은 '뛰어난 성과'에 대한 기준이 저마다 다르다. 어떤 사람은 금전적인 수익을 창출한 사례로 이해할 수 있고, 또 다른 사람은 자기 자신의 발전 사례 등으로 이해할 수 있을 것이다.

이처럼 추상적인 자소서 항목을 당신의 기준에 맞춰 재정의하고, 이에 대한 주장과 생각을 자소서 앞부분에 제시해야 한다. 앞서 들었던 자소서 항목 예시 중에 '뛰어난 성과'라는 단어를 금전적인 수익을 창출한 사례로 이해한 사람의 경우, 앞부분에 자신이 가지고 있는 역량을 발휘하여 아르바이트나 대회 입상 등을 통해 돈을 벌었다는 사실을 간결하게 제시할 수 있을 것이다.

③ 경험에 대한 자신의 주장과 생각을 드러내야 한다

자소서에서 지원자들은 기업에서 중요하게 생각하는 것이 경험이라고 생각하기 쉽다. 그러나 오히려 기업은 지원자들의 생각을 보고 싶어 한다. 당신들이 한 경험은 수동적 행위가 많다. 주위의 강요, 권유로 인해 일어나게 된 경험들이라고 할 수 있다. 대부분 지원자들은 기업에 딱 맞는 경험을 한 적도 없고, 인생에 능동적으로 자신이 무엇인가를 결정한 일도 잘 없다.

당신의 경험을 제시할 때 경험에 대한 자신의 생각을 드러낸다면 주위의 강요나 권유로 했던 경험도 보다 능동적으로 보이도록 할 수 있다. 예를 들어, 학교에서 리포트 과제에 대한 경험을 적는다고 가정해보자. 리포트는 교수님의 지시로 인해 수행해야 하는 수동적인 행위이다. 그런데 리포트에 대한 주제와 자신의 생각을 먼저 적고 리포트를 수행하는 과정을 적는다면 보다 능동적인 경험으로 보일 수 있다.

B(사례): 2W1H 원칙을 이용하여 사례를 제시하라

① 주장과 생각을 뒷받침해줄 수 있는 사례를 제시하라

일반적으로 사람은 어떤 새로운 정보를 수용할 때 이미지로 이해하려고 하는 경향이 강하다. 글을 이미지화할 때 가장 효과적인 것이 바로 사례이다. 이러한 점에서 자소서 앞부분에 명확하게 제시한 당신의 주장과 생각이 설득력을 얻기 위해서는 이를 뒷받침할 '사례'가 반드시 필요하다. 자소서에서 사례란 당신이 쌓아온 경험이 될 것이다. 당신이 간결하게 표현한 주장과 생각을 뒷받침할 만한 당신의 경험을 구체적으로 자소서에 작성해야 하는 것이다.

② 사례는 2W1H 원칙을 이용하여 최대한 구체적으로 제시하라

사례, 즉 경험은 최대한 구체적으로 제시하는 것이 중요하다. 구체적으로 제시한다는 것은 구구절절 당신의 경험을 묘사하여 단편적으로 나열하는 것과는 다르다. 신문의 5W1H 원칙에서 착안한 '2W1H 원칙'을 이용해 자소서의 제한된 지면에서 효율적으로 경험을 작성할 수 있어야 한다.

2W1H 원칙은 자소서에 자신의 경험을 작성할 때 반드시 포함해야 하는 'What', 'Why', 'How'를 의미한다. 다시 말해, 그 경험이 무엇인지, 그 경험을 하게 된 원인과 그 경험이 어떻게 진행되어 어떤 결과가 나타나게 되었는지 분명히 작성하여 채점관으로 하여금 당신이 앞서 제시했던 주장과 생각을 경험이라는 사례를 통해 납득하게 하는 것이다.

2W1H 원칙, 자소서 작성에 적용하기

- **2W**

  1) **What**: 어떤 경험을 하였는가?

  예) ○○○○년 저는 나눔의 집에 봉사활동을 간 적이 있었습니다. 그곳에서 위안부 할머니들의 말벗 봉사자를 했습니다.

  2) **Why**: 경험을 하게 된 **이유**는 무엇인가?

  예) 일본 위안부에 대한 역사 강의를 듣고 난 뒤 위안부 할머니들에 대한 관심이 생겼습니다. 그 후, 위안부 할머니들의 수요집회가 있다는 사실을 알게 되었고 그 수요집회에 참여하게 되었습니다. 수요집회를 통해 제가 이전에 역사 강의에서 배웠던 것보다 위안부 할머니들은 더 많은 고통을 받았었다는 것을 알게 되었습니다. 그리고 마음이 너무 아파 위안부 할머니들을 위해 제가 할 수 있는 일은 없는지 찾아보니 나눔의 집에서 위안부 할머니들을 위한 봉사활동을 할 수 있다는 것을 알게 되어 봉사를 시작하게 되었습니다.

- **1H**

  1) **How**: 그 경험이 **어떻게** 진행되었고, 어떤 **결과**를 낳았는가?

  예) 봉사활동을 하며 위안부 할머니들의 말벗이 되어드렸습니다. 처음에는 오히려 할머니들이 너무 따뜻하게 맞아 주셨습니다. 그래서 낯선 감정이 전혀 들지 않고 친할머니와도 같이 많은 이야기를 나누었습니다. 말벗 봉사활동이라는 타이틀이 있었지만, 그냥 할머니들과 대화를 하는 것만으로도 제가 가지고 있는 상처를 치유하는 느낌이었습니다. 그 이후로 저는 지금도 나눔의 집에 찾아가 할머니들과 말벗을 해드리고 있습니다.

A′(강조): 하고 싶은 이야기를 다시 한번 강조한다

① 주장과 생각을 다시 한번 언급해야 한다

자소서 앞부분에 당신의 주장과 생각을 제시한 후 이를 구체적인 사례로 연결했다면, 이를 토대로 마지막에는 당신이 제시한 주장과 생각을 다시 한번 언급하여 강조하도록 한다. 강조는 자소서에 완성도를 높여주는 중요한 요소이다. 따라서 이 부분의 내용은 앞서 제시했던 내용과 무관해서는 안 된다.

한편 강조를 할 때는 우회적으로 또는 은유적으로 작성하면 안 된다. 예를 들어 "저는 OOO기업에서 새롭게 피어나는 꽃이 되고 싶습니다."라고 작성한다면 당신이 전달하고자 하는 바를 채점관에게 명확하게 전달하기가 어려울 것이다. 낯간지럽더라도 직접적으로 이야기해야 당신의 주장과 생각 그리고 이것이 가진 강력한 메시지가 채점관에게 확실하게 각인될 수 있다. 앞에서 언급한 은유적인 문장을 직접적인 문장으로 고쳐본다면, "새로운 변화를 꾀하고 있는 OOO기업에서 유연한 사고를 바탕으로 새로운 변화에 민첩하게 대응할 수 있는 일원이 되고 싶습니다."가 될 것이다. 이처럼 자신의 주장이나 생각을 직접적으로 표현하면 채점관에게 자신의 생각을 명확하게 전달할 수 있다.

② 주장과 생각이 기업과 어떤 연관성이 있는지에 초점을 맞춰야 한다

일반적으로 자소서의 마지막 부분에는 사례를 통해 구체화한 당신의 주장과 생각이 지원하고자 하는 기업과 어떤 연관성이 있는지, 어떤 영향을 줄 수 있는지에 대해 서술하여 앞부분에 제시한 당신의 주장과 생각을 강조하는 것이 좋다. 실제로 ABA′ 원칙에 따라 작성된 다음의 자소서를 통해 이 점을 주의 깊게 살펴보자. 이 자소서는 오로지 지원자의 이야기로만 끝날 수 있는 내용을 기업과 관련 있는 이야기로 변모시키는 데 성공하였다.

[△△오일]

소위 말하는 스펙(학교, 학점, 전공, 어학점수 등)을 제외하고 △△오일이 귀하를 채용하기 위하여 반드시 알아야 할 것이 있다면 무엇인지 작성해주세요.

'어제와 같이 일하면서 미래가 달라질 것이라고 생각한다면 정신병 초기증상이다.'

저는 어제의 저와 오늘의 제가 달라질 것이라고 생각하면서 살아갑니다. Good Point 1 늘 저는 달라지고 발전하기 위해 메모를 합니다. 메모는 어제의 저를 돌아보게 되고 어떻게 하면 발전을 할 수 있을지 만들어주는 도구입니다. 메모를 통해 잘된 점은 어떻게 발전시켜 나갈 수 있을 것인지를 살펴보고, 잘되지 않은 점은 반성을 하면서 저의 계획을 세우고 실천해 나갑니다.

Good Point 2 메모하는 습관을 가지게 된 계기는 고등학교 때 어머니께서 암 투병을 하실 때였습니다. 어머니께서는 힘든 암 투병을 하시면서 회복하게 되면 하고 싶은 일을 매일 밤마다 메모장에 적어 놓으셨습니다. 비록 어머니께서는 돌아가셨지만 어머니께서 남기신 메모장은 항상 제 지갑에 넣어두고 있습니다. 어머니께서 돌아가실 때 저에게 남기신 한 마디는 "막상 죽을 때가 되니까 하고 싶은 게 너무 많구나. 건강할 때는 절대 못 느꼈는데 말이야."라는 말씀이었습니다. 그 말씀을 듣고 난 뒤부터 10년간 하루도 빠지지 않고 제가 하고 싶은 것, 해야 할 것들을 모두 메모하고 그것들을 실천하기 위해 노력하고 있습니다.

Good Point 3 △△오일은 수익성 위주의 경영전략과 국제화 시대에 맞는 기동성 있고 진취적인 경영 체질을 배양하면서 아시아·태평양 지역에서 가장 경쟁력 있는 정유회사로 성장한 회사입니다. 앞으로 △△오일은 시대의 흐름에 발맞춰 끊임없이 진보할 것입니다. 저 역시 매일 메모하고 실천하는 노력을 통해 진보해 나가고 있습니다. 진취적인 △△오일에서 이러한 저의 자기계발 능력과 실천 능력을 통해 글로벌 인재·통섭형 인재로 발돋움하겠습니다.

채점관의 평가

Good Point 1 기업이 알아야 하는 지원자의 역량을 '자기계발 능력'으로 정의하고, 자기계발 능력을 키울 수 있었던 메모하는 습관을 강조함 (A-주장)

Good Point 2 메모하는 습관을 갖게 된 사례를 구체적으로 설명함 (B-사례)

Good Point 3 기업의 현황을 파악하고, 메모하는 습관을 통해 얻은 자기계발 능력과 실천 능력을 토대로 기업이 원하는 인재상이 되겠다는 의지를 드러냄 (A'-강조)

02 제출 전에 반드시 확인하자

자소서 작성의 마지막은 셀프 첨삭이다

자소서를 작성한 후 스스로 첨삭(셀프 첨삭)하는 것은 선택이 아닌 필수이다. 셀프 첨삭은 자소서의 완성도를 높일 수 있는 마지막 기회이자, 면접 준비의 일환이라고도 할 수 있다. 자소서를 셀프 첨삭할 때는 적어도 3번에서 5번 정도는 다시 쓴다고 생각해야 한다. 서로 다른 5개의 기업에 한 번씩 총 5개의 자소서를 쓰는 것보다 1개 기업의 자소서를 셀프 첨삭하여 5번 다시 쓰는 것이 완성도 높은 자소서를 작성하는 능력을 배양하는 데 훨씬 더 효과적이라는 점을 잊지 말자.

간결하고 명확한 문장으로 작성하라

화려한 문장을 잘 쓴 문장이라고 착각하는 사람들이 많다. 그러나 지나치게 화려한 문장은 오히려 의미를 파악하는 데 방해가 될 뿐이다. 그렇다면 어떤 문장이 잘 쓴 문장일까? 단연 잘 읽히는 문장이다. 잘 읽히기 위해서는 문장을 짧게 쓰는 것이 중요하다.

짧게 쓴 문장은 한눈에 들어오게 되고 한눈에 들어오는 문장은 말하고자 하는 바를 정확히 드러낼 수 있다. 따라서 자소서에서 너무 길어서 한눈에 잘 들어오지 않는 긴 문장을 발견했다면 다음과 같이 50자 내외의 두 개 이상의 문장으로 수정하여 간결하게 만들어야 한다.

> **예**
>
> 저는 '남을 도우면서 살자'라는 원칙을 가지고 있으며 제가 가진 것을 나눠 가지자
> 는 생각을 하는 것을 원칙으로 하고, 한 달에 한 번씩 봉사활동을 다니며 제가 가진
> 것을 나누고 있습니다.
>
> → 수정 후
> 저는 '남을 도우면서 살자'라는 원칙을 가지고 있습니다. 이 원칙을 지키기 위해 한
> 달에 한 번씩 봉사활동을 다니며 제가 가진 것을 나누고 있습니다.

주어와 서술어의 호응을 파악하라

자소서를 쓸 때 가장 많이 하는 실수 중 하나는 바로 호응 관계의 오류이다. 문장을 구성하는 각 어휘는 해당 어휘와 연결되어야만 하는 일종의 '짝꿍' 어휘가 존재한다. 그러나 문장이 길어지고 하고 싶은 말이 많아지다 보면 이러한 호응, 특히 주어와 서술어 또는 목적어와 서술어의 관계를 간과하게 되고, 결국 의미가 어색한 문장을 쓰게 된다. 따라서 문장의 주어 또는 목적어, 서술어에 밑줄을 긋고 해당 어휘들이 호응을 잘 이루고 있는지 확인하는 것이 중요하다. 만약 호응을 이루지 않고 있다면 반드시 수정하도록 한다.

> **예**
>
> 다양한 아르바이트 경험은 서비스 마인드를 갖추는 과정을 체험할 수 있었습니다.
>
> → 수정 후
> 저는 다양한 아르바이트 경험을 통해 서비스 마인드를 갖추는 과정을 체험할 수 있
> 었습니다.

의문이 떠오르지 않는지 확인하라

마지막으로 자소서에 내용 공백이 있는지 확인하도록 한다. 자소서를 작성할 때 많은 지원자들이 자신이 겪었던 일을 서술하기 때문에 내용을 자세히 적지 않는 실수를 하곤 한다. 하지만 채점관을 비롯한 다른 사람들은 당신을 잘 모르기 때문에 자소서에는 당신의 주장, 생각, 경험 등의 이유가 모두 분명히 드러나야만 한다.

따라서 내용이 촘촘한 자소서를 쓰기 위해서 셀프 첨삭 시 문장이 끝날 때 '왜?', '어떻게?'라는 의문을 가지고, 이 의문을 해결해줄 수 있는 답이 자소서에 나와 있는지 확인해야 한다. 만약 의문이 해결되지 않는 부분이 있다면, 해당 문장을 수정하거나 해당 문장 다음에 또 다른 문장을 추가하여 내용 공백을 해결할 수 있도록 한다.

예

> 어릴 때부터 정직과 신뢰로 장사를 해오신 부모님 곁에 있으면서 정직과 신뢰를 배우고 자랐습니다. 이것은 저의 가치관이 되었습니다.
>
> → 수정 후
> 정직과 신뢰로 장사를 해오신 부모님을 보며 자랐습니다. 어떤 일이 있어도 손님에게 거짓말을 하지 않으셨고, 그것 때문에 손님들에게 신뢰를 얻어 한 자리에서 30년 넘게 장사를 하고 계십니다. 이렇게 부모님으로부터 배운 정직과 신뢰는 저의 가치관이 되었습니다.

맞춤법 및 띄어쓰기가 정확한지 확인하라

구성이 좋고 내용이 명확하더라도 맞춤법이나 띄어쓰기와 같이 글쓰기의 기본이 지켜지지 않은 자소서는 채점관의 기억에 남지 않는다. 내용이 뛰어난 자소서라도 오타가 많거나 맞춤법 및 띄어쓰기 등의 실수가 잦다면 채점관은 지원자의 성의가 부족하다고 여길 가능성이 매우 높다. 다시 말해, 공들여 작성한 자소서라도 작은 실수 하나 때문에 채점관은 그 자소서의 진정성을 의심하게 된다는 것이다. 마지막으로 반드시 오타, 잘못된 맞춤법, 띄어쓰기 등과 같은 기본적인 부분에서의 실수는 없는지 면밀하게 검토하도록 하자.

예

> 제가 이제까지 쌓아온 분석력, 추진력, 홍보 등의 연량을 바탕으로 OO기업에서 마케팅 입무를 수행하고싶습니다.
>
> → 수정 후
> 제가 이제까지 쌓아온 분석력, 추진력, 홍보 등의 역량을 바탕으로 OO기업에서 마케팅 업무를 수행하고 싶습니다.

자소서 최종 제출 전, 이것만은 반드시 확인하자

1. 지원하는 회사의 이름을 정확히 기재하였는가? ☐

2. 지원 분야(직무)를 정확히 기재하였는가? ☐

3. 각 항목에 맞는 내용이 정확히 기재되었는가? ☐

4. 가독성이 떨어지지는 않는가? ☐

5. 맞춤법 및 띄어쓰기 오류는 없는가? ☐

6. 오타는 없는가? ☐

[△△△△△△공단]

△△△△△△공단에 입사한 지원동기를 공단 업무 특수성에 맞게 기술해주세요.

한국 사회는 현재 불신과 양극화 등의 불안감을 가지고 있습니다. 불안이 더욱 증폭되어 상대적 박탈감으로까지 이어지게 됩니다. 사회에서는 이런 상대적 박탈감을 줄이기 위해 복지와 안전망을 구축하여 사회적인 안정을 추구하고 있습니다. **Good Point 1** 특히 △△△△△△공단은 보호관찰 등에 관한 법률과 사회복지사업법 등에 의거해 법무보호복지를 통한 보호 대상자의 건전한 사회복귀와 함께, 효율적인 범죄 예방 활동을 목적으로 하고 있습니다. 이는 취약 계층을 안전하게 사회에 적응시키고 사회적 안전을 구축하는 데 가장 필요한 사업이라고 생각합니다.

Good Point 2 특히 저는 대학시절부터 지역아동 센터, 미혼모 센터 등에서 봉사활동을 하면서 사회적 약자에 대한 상대적 박탈을 체험했습니다. 이런 일회적인 봉사활동보다는 지속적인 프로그램을 통해 사회적 약자를 보호해주고 싶었습니다. (중략)

저는 법무보호대상자들이 사회에 복귀할 수 있도록 도움을 주는 역할을 수행하면서 취업지원 프로그램을 진행하는 업무를 하고 싶습니다. 갱생보호는 사회복귀 과정의 일부이므로 그들을 보호하고 지원하는 일 중에 가장 빨리 적응할 수 있는 것은 취업 프로그램이라고 생각했기 때문입니다. **Good Point 3** 저는 봉사활동에서 익힌 소통 능력과 학교에서 익힌 기획 및 행정 프로그램 숙련 능력을 통해 보호 대상자들의 사회복귀 지원 역량 강화에 도움이 되고 싶습니다.

채점관의 평가

Good Point 1 △△△△△△공단에 대한 사업을 정리하고 역할에 대한 부분을 주장함 (A – 주장)

Good Point 2 사회적 약자를 어떻게 생각하게 되었는지 계기 및 경험을 구체적으로 설명 (B – 사례)

Good Point 3 사회적 약자들의 사회복귀 지원 역량 강화에 도움이 되고 싶다는 점을 다시 강조 (A′ – 강조)

합격자소서 작성 TOOL - ❸

[채점관을 사로잡는 나만의 자소서 작성하기]

[채점관을 사로잡는 나만의 자소서 작성하기] 프로세스

STEP 1   A(주장): 자신의 주장과 생각을 앞부분에 나타내라.

STEP 2   B(사례): 2W1H 원칙을 이용하여 사례를 제시하라.

STEP 3   A′(강조): 하고 싶은 이야기를 다시 한번 강조한다.

STEP 4   문장 길이, 주어와 서술어의 호응, 내용 공백에 유의하며 셀프 첨삭한다.

프로세스 적용 사례

CJ제일제당과 해당 직무에 지원한 동기는 무엇인가요? [CJ제일제당/식품 마케팅 직군]

STEP 1   A(주장): 자신의 주장과 생각을 앞부분에 나타내라.

기업과 직무에 대한 관심도를 나타낼 수 있는 자신의 주장과 생각을 앞부분에 작성한다.

예) CJ제일제당은 한국 대표 음식을 제품화하였으며, 이를 통해 한국 식문화의 세계 시장 진출을 꾀하고 있습니다. 꾸준한 맛집 방문을 통해 성공하는 음식의 특징을 파악한 경험을 토대로 CJ제일제당 식품의 세계화에 보탬이 되고 싶습니다.

STEP 2   B(사례): 2W1H 원칙을 이용하여 사례를 제시하라.

주장과 생각을 뒷받침해줄 수 있는 경험을 왜 하게 되었는지 제시하고, 그 경험의 과정과 결과를 구체적으로 작성한다.

예) 사람들이 오래 기다렸다가 먹는 일명 맛집 열풍에 대해 호기심을 가져 서울 곳곳의 맛집을 돌아다니며 새롭고 다양한 음식을 직접 먹어보기 시작했습니다. 처음에는 단지 음식의 맛에만 초점을 두었지만, 나중에는 왜 이 음식이 인기가 많은지 알아보게 되었습니다. 그 결과 음식의 맛뿐만 아니라 음식이 가지고 있는 콘셉트 역시 소비자의 선택을 받는 데 중요하다는 것을 확인하였습니다. 한편 음식에 대한 평가가 사람마다 다를 수 있다는 점을 고려하여 한 음식에 대한 제 친구들, 그 음식에 대해 리뷰한 익명의 블로거, SNS 유저 등의 평가를 모았습니다. 이를 통해 사람들이 음식을 먹을 때 특히 고려하는 기준을 마련할 수 있었고, 이후 이 기준을 토대로 인기 음식 분석을 더욱 구체적으로 진행할 수 있었습니다.

합격자소서 작성 TOOL – ❸ [채점관을 사로잡는 나만의 자소서 작성하기]

STEP 3　A'(강조): 하고 싶은 이야기를 다시 한번 강조한다.

앞부분에 작성한 주장과 생각을 강조하기 위해 다시 한번 자신의 주장과 생각을 기업과 연결 지어 직접적으로 작성한다.

예) 입사 후, 이러한 경험을 토대로 저는 CJ제일제당 식품에 세계인의 이목을 끌만한 콘셉트를 부여하고자 합니다. CJ제일제당은 떡갈비, 쌀밥, 동그랑땡 등 대표적인 한국 음식을 간편한 제품으로 선보였습니다. (중략) 과거 다른 사람들의 평가를 모아 인기 음식에 대한 기준을 마련했던 경험을 토대로, 빠르게 변화하고 있는 국내 및 국외 소비자의 음식에 대한 욕구를 다양한 채널을 통해 수집 및 분류하고, 제품 기획 시 이 분석 정보를 적극적으로 활용하겠습니다. 이러한 각오는 CJ제일제당이 급변하는 식품 시장 환경을 선도하는 데 기여하겠다는 저의 의지이기도 합니다.

STEP 4　문장 길이, 주어와 서술어의 호응, 내용 공백에 유의하며 셀프 첨삭한다.

ABA' 원칙에 따라 작성된 자소서를 셀프 첨삭한다.

예) CJ제일제당은 한국 대표 음식을 제품화하였으며, 이를 통해 한국 식문화의 세계 시장 진출을 꾀하고 있습니다. (중략) 처음에는 단지 음식의 맛에만 초점을 두었지만, 나중에는 왜 이 음식이 인기가 많은지 알아보게 되었습니다. <u>그 결과 음식의 맛뿐만 아니라 음식이 가지고 있는 콘셉트 역시 소비자의 선택을 받는 데 중요하다는 것을 확인하였습니다.</u>

> ✓ 문제점 및 수정방안: 사례가 없어 내용 공백이 발생했으므로 확고한 콘셉트로 인기를 얻은 음식을 언급하는 것으로 수정
>
> → 수정 후
> 그 결과 음식의 맛뿐만 아니라 음식이 가지고 있는 콘셉트 역시 소비자의 선택을 받는 데 중요하다는 것을 확인하였습니다. 실제로 종로의 한식집은 밑반찬의 다양화를 통해 '엄마가 해주는 밥'이라는 콘셉트를 구축한 정식 메뉴로 큰 인기를 얻고 있었습니다.

한편 음식에 대한 평가가 사람마다 다를 수 있다는 점을 고려하여 여러 사람들의 평가를 모았습니다. (중략) <u>과거 다른 사람들의 평가를 모아 인기 음식에 대한 기준을 마련했던 경험을 토대로, 빠르게 변화하고 있는 국내 및 국외 소비자의 음식에 대한 욕구를 다양한 채널을 통해 수집 및 분류하고, 제품 기획 시 이 분석 정보를 적극적으로 활용하겠습니다.</u>

> ✓ 문제점 및 수정방안: 문장이 매우 길며, 문장의 뒷부분이 강조되지 않으므로 두 문장으로 나누어 간결하게 수정
>
> → 수정 후
> 과거 다른 사람들의 평가를 모아 인기 음식에 대한 기준을 마련했던 경험을 토대로, 빠르게 변화하고 있는 국내 및 국외 소비자의 음식에 대한 욕구를 다양한 채널을 통해 수집 및 분류하겠습니다. 이후 제품 기획 시 이 분석 정보를 적극적으로 활용하겠습니다.

이러한 각오는 CJ제일제당이 급변하는 식품 시장 환경을 선도하는 데 기여하겠다는 저의 의지이기도 합니다.

ejob.Hackers.com

스펙을 뒤집는 기본 원칙 4
자소서 항목의 숨은 의도를 파악해라

각 기업의 자소서는 서로 다른 항목으로 구성된 것처럼 보인다.
그러나 모든 기업이 궁극적으로 묻고자 하는 바는 비슷하다.
모든 기업은 자소서를 통해 지원자의 과거, 현재, 미래를 파악하고
이를 통해 지원자가 어떤 사람인지 확인하고 싶어 하기 때문이다.
따라서 각 기업의 자소서 항목에는 기본적으로 포함되는 내용이 정해져 있다.
많은 지원자들이 이를 두고 뻔하다고 생각하는 경우가 많다.
그러나 이 간단한 자소서 대표 항목에는 숨겨진 의도가 분명히 존재하므로
지원자는 이 의도에 맞춰 기업이 알고 싶어 하는 것을 보여줘야 한다.

01 자소서 대표 항목 ① 지원동기

숨은 의도 파악하기

기업은 지원동기라는 항목을 통해 회사에 관심이 많은 지원자를 가려내고자 한다. 오늘날 많은 지원자들은 잘 쓴 하나의 자소서를 가지고 다양한 기업에 지원하는, 일명 묻지마 지원을 하고 있다. 지원자 입장에서 다양한 기업에 지원하는 것은 '어느 기업이든지 상관없이' 취업 성공의 가능성을 높이는 길처럼 여겨지기 때문이다.

하지만 기업의 입장에서는 "이 기업이 아니면 안 된다."라는 마인드의 지원자를 선호한다. 어느 기업에 갖다 두어도 개의치 않는 지원자와 이 기업이 아니면 안 된다는 강한 의지를 가진 지원자 중 누가 더 업무 시 열정적이겠는가? 결과는 확신할 수 없지만, 기업이 보기엔 당연히 해당 기업이 아니면 안 되는 지원자 쪽에 더욱 관심이 갈 것이다. 기업에 대한 확고한 의지야말로 직무를 수행하는 데 중요한 원동력으로 작용할 수 있기 때문이다. 따라서 지원자는 지원동기에 왜 이 기업이 아니면 안 되는지를 보여줘야 하는데, 이것이 가능하기 위해서는 가장 먼저 기업에 대한 관심이 크다는 점을 강력하게 어필할 수 있어야 한다.

한편 기업이 지원동기라는 항목을 통해 지원자가 직원이 될 준비가 되었는지를 확인하는 경우도 있다. 기업이 찾는 직원이란 기업의 효율적인 생산을 가능하게 하고, 대외적으로 좋은 이미지를 형성할 수 있도록 노력하는 사람이다. 그러기 위해서 직원은 기업의 특징을 정확히 파악할 줄 알고, 그 기업에서 자신의 어떠한 역량을 발휘해야 하는지 정확히 잘 알아야 한다. 이는 기업이 지원동기 항목을 통해 지원자가 기업에 대해 이미 충분히 숙지하고 있는지, 기업에 기여할 수 있는 바가 있는지 확인하고 싶어 한다는 것을 의미하기도 한다.

기업이 아닌 직무에 대한 지원동기를 묻는 경우도 있는데, 이는 지원자가 직무에 대한 이해가 확실한지, 직무를 이행하는 데 지원자가 보유한 역량이 어떤 도움을 줄 수 있는지 등을 확인하기 위함이다.

> **핵심 평가 항목**
> ✓ 기업에 대한 지원자의 관심도
> ✓ 기업에서 발휘할 수 있는 지원자의 역량

지원동기 작성 전략

① 기업을 분석하여 자신의 경험과 접목시킨다

당신이 기업에 대해 잘 숙지하고 있고, 관심이 많다는 것을 객관적으로 보여줘야 한다. 이는 지원하는 기업의 대외적 이미지만을 고려하는 것과는 전혀 다르다. 자소서에 기업분석을 통해 얻은 기업에 대한 객관적 사실을 제시할 수 있어야 한다. 그러나 기업분석은 누구나 할 수 있으며, 객관적 사실은 누가 봐도 똑같은 내용이다. 따라서 기업에 대한 객관적 사실을 당신이 보유한 경험과 접목시켜 지원동기를 작성해야 한다.

예를 들어, 당신이 지원하고자 하는 기업이 항상 새로움을 지향하고, 직접 몸으로 실천하는 것을 기본적인 모토로 삼고 있다고 가정해보자. 이는 기업문화가 새로운 가치를 추구하고, 추진력과 도전 정신을 중요시한다는 것으로 해석할 수 있다. 그렇다면 당신은 자소서에서 기업이 중요하게 여기는 추진력과 도전 정신을 보유하고 있다고 주장하고 관련 경험을 작성하면 된다. 당신이 한 경험 중에서 발상의 전환을 통해 성공을 이룩하거나, 실패에도 불구하고 다양한 시도 끝에 성공한 경험을 이야기하면 되는 것이다. 이처럼 당신과 기업이 접점을 가지고 있음을 지원동기에서 드러내어야 한다.

한편 기업과 당신의 경험을 접목시켜 지원동기를 작성하는 방법으로는 당신의 경험을 먼저 이야기한 후 기업과 연결하는 방법과 기업에 대해 이야기하고 나서 당신의 경험을 연결하는 방법이 있다. 전자의 경우 당신의 경험이 더욱 설득력을 가질 수 있다는 장점이, 후자의 경우 기업에 대한 당신의 관심이 더욱 잘 드러난다는 장점이 있다.

② 당신이 기업에 기여할 수 있는 역량을 드러내야 한다

당신의 역량이 기업 또는 직무에서 필요로 하는 역량이라는 점을 지원동기로 제시할 수도 있다. 역량을 이야기할 때 '뜨거운 열정', '노력형 인재' 등과 같은 추상적인 내용은 되도록 피하자. 누구나 가지고 있는 열정과 노력은 채점관에게 특별하게 다가오지 않기 때문이다.

대신 당신이 가지고 있는 다양한 역량 중 직무에 직접적으로 도움이 되는 역량을 최대한 구체적으로 작성하는 것이 좋다. 마케팅 직군의 경우 '고객 니즈를 다각도로 분석할 수 있는 능력'이 필요 역량이 될 수 있는데, 이때 자신이 어떠한 구체적인 방법으로 고객 니즈를 다각도로 분석할 수 있는지를 이야기해준다면 훨씬 더 매력적인 자소서를 작성할 수 있을 것이다.

한편 어떠한 사례도 들지 않고 역량에 대한 설명만을 나열하는 것은 설득력 없는 주장에 불과하다. 역량을 갖추게 되거나 발전시킬 수 있었던 경험을 반드시 제시하고, 가능하다면 직무를 수행하는 데 이 역량이 어떠한 방식으로 활용될 수 있는지까지 작성하도록 한다.

지원동기 항목 작성 TIP

- 기업에 대한 관심이나 기업이 필요로 하는 자신의 역량을 보여주는 참신한 문장을 첫 번째 줄에 제시하면 강력한 지원동기를 전달할 수 있다.
- 경험이 얼마나 특별한지보다는 경험을 통해 보유하게 된 역량이 기업이 필요로 하는 역량과 관련이 있는지가 더 중요하다는 점을 기억한다.
- 자소서에 '입사 후 포부'에 대한 항목이 없을 경우 지원동기 항목에서 입사 후 포부를 포함하여 작성한다.

합격자소서 살.펴.보.기

[△△디스플레이]

△△디스플레이를 선택한 이유와 입사 후 회사에서 이루고 싶은 꿈을 기술하십시오.

 `Good Point 1` 고등학교 시절, 첨단 과학 기술에 관심이 많아서 여러 가지 특강을 들으러 다녔습니다. 그중 가장 인상 깊었던 강의는 그래핀에 대한 것이었습니다. 그래핀 소재의 특성 및 장단점을 간략히 배웠고, 강의 마지막에 △△에서 대학교와 연계하여 만든 플렉시블 디스플레이의 시험 영상을 볼 수 있었습니다. `Good Point 2` △△이 누구보다 앞선 기술력을 가지고 있음에도 신기술 개발에 아낌없는 투자를 하고 있다는 것을 알았습니다. 그 후 관심을 가지고 지켜보던 중, 한 기사를 읽었습니다. 끊임없는 노력 덕분에 그래핀과 실리콘을 연결하는 핵심 난제를 해결할 수 있었다는 기사였습니다. 제가 △△에 대해 가지고 있던 생각이 틀리지 않았음을 느낀 순간이었습니다. 이를 보며 △△에서 제 성장을 함께하고 싶다는 꿈을 가지게 되었습니다.

그래핀의 상용화는 아직 준비단계이며, 나노미터 수준인 그래핀은 약간의 크기와 두께 변화에도 특성이 민감하게 변화합니다. (중략) 기계공학을 전공하며 가장 관심을 가진 분야는 제품의 설계, 개발 등의 분야에 컴퓨터를 응용하는 기술인 CAE(Computer Aided Engineering)입니다. CAE를 통해 연구·개발하면 비용을 줄일 수 있을 뿐만 아니라 컴퓨터를 이용한 모의시험을 통해 제품의 특성을 예측할 수 있습니다. `Good Point 3` 저는 △△디스플레이에서 CAE를 통해 그래핀의 특성을 측정하는 기술을 개발하여 그래핀 상용화에 이바지하고 싶습니다.

채점관의 평가

`Good Point 1` 기업의 사업 분야와 관련된 경험을 제시함

`Good Point 2` 경험에 대한 자신의 생각을 제시하고 이를 기업 지원동기로 자연스럽게 연결함

`Good Point 3` 지원동기에서 입사 후 포부로 내용을 자연스럽게 확장함

02 자소서 대표 항목
② 성격의 장단점

숨은 의도 파악하기

기업에게 있어서 직원의 성격은 업무 또는 부서 배치에 중요한 기준으로 작용한다. 이러한 점을 고려한다면 기업이 성격의 장단점을 묻는 것은 직무를 이행하는 데 지원자의 성격이 도움이 되는지 확인하기 위한 수단이라고 할 수 있다.

사실 당신은 다양한 성격의 장점을 가지고 있을 것이다. 기업은 그 다양한 성격의 장점 중에서도 특히 직무를 수행할 때 가장 도움이 될 만한 성격의 장점을 알고 싶어 한다. 동일한 직무를 지원하는 다양한 사람들은 각기 다른 성격의 장점을 가지고 있다. 그러므로 당신이 가지고 있는 성격의 장점이 다른 사람들에 비해 상대적으로 직무와 더욱 밀접하며, 효율적인 업무를 가능하게 한다는 점을 강조해야 한다.

한편 기업이 지원자의 성격의 단점을 확인하려는 의도는 크게 두 가지로 나눌 수 있다. 첫 번째는 성격의 단점이 지원 직무를 수행하는 데 큰 지장을 주지 않는지 미리 가늠하기 위한 것이다. 아무리 지원자가 출중한 능력을 보유하고 있더라도, 지원자가 직무를 수행하거나 조직생활을 하는 데 막대한 지장을 줄 만한 여지가 있다면 기업은 쉽게 그 지원자를 채용하지 못할 것이다.

두 번째는 자신을 성찰할 줄 알고, 문제에 대한 개선 의지가 있는지 확인하기 위함이다. 성격의 단점을 제시한다는 것은 이 단점을 아직 완벽히 고치지 못했다는 의미이기도 하다. 따라서 지원자는 스스로 성격의 단점을 인지하고 있다는 사실을 통해 자신에 대한 이해가 확실하다는 것을 보여주고, 입사 후 이 단점을 어떻게 개선하여 기업에 적응할 수 있을지

자소서에 분명하게 드러낼 필요가 있다.

✓ 지원한 직무와 성격의 부합 여부
✓ 직무 수행 시 도움이 되는 성격의 장점
✓ 직무 수행 시 크게 부정적 영향을 주지 않는 성격의 단점
✓ 성격의 단점에 대한 문제 개선 의지

성격의 장단점 작성 전략

① 성격의 장점과 단점을 구분하여 명확하게 설명하되, 성격의 장점을 먼저 제시한다

가끔 성격의 장단점을 설명할 때, 장점과 단점을 구분하지 않고 뭉뚱그려 자신의 성격을 설명하는 사람이 있다. 그러나 기업이 지원자의 성격의 장점과 단점을 통해 확인하고자 하는 바가 각각 다르므로 장점과 단점이 정확히 구분되어 보이도록 작성해야 한다.

이때 성격의 장점을 먼저 제시한 후 단점을 제시하는 것이 좋다. 일반적으로 사람이 상반된 정보를 습득할 경우, 먼저 접한 정보가 더 기억에 잘 남기 때문이다. 이를 초두효과라고 하는데 자소서에도 이 초두효과를 이용할 필요가 있다. 따라서 앞부분에 당신의 장점을 제시한 후 단점을 제시한다면 채점관으로 하여금 당신의 단점보다는 장점을 더욱 인상 깊게 기억하도록 하여, 상대적으로 당신의 단점을 약화시킬 수 있다.

② 성격의 장점은 지원 기업 또는 직무와 관련된 것을 제시한다

자소서는 기업에 입사하기 위해 작성하는 글이므로 자소서에 담겨야 하는 내용 역시 기업과 관련이 있어야 한다. 기업은 자소서에 담긴 당신의 성격의 장점을 입사 후 직무를 수행할 때의 성격의 장점으로 이해한다. 이는 성격의 장점이 직무에서 필요로 하는 역량과 관련된 장점이거나 기업의 인재상과 부합하는 장점이어야 한다는 것을 의미한다. 이때 직무에서 필요로 하는 역량은 해당 기업의 사이트나 채용 사이트에 제시된 것을 참고하거나, 기업의 사업 분야를 직접 분석하여 파악할 수 있다.

다양한 성격의 장점 중 지원 기업이나 직무와 관련된 장점 1~2개를 선별하고, 이 성격

을 보유하고 있다는 것을 구체적인 사례를 통해 증명하자. 자소서의 작성 분량은 제한적이다. 따라서 성격의 장점을 보여주는 여러 개의 사례를 압축적으로 간략히 나타내기보다는 1~2개의 사례를 짜임새 있게 제시하는 것이 좋다.

③ 성격의 단점은 직무를 수행할 때 큰 지장을 주지 않는 것을 제시한다

기업은 지원자가 제시하는 성격의 단점이 입사 후 생활에도 영향을 줄 수 있다고 생각한다. 따라서 성격의 단점은 반드시 직무에 크게 부정적인 영향을 미치지 않는 것을 선택해야 한다. 예를 들어, 재무 또는 회계 직무를 지원하는 사람이 꼼꼼하지 않다거나 숫자와 관련하여 작은 실수가 잦다면 채점관에게 좋은 인상을 주기는 어려울 것이다. 이러한 점을 고려하여 성격의 단점은 직무와 크게 밀접하지 않은 것을 선택하는 것이 이상적이다.

한편 어떤 성격의 단점을 선택해야 하는지 고민하는 사람들이 많다. 이럴 경우 하나의 성격이 상황에 따라 어떻게 보일 수 있는지를 고려하면 도움이 된다. 예를 들어, 학교에서 팀플레이를 할 때 리더를 맡아 사람들에게 수행 과제를 분담해주고, 친구들을 만날 때 미리 약속 장소를 정해 친구들을 모으는 역할을 하는 사람이 있다. 이 사람은 리더십이 있으며, 꼼꼼하고 계획을 잘하는 성격의 장점이 있다고 할 수 있다. 그러나 이 사람은 다른 관점에서 보면 독선적이라는 성격의 단점을 가지고 있는 것처럼 보일 수도 있다. 이처럼 당신이 생각하는 성격의 장점이 가진 부정적인 부분을 고려하여 성격의 단점을 선택한다면 자소서에 당신의 일관된 성격을 보여줄 수 있으며 설득력 있는 성격의 장점과 단점을 제시할 수 있다.

④ 성격의 단점은 구체적인 극복 방안도 함께 제시한다

성격의 단점을 언급할 때는 단점을 극복하기 위해 어떻게 노력을 해왔는지 함께 설명하여 성격의 단점에 대한 개선 의지를 보여주어야 한다. 이때, "마음을 고쳐먹었다."라는 식의 추상적인 개선 방안이 아니라 실질적인 개선 방안, 즉 구체적인 방법을 이용해 어떻게 고쳤고 이를 통해 어떠한 결과까지 얻게 되었는지를 제시할 수 있어야 한다.

앞서 말한 것처럼 기업은 지원자의 성격의 단점이 완벽히 고쳐졌다고 생각하지 않기 때문에 입사 후에 이 성격의 단점이 업무를 수행하는 데 영향을 미칠 수 있다고 생각한다. 따

라서 입사 후에도 이러한 성격을 어떻게 개선할 수 있을지에 대해서 언급해 기업으로 하여

금 당신의 단점에 대해 우려하지 않도록 해야 한다.

성격의 장단점 항목 작성 TIP

- 회사생활이 조직생활이라는 점을 염두에 두어, 타인과 함께 지내는 데 부정적인 영향을 미칠 수 있는 단점은 되도록 피한다.
- 강점과 약점을 묻는 항목의 경우도 성격의 장단점을 언급하는 것과 마찬가지로 모두 직무와 관련한 것을 제시하는 것이 좋다.
- 단점보다는 장점에 대한 내용을 상대적으로 조금 더 많이 제시하여 장점을 강조하도록 한다.

[△△△△공단]

△△△△공단에 지원하게 된 동기와 자신의 성격에 대한 장단점을 기술하시오.

　　대학교에 입학하여 봉사활동을 경험하며 노인, 장애인, 아동 등 다양한 클라이언트를 접하는 기회를 갖게 되었습니다. (중략) 그러던 중 '사회복지 법제론' 시간에 △△△△공단에 대해 알게 되었고 '국민이 보다 행복한 삶을 영위할 수 있도록 국민에게 신뢰받는 최상의 연금과 복지 서비스를 제공한다'는 가치실현을 통해 일상생활을 지속하기 힘든 대상자뿐만 아니라 전 국민의 행복을 위해 일하고 싶다는 생각이 들었습니다.

　　△△△△공단에 관심이 생긴 이후, 국가근로 장학생으로서 영등포지사에서 2달 동안 직업체험을 하는 기회를 갖게 되었습니다. `Good Point 1` 저는 장애인 지원 센터와 민원고객 안내를 하는 역할을 하였는데 비록 작은 일이었지만 연금에 대한 전반적인 지식을 쌓고 고객을 소중히 대하는 법을 배우는 가치 있는 경험을 할 수 있었습니다. 항상 고객을 먼저 생각하고 자신의 일을 즐겁게 해나가시는 직원분들을 보며 △△△△공단에 입사하고 싶다는 강한 동기를 갖게 되었습니다. (중략)

　　저의 장점은 사람을 편하게 만드는 능력이 있다는 점입니다. `Good Point 2` 주변 사람들로부터 '함께 이야기를 나누는 것만으로도 마음이 편해진다'는 말을 종종 듣곤 하는데 이는 제가 사람들과 공감, 소통하는 법을 기술이 아닌 마음으로 습득했기 때문인 것 같습니다. `Good Point 3` 반면 저의 단점은 걱정이 많아 작은 일에도 큰 신경을 쓴다는 점입니다. 걱정이 생기면 많은 생각 때문에 잠을 이루지 못하는 경우도 있는데, 이를 위해 좀 더 편한 마음을 가지려고 노력 중입니다.

채점관의 평가

`Good Point 1`	장점에 대한 근거를 구체적인 사례로 제시함
`Good Point 2`	△△△△공단이 핵심가치로 신뢰, 소통 등을 중시한다는 것에 기반을 두어 자신의 장점으로 공감과 소통 능력을 제시함
`Good Point 3`	단점을 어떻게 보완할 것인지에 대해서도 언급함

03 자소서 대표 항목
③ 성장과정

숨은 의도 파악하기

기업은 성장과정이라는 자소서 항목을 마련하고 있지만, 사실 당신의 성장과정 그 자체를 궁금해하는 것이 아니다. 대신 성장과정을 통해 당신이 어떤 생각과 마음가짐을 가지게 되었는지 알고 싶어 한다. 당신의 과거를 통해 현재의 당신을 파악할 수 있고, 이를 통해 입사 후에 당신이 어떻게 회사생활을 할지 유추할 수 있기 때문이다.

또 다른 측면에서 본다면 성장과정에서 자신의 인생을 통찰하고, 이를 통해 가치관을 정립한 사람은 자신이 능동적인 존재라는 점을 스스로 증명할 수 있다. 능동적인 지원자는 기업에게도 큰 신뢰감을 줄 수 있다는 점을 잊지 말자.

각 기업은 다른 기업과 구별되는 저마다의 특색을 가지고 있다. 이 특색은 경영목표, 비전, 철학, 가치관 등을 통해 구체화되며, 기업이 사업을 전개하는 밑바탕이 된다. 기업은 이러한 특색과 부합하는 지원자를 채용하고자 한다. 그래서 성장과정을 묻는 자소서 항목을 통해 지원자의 가치관과 생활신조를 확인하고, 많은 지원자들 중 누가 더 기업에 적합한지를 가늠하는 것이다.

핵심 평가 항목
✓ 지원자가 성장하면서 구축한 가치관
✓ 지원자의 가치관과 기업의 가치관의 부합 여부

성장과정 작성 전략

① 지원 기업과 부합하는 가치관을 선택하고, 이를 형성하게 된 몇 개의 경험을 선별한다

성장과정을 쓰라고 하면 어린 시절부터 주저리주저리 쓰는 지원자들이 있다. 이는 가치관과 생활신조를 파악하고자 하는 기업에게 어떠한 정보도 제공할 수 없을 뿐만 아니라 소중한 자소서 작성 공간을 의미 없이 낭비하는 일에 불과하다.

그러므로 당신은 우선 수많은 가치관 중 강조하고 싶은 가치관을 선택해야 하는데, 이 가치관은 기업의 인재상 또는 가치관과 부합하는 것으로 선택하도록 한다. 이때 선택한 가치관과 관련 있는 몇 개의 경험을 선별하여 제시하는 것을 잊지 말아야 한다. 이 경험에는 가치관을 형성할 수 있었던 계기가 된 경험 또는 가치관을 통해 좋은 결과를 얻었던 경험 등이 포함될 수 있다.

예를 들어, 지원하고자 하는 기업이 '정직'이라는 가치관을 중요시 여긴다면 우선 성장하는 과정에서 정직함의 가치를 알았다는 내용을 제시할 필요가 있다. 그다음 눈앞의 이익을 포기하고 정직을 선택한 사례나, 정직함을 지향함으로써 주변 사람들로부터 신뢰를 얻었거나 좋은 평가를 받았던 사례 등을 언급하여 제시한 자신의 가치관에 설득력을 더해주어야 한다.

② 기-승-전-결 구조를 통해 성장과정과 가치관을 조화롭게 나타낸다

성장과정은 성장하면서 얻은 바가 무엇인지 분명하게 드러나야 하는 항목이므로, 기-승-전-결 구조를 사용하여 전달하고자 하는 바를 보다 효과적으로 제시할 수 있어야 한다.

'기'는 처음 시작하는 도입 단계로, 자신의 가치관이나 기업에게 드러내고 싶은 당신의 생각을 강력하게 전달하는 부분이다. 예를 들어, '저는 그 누구보다 성실하게 살아왔습니다.'처럼 일반적인 문장으로 시작해도 크게 문제가 되지 않지만, '저의 하루는 다른 사람들의 하루보다 매우 짧았습니다.'와 같은 표현을 사용하여 채점관으로 하여금 다음 이야기를 궁금하게 만들 수 있다.

'승'은 일종의 전개 단계로, 당신의 경험을 구체적으로 풀어내야 하는 부분이다. 앞서 언급한 것처럼 자소서에서 당신의 가치관과 관련된 수많은 경험을 모두 언급하는 것은 깊이도 없고 재미도 없다. 당신의 가치관과 관련된 경험을 선별하여 나타내되, 이 경험을 겪게 된 배경과 진행 과정을 최대한 구체적으로 보여주어야 한다. 만약 기존에 당신이 가지고 있던 가치관을 바꾸게 만든 경험에 대해 설명하는 것이라면, 그 변화에 대해서 언급하도록 한다. 작은 변화라 할지라도 그 변화가 가져온 효과가 강조되기 때문에 당신의 가치관이 형성된 배경이 더욱 돋보일 수 있다.

다음 '전' 단계에는 그 경험을 통해 느낀 바가 드러나야 한다. 사실 많은 지원자들이 이 부분을 간과하여 경험을 장황하게 설명하는 데 그치는 실수를 저지른다. 당신은 이 부분에서 경험을 통해 어떠한 생각을 가지게 되었는지, 무엇을 얻게 되었는지를 확실히 얘기할 수 있어야 한다. 이때, 경험을 통해 가치관을 구축하였으며 이 가치관이 왜 중요하다고 생각했는지를 드러내도록 한다. 특별할 것 없는 성장과정에서 당신이 느낀 바를 언급한다면, 당신의 성장과정은 그 누구의 성장과정보다 의미 있어진다는 점을 기억하자.

마지막으로 '결' 단계에서는 경험을 통해 정립한 자신의 생각과 가치관이 기업과 어떤 관련이 있는지에 대해 언급한다. 성장과정 항목에 숨겨진 기업의 의도를 고려한다면, 보유한 가치관을 토대로 어떻게 회사생활을 할 수 있는지에 대해 얘기하는 것이 가장 이상적이다. 기업의 가치관과 자신의 가치관이 어떠한 점에서 공통점이 있는지 설명하며 자소서를 마무리하는 방법도 있다.

성장과정 항목 작성 TIP

- 앞부분에 생활신조와 가치관을 특색 있는 한 문장으로 제시하면 좋으나, 어설픈 명언이나 사자성어는 오히려 식상해 보일 수 있다는 점에 유의한다.
- 일반적으로 지원자들은 거의 비슷한 초등학교, 중학교, 고등학교 학창시절을 지내온 경우가 많으므로, 성장과정에 드러낼 경험은 되도록 최근에 해당하는 대학교 시절의 경험을 선택하는 것이 좋다.
- 자소서에 '지원동기'에 대한 항목이 없다면 성장과정 항목에서 지원동기를 포함할 수 있다.

합격자소서
살.펴.보.기

[△△전자]

본인의 성장과정을 기술해주시기 바랍니다.

Good Point 1 어릴 때부터 모든 선택은 저의 몫이었습니다. 그리고 지금도 '나의 선택은 나를 변화시킨다'라는 것을 가치관으로 삼고 살아가고 있습니다. 교사생활을 하셨던 부모님께서는 저에게 모든 선택권을 주셨습니다. 공부도, 노는 것도, 아르바이트를 하는 것도 모두 저의 선택이었습니다. 그 선택의 책임은 모두 저에게 있었습니다. 부모님께서는 한 번도 저에게 잔소리를 하지 않으셨습니다. 공부를 하지 않아도 성적이 떨어져도 모두 저의 책임이라고만 하셨습니다. 그리고 부모님께서는 선택을 할 때 책임을 져야 하는 부분들까지 말씀을 해주셨습니다. 그때는 좋았습니다. 저희 부모님께서는 다른 부모님들처럼 잔소리를 하지 않으셨기 때문입니다. (중략)

그러던 어느 날, 부모님께서 저를 부르셨습니다. 대학에 관한 이야기였습니다. 그때까지만 하더라도 저는 대학에 갈 생각이 없었습니다. 그런데 그때 아버지께서 말씀을 하셨습니다. "대학을 가는 것도 하나의 선택이야. 그런데 선택에는 여러 가지가 있단다. 어떤 선택은 한 가지의 길로밖에 갈 수 없는 선택이야. 또 어떤 선택을 하면 또 다른 선택을 할 수 있는 기회가 생긴단다. 잘 선택을 했으면 좋겠어."라는 말씀이었습니다. 그 말씀을 듣고 그때부터 공부를 하기 시작했습니다. 대학을 통해 더 많은 선택을 하면서 살고 싶었기 때문입니다. **Good Point 2** 공부를 선택한 저는 제 선택에 책임을 지기 위해 하루에 두 시간, 세 시간씩 자면서 공부를 했습니다. 남들보다 공부를 하지 않았으니 그것을 따라가기 위해서는 당연한 행동이었습니다. 그리고 저는 대학에 들어갔습니다.

지금도 저는 수많은 선택을 하면서 살아가고 있습니다. (중략) 선택의 기준은 저를 발전시키는 것입니다. 그리고 절대 느낌대로 선택하지 않습니다. **Good Point 3** 어떤 선택을 할 때든 그에 따르는 책임까지 염두에 두고, 제가 책임을 질 수 있는지를 생각합니다.

채점관의 평가

Good Point 1 △△전자의 책임경영과 연결할 수 있는 가치관인 책임감을 강조함

Good Point 2 가치관을 구축하게 된 과정과 사건이 제시됨

Good Point 3 마지막 부분에 자신의 가치관을 한 번 더 강조함으로써 말하고자 하는 바가 분명하게 드러남

04 자소서 대표 항목 ④ 입사 후 포부

숨은 의도 파악하기

기업은 이제 막 사회에 처음 발을 딛게 된 지원자를 완벽한 존재라고 생각하지 않는다. 대신 앞으로 입사 후에 얼마나 빠르게 성장할 수 있는지, 보유한 역량을 극대화시킬 수 있는지를 파악하여 이 지원자가 완벽한 존재가 될 수 있는지 확인하고자 한다. 그래서 기업은 지원자에게 입사 후 포부를 묻는다. 따라서 지원자는 업무에 도움이 되는 자신의 역량을 발전시키기 위해 어떠한 계획을 보유하고 있는지를 자소서에 드러내어야 한다.

한편 기업은 경영 환경이 변화할 때마다 비전과 전략을 수정한다. 문제는 경영 환경이 빠르게 변화하고 있어, 이를 예측하고 통제하기 어렵다는 것이다. 이제 기업의 미래는 불확실하게 되었다. 그러다 보니 기업은 급변하는 경영 환경의 흐름을 읽고, 그 흐름 속에서 기업이 어떠한 바를 지향해야 하는지 잘 아는 인재를 찾고 있다.

그래서 지원자에게 입사 후 포부를 작성하게 해 지원자가 현재의 경영 환경에 대한 이해를 바탕으로 구체적인 미래 계획을 세우고 있는지 확인한다. 여기서 경영 환경이란 지원하는 기업이 속한 산업군의 트렌드를 의미한다. 그러므로 지원자는 이 항목에서 기업이 속한 산업군의 현황을 파악하고 있으며, 산업군의 미래까지 고려하고 있다는 것을 보여줘야 한다.

더불어 입사 후 포부 항목은 지원자 인생의 비전 및 목표가 기업과 부합하는지 그 여부를 확인하기 위한 항목이기도 하다. 직원과 기업은 공동의 목표를 위해 함께 나아가야 하는 일종의 파트너십 관계라 할 수 있다. 기업과 지향점이 다른 지원자의 경우 기업에 소속

될 직원으로서의 정체성이 모호하며, 기업으로 하여금 조직 내에서 자신이 수행해야 하는 역할을 알고 있는지 의심하게 만든다. 따라서 입사 후 포부 항목에는 기업의 목표와 비전에 대한 이해가 확실하고, 기업이 목표와 비전을 이루는 데 기여할 의지가 있다는 점을 드러내도록 한다.

> **핵심 평가 항목**
> ✓ 입사 후 지원자가 역량을 발전시킬 가능성
> ✓ 기업이 지향하는 바에 대한 지원자의 이해도

입사 후 포부 작성 전략

① 기업의 비전을 먼저 파악한 후 이와 관련한 포부를 내세운다

당신의 입사 후 포부가 설득력을 갖기 위해서는, 포부가 기업의 현재와 미래를 분석한 것에 입각한 내용이라는 점이 드러나야 한다. 따라서 이 항목을 작성하기 전에 기업분석을 통해 기업의 비전을 확인하고, 미래 성장동력이 무엇인지 파악한다. 이때 미래 성장동력은 현재 가장 많은 이윤을 창출하고 있는 사업일 수도 있고, 그렇지 않을 수도 있다.

만약 당신이 현재 가장 많은 이윤을 창출하고 있는 사업을 미래 성장동력으로 파악했다면, 그 사업이 발전하는 데 당신의 역량이 어떠한 기여를 할 수 있는지 언급하도록 한다. 반면에, 현재 많은 이윤을 창출하고 있지 못하는 사업을 미래 성장동력으로 파악했다면, 그 사업을 왜 미래 성장동력으로 파악했는지 그 이유를 제시하고, 사업이 전개되는 데 당신이 어떻게 기여할 수 있는지를 설명한다.

② 포부를 이루기 위한 전략은 최대한 구체적이어야 한다

포부는 일종의 미래 목표라고 할 수 있다. 목표를 이루기 위해서는 구체적인 방안이 마련되어야 한다. 이러한 점에서 생각한다면 당신은 포부와 함께 포부를 이루기 위한 전략도 함께 제시해야 한다. 이때 전략을 단기, 중기, 장기 전략으로 세분화하여 나타내면 당신의 전략을 더욱 구체적으로 보이게 하는 효과를 가져올 수 있다.

더불어 전략은 구체적인 실행 시점과 실행 방안을 함께 제시하여 당신의 포부가 현실성이 있다는 것을 드러내는 것이 좋다. 이는 당신이 기업에 대한 관심이 높으며, 기업 속에서 당신이 성장하고자 하는 의지가 강하다는 메시지를 전달하는 방법이 될 수 있다.

입사 후 포부 항목 작성 TIP

- 입사 후 포부는 개인의 소망과 분명히 다르다는 점을 명심하고, 반드시 업무와 밀접한 관련이 있는 포부와 실현 가능한 전략을 제시한다.
- 오늘날 기업이 이윤 추구 이외의 다양한 목적을 가지고 사업을 전개한다는 점을 고려하여, 미래 성장동력을 찾을 때는 경제적, 사회적, 환경적 측면 등 다양한 관점에서 기업을 분석한다.
- 10년 후 계획 또는 모습만 묻는 항목의 경우 10년 후 목표를 이루는 데 바탕이 될 수 있는 단기적 전략, 중기적 전략을 10년 후 목표와 함께 제시하도록 한다.

합격자소서
살.펴.보.기

[△△모비스]

입사 후 △△모비스의 발전을 위해 본인이 어떠한 노력을 할 것인지를 중장기적인 관점에서 기재해주시기 바랍니다.

Good Point 1 △△모비스는 △△자동차가 발전하는 데 꼭 필요한 존재이며, △△자동차가 더욱 발전하여 세계로 뻗어나가기 위해서는 △△모비스의 역할이 중요합니다. 따라서 핵심 분야인 자동차 설계 분야에 종사하며 △△자동차가 세계 자동차 점유율 1위를 할 수 있도록 노력하겠습니다.

첫 번째로 미래의 선진 기술들을 독자적으로 미리 연구하고 개발하여 점점 복잡해지는 미래의 자동차 시장을 이끌어 나갈 수 있도록 하겠습니다. 미래를 예측하기 위해서는 과거와 현재를 검토하고 그것을 바탕으로 전진해야 한다고 생각합니다. 따라서 저는 과거부터 현재까지의 기술력을 분석한 후 미래에 새로 창출되거나 유망한 기술들에 대한 조사와 연구를 여러 기업과 나라들을 통해 진행하겠습니다.

두 번째로 자동차 내부 시스템의 전자부품화에 앞장서 선행연구를 하겠습니다. 현재 활발히 진행 중인 이 연구에 대한 전문적인 지식을 공부하고 여러 관점에서 바라볼 수 있는 능력을 키워 △△모비스가 발전하는 데 핵심적인 역할을 하겠습니다.

Good Point 2 세 번째로 전 세계의 모든 고객들의 니즈를 충분히 반영하고 고객의 생명을 지킬 수 있는 스마트하고 안전한 자동차를 설계하겠습니다. 세계의 다양한 고객의 니즈를 조사하기 위해 여러 기업의 베스트셀러 차종을 선택하고 디자인, 편의 기능, 안정성, 퍼포먼스 등을 분석하여 그 결과를 토대로 그에 맞는 차종을 개발 및 설계하도록 하겠습니다.

채점관의 평가

Good Point 1 △△모비스가 속한 산업군에 대한 이해가 드러남
Good Point 2 목표를 달성하기 위한 전략이 구체적으로 제시되었으며, 이 목표가 직무와 연결됨

05 자소서 대표 항목 ⑤ 위험 극복/목표 달성 경험

숨은 의도 파악하기

기업은 수많은 문제들에 둘러싸여 있다. 작게는 노사 갈등에서부터 크게는 기업 간 갈등까지 기업은 다양한 문제들을 겪으며 성장한다. 이러한 점을 고려한다면 기업은 어떤 문제가 발생했을 때 이에 적극적으로 대응할 수 있는 인재를 선호할 것이다. 따라서 기업은 위험을 극복한 경험이라는 항목을 통해 문제 상황을 직면한 지원자가 해결할 의지가 강한지, 어떤 방식으로 문제 상황을 극복할 수 있는지를 확인하고자 한다. 지원자의 일상적인 경험을 통해 입사 후 어려움을 잘 견뎌낼 수 있는지 가늠하는 것이다.

요즘 기업 인사 담당자들과 실제 기업을 다니고 있는 사원들의 이야기를 들어 보면 신입사원이나 지원자 중 능동적으로 행동하는 사람이 많지 않다는 이야기를 쉽게 들을 수 있다. 일반적으로 기업이 전사적 목표를 세우면 이에 따라 각 직무별 또는 부서별 목표가 세워지고, 또 이에 따라 각 직원의 목표가 수립된다.

따라서 직원은 분명하게 기업의 목표를 인식하고 스스로 목표를 설정하여 이를 달성하기 위해 다양한 전략을 구사할 수 있어야 한다. 기업은 지원자가 이러한 능력이 있는지 확인하기 위해 목표를 달성한 경험을 묻는다. 목표를 설정하고 이에 따라 자신이 스스로 계획을 세워 결과물을 남길 줄 아는 지원자라면 입사 후에도 기업 또는 부서의 목표를 이룩하기 위해 능동적으로 사고하고 행동할 수 있을 거라고 여기는 것이다.

위험을 극복한 경험을 묻는 항목과 목표를 달성한 경험을 묻는 항목은 모두 기업으로 하여금 지원자의 역량을 확인할 수 있게도 한다. 위험을 극복하거나 목표를 달성했을 때는 지원자의 어떠한 역량이 발휘되었는지가 자연스럽게 드러나기 때문이다. 다시 말해서 지원자는 위험을 극복한 경험과 목표를 달성한 경험을 묻는 항목에 자신의 역량을 구체적으로 보여줄 수 있는 사례를 제시할 수 있어야 한다.

✓ 회사 문제 상황에 대한 극복 의지
✓ 조직의 목표 달성을 위해 스스로 행동하고자 하는 태도
✓ 경험에서 드러나는 지원자의 역량

위험 극복/목표 달성 경험 작성 전략

① 경험을 그림 그리듯이 구체적으로 작성하는 것이 관건이다

다른 항목들과 달리 이 항목은 지원자에게 구체적인 경험을 제시해달라고 직접적으로 요구하는 항목이다. 관건은 경험을 얼마나 생생하게 잘 전달하고, 설득력을 강화할 수 있느냐는 것이다. 따라서 위험을 극복한 경험의 경우에는 위험을 인지한 과정과 위험을 극복하기 위해 실행했던 방안을 제시해야 하며, 가능하다면 위험을 극복한 구체적인 결과도 함께 제시하는 것이 좋다.

목표를 달성한 경험의 경우도 비슷한데, 우선 목표를 설정한 이유와 목표를 이루기 위해 실행했던 방안을 제시하고 마찬가지로 가능하다면 목표를 이룩한 구체적인 결과물을 제시하는 것이 좋다.

② 기업의 가치관과 부합하는 당신의 가치관을 드러내야 한다

위험을 극복한 경험을 작성할 때 염두에 두어야 할 사항은 '위험'이라는 단어가 추상적이라는 것이다. 사람마다 정의하는 위험이 모두 다르다. 크게 보자면 어떤 사람은 육체적 위험을, 또 다른 사람은 정신적 위험을 내세울 수 있다.

이처럼 위험에 대한 다양한 정의가 존재하고 있으므로, 당신이 생각하는 위험이 무엇인지 드러내어야 한다. 어떤 점을 위험으로 여긴다는 것은 그 사람이 그 점을 중요하게 여긴다는 것을 보여주는 사례가 된다. 예를 들어, 친구들 사이에 발생한 갈등을 위험으로 인식

한 사람은 원만한 대인관계를 중요시 여기는 사람일 것이고, 아르바이트하면서 고객의 불만사항을 제대로 처리해주지 못하는 상황을 위험으로 인식한 사람은 서비스 정신을 중요시 여기는 사람일 것이다.

이처럼 당신이 인식하는 위험에는 당신이 중요하게 여기는 부분이 드러나는데, 이 중요하게 여기는 부분이 기업의 가치관과 부합하면 더욱 좋다. 예를 들어, 끊임없이 도전하는 인재를 원하는 기업에 지원하는 것이라면, 계속 도전함에도 불구하고 실패를 겪었던 상황과 관련한 경험을 제시하여 자신의 도전 정신을 드러낼 수 있는 것이다.

마찬가지로 목표를 달성한 경험에서도 어떤 점을 목표로 여긴다는 것은 그 사람이 어떤 가치를 중요하게 여기는지 보여준다. 이 가치가 기업이 추구하는 가치관과 부합해야 하는 것이 중요하다. 예를 들어, 도덕성을 강조하는 기업에 지원할 경우 실리와 도덕성을 모두 갖추는 것을 목표로 하여 노력했던 경험을 제시할 수 있을 것이다.

③ 어떠한 역량을 이용하여 위험을 극복하고 목표를 달성하였는지 서술한다

위험을 극복하는 과정, 목표를 달성하는 과정에는 당신이 보유한 역량이 무엇이고, 이것이 어떻게 발휘되었는지가 드러나야 한다. 이때 당신의 역량이 기업이 인재에게 원하는 역량 또는 직무를 수행할 때 강조되는 역량과 관련되어 있을 때 채점관에게 더욱 좋은 인상을 줄 수 있다.

만약 기획 직무를 지원하는 경우라면, 고객 요구 분석력이 필요 역량으로 여겨질 것이다. 따라서 객관적 통계와 분석 내용을 기반으로 성공을 이끌었거나, 문제 상황을 타개했던 경험을 제시하여 당신이 기업에서 원하는 역량을 보유하고 있다는 점을 어필할 수 있다. 이것이 가능하기 위해서는 기업분석이 먼저 이루어져야 한다는 점을 다시 한번 기억하도록 하자.

위험 극복/목표 달성 경험 항목 작성 TIP

● 다른 사람들과 협업하여 위험을 극복하거나 목표를 달성한 경험을 제시할 경우 무리에서 자신이 어떠한 역할을 하였고, 그 역할이 위험 극복 또는 목표 달성에 어떠한 영향을 미쳤는지 제시한다.
● 위험을 극복한 경험과 목표를 달성한 경험을 통해 얻은 결과물이나 생각 등을 입사 후 생활에 어떻게 연계시킬 수 있는지 제시한다면 기업 및 직무 관련성이 더욱 강조될 수 있다.

합격자소서
살.펴.보.기

[△△△방송국]

주어졌던 일 중 가장 도전적이고, 어렵다고 느껴졌던 경험에 대해 기술하여 주십시오.

몇 달 전까지만 하더라도 저는 저의 미래에 대해 늘 불안했습니다. 주위의 친구들은 자신의 미래를 찾아가는데, 저만 뒤처지는 것 같았습니다. 그러던 중 제 주위에 아는 지인들로부터 다큐멘터리 제작 공모전에 도전을 해보지 않겠냐고 이야기를 들었습니다. (중략) 특히 공동작업을 한 번도 해보지 않았던 저에게는 더할 나위 없는 배움의 터였습니다.

예상대로 일은 일사분란하게 움직였습니다. 경력이 있는 사람들은 무엇을 해야 할지 알고 있었습니다. (중략) 마치 짜기라도 한 것처럼 알아서 자신의 역할을 수행하고 있었습니다. `Good Point 1` 저만 동떨어져 있는 기분이었습니다. 무엇을 해야 할지 몰라서 우왕좌왕만 하는 것 같아서 자괴감이 들었습니다.

본격적으로 촬영에 들어가면서 경력이 있는 사람들만 바라보고 있는 것이 싫었습니다. 저도 제 역할을 하고 싶었습니다. 그때 제가 잊고 있던 것이 생각났습니다. `Good Point 2` 저의 가장 큰 장점 중 하나는 맨땅에 부딪히는 것인데, 제가 잊고 있었습니다. 그래서 그들의 빈 곳을 채워보기로 했습니다. 힘든 인터뷰는 막무가내로 제가 맡았고, 다른 사람들이 귀찮아하고 미루는 일도 제가 도맡았습니다. 인터뷰하는 사람을 섭외할 때도 먼저 나서서 했습니다. 할아버지들이 가득한 당구장, 아침 열 시부터 운영되는 콜라텍, 후미진 구석의 생선구이 집 등 구석구석을 다니며 발품을 팔았습니다. 어려움도 있었습니다. 자문과 도움을 얻고자 들어갔던 노인복지 센터에서는 쫓겨나기 일쑤였고, 우리가 취재하고 싶었던 바리스타 할아버지도 복지 센터의 눈치를 보며 부담스러워 하셨습니다.

(중략) 촬영을 다 마치고 팀의 주축이었던 분이 저에게 가장 고생한 사람이라고 이야기해주었습니다. (중략) 결과는 입상이었습니다. 물론 그 작품에 저의 역할이 드러나는 것은 아니었습니다. `Good Point 3` 그렇지만 드러나지 않는 것에 최선을 다해야 공동의 작업이 원활하게 돌아간다는 것을 느꼈습니다. 그리고 지금 PD라는 길을 걸어갈 수 있는 자신감이 생긴 경험이었습니다.

채점관의 평가

`Good Point 1` 위험을 마주하고, 이를 극복한 경험이 모두 자세하게 드러남

`Good Point 2` 협업하는 과정 중에서 자신의 역할이 무엇이었는지 잘 설명함

`Good Point 3` 위험을 극복한 경험을 통해 얻은 바를 지원 직무의 역량으로 잘 연결함

ejob.Hackers.com

자소서부터 면접까지 해커스잡에서 ONE-STOP!
온/오프라인 취업강의 · 무료 취업자료

스펙을 뒤집는 기본 원칙 5

기업별 합격자소서 작성 가이드

당신은 기업을 선택하고 기업도 당신을 선택한다.
그래서 취업은 서로 선택하고 선택당하는 관계이다.
당신이 어떤 선택을 할 때 가장 중요한 것은 무엇인가?
바로 선택을 할 때 도움이 되는 정보를 아는 것이다.
올바른 정보를 알아야 올바른 선택을 할 수 있다.
기업도 마찬가지다.
기업은 자소서에 담긴 지원자의 정보를 토대로
최고의 파트너를 선별한다.
그러므로 당신은 기업 그리고 기업이 하는 일을
잘 파악하고 있음을 자소서에 드러내 기업의 선택을 받아야 한다.

01 삼성전자

합격자소서 작성을 위한 기업분석

① 경영목표

삼성전자의 비전인 Vision 2020은 전 세계 커뮤니티에 영감을 주어 보다 풍부한 디지털 경험으로 가득한 더 나은 세상을 만들고자 하는 삼성전자의 열망에 수반되는 기술, 제품 그리고 솔루션 혁신을 선도하고자 하는 삼성전자의 결연한 의지를 나타낸 것이다.

Vision
미래 사회에 대한 영감, 새로운 미래 창조

Mission
인간의 삶을 풍요롭게 하고 사회적 책임을 다하는
지속 가능한 미래에 공헌하는
혁신적 기술, 제품 그리고 디자인을 통해 미래 사회에 대한 영감 고취

| Beloved Brand | Innovative Company | Admired Company |

〈출처: 삼성전자 기업 사이트〉

많은 사람이 이해하고 측정할 수 있는 목표로서 2020년까지 연간 매출액 4천억 달러, 브랜드 가치 세계 5위 이내를 달성한다는 구체적인 내용으로 비전을 세웠다. 그리고 이러한 목표를 이루기 위한 관리 이니셔티브로 창조 경영, 파트너십 경영, 인재 경영 등의 3대

핵심전략 요소를 수립했으며, 여기에 삼성의 문화, 사업 운영, 그리고 경영과 관련된 내용을 포함하였다.

기업분석 Key Word
- Vision 2020: 미래 사회에 대한 영감, 새로운 미래 창조
- 관리 이니셔티브: Vision 2020을 실현하기 위한 3대 핵심전략 요소(창조 경영, 파트너십 경영, 인재 경영)

② 지속가능경영

삼성전자의 지속가능경영은 이윤과 주주가치 극대화를 통한 경제적 가치와 글로벌 시민사회의 일원으로서 Citizenship 강화에 따른 사회적 가치를 결합한 통합적 가치 창출을 목표로 한다.

삼성전자의 핵심가치인 인재제일, 최고지향, 변화선도, 정도경영, 상생추구를 근간으로 사회에 기여하는 혁신적 제품과 서비스를 제공하는 가치 사슬을 통해 경제적 · 사회적 · 환경적 가치를 창출하며, 이 과정에서 삼성전자가 사회에 미치는 재무적 · 비재무적 영향을 모니터링하여 긍정적인 영향을 극대화하고 부정적인 영향을 최소화하고자 노력하고 있다.

Economic Value 이윤과 주주 가치 극대화 (제품과 서비스의 혁신)	Social Value 지속가능 사회를 위한 기여 (UN 지속가능발전목표 달성)

〈출처: 삼성전자 기업 사이트〉

삼성전자는 CE(Consumer Electronics), IM(IT & Mobile Communications), DS(Device Solution) 등의 3대 사업 체제와 더불어, 선행 연구 및 신기술 개발, 선행 디자인 연구를 위한 삼성 리서치(Samsung research)와 디자인경영 센터를 두고 있다. 특히 2018년에 출범한 삼성 리서치는 CE · IM 세트(SET) 부문의 연구조직으로 인공지능, Data, IoT, Tizen, Smart machine, Security, 차세대 미디어 등의 분야를 연구하고 있다.

또한, 삼성전자는 사내 벤처 프로그램인 C-Lab(Creative Lab)을 운영하며, 임직

원들이 창의적인 사업 아이디어를 발굴하고 이를 통해 사회 문제를 해결하도록 독려한다. C-Lab에서 진행한 프로젝트는 CES, SXSW 등의 글로벌 기술 박람회에 참여하기도 했으며, 스핀오프 제도를 통해 스타트업을 배출하는 성과도 냈다.

한편 최근 미세먼지 문제가 사회적 이슈로 부상함에 따라 이에 대한 종합적인 연구와 기술적인 해결책을 마련하기 위해 삼성전자 종합기술원 내에 미세먼지 연구소를 설립하였다. 이는 기업의 연구 역량을 투입함으로써 사회적 문제를 해결하는 데에 일조하려는 것으로 볼 수 있다.

이렇듯 삼성전자는 기업 본연의 활동으로 경제적 가치를 창출하는 동시에 혁신 기술을 통해 사회에 기여하기 위해 노력하는 기업임을 염두에 두고 자소서를 작성하는 것이 좋다.

기업분석 Key Word

- **3대 사업 체제**: CE(영상 디스플레이, 생활가전, 의료기기 등), IM(무선, 네트워크 등), DS(메모리, 시스템 LSI, 파운드리 등)

③ 인재상

삼성전자는 인재제일이라는 신념으로 모든 분야에서 최고를 추구하며, 앞선 변화를 선도하고, 모두의 이익에 기여하는 것에 핵심가치를 두고 있는 기업이다. 그렇다면 삼성전자의 인재상과 이를 어떻게 자소서 작성에 연결할 수 있는지에 대해 알아보자. 삼성전자의 인재상은 삼성그룹 채용 사이트에서 확인할 수 있다.

Passion 열정	We have an unyielding passion to be the best. 끊임없는 열정으로 미래에 도전하는 인재
Creativity 창의혁신	We pursue innovation through creative ideas for a better future. 창의와 혁신으로 세상을 변화시키는 인재
Integrity 인간미 · 도덕성	We act responsibly as a corporate citizen with honesty and fairness. 정직과 바른 행동으로 역할과 책임을 다하는 인재

〈출처: 삼성그룹 채용 사이트〉

위의 인재상을 보면 중요한 포인트가 보인다. 바로 열정, 창의혁신, 인간미·도덕성이 가장 핵심 인재상인 것이다. '열정'은 일에 대한 열정을 의미하는 것으로 어떤 일을 하는 데 있어 책임감을 가지고 몰입하여 일을 하는 것을 말한다. '창의혁신'은 자기 주도적으로 학습하고 창의적 감성과 상상력을 발휘하여 변화를 창조하는 것을 의미한다. 그리고 '인간미·도덕성'은 책임감, 공동체 의식, 올바른 가치관을 가지고 동료, 이웃, 사회와 협력하여 신뢰를 쌓음으로써 인류에 공헌하는 것을 의미한다.

삼성그룹의 인재상을 정리해 보면 능동적 경험을 중심으로 자소서를 작성해야 한다는 것을 알 수 있다. 그리고 자소서에 자신의 대외 관계나 생활신조, 가치관 등을 이야기해주면 좋겠다.

기업분석 Key Word

- **인재제일**: '기업은 사람이다'라는 삼성전자의 인재에 대한 믿음
- **핵심 인재상**: 열정, 창의혁신, 인간미·도덕성

합격자소서 작성 가이드

① 삼성전자 자소서 항목 (2020년 기준)

> **1.** 삼성전자를 지원한 이유와 입사 후 회사에서 이루고 싶은 꿈을 기술하십시오. (700자 이내)
>
> **2.** 본인의 성장과정을 간략히 기술하되 현재의 자신에게 가장 큰 영향을 끼친 사건, 인물 등(작품 속 가상인물도 가능)을 포함하여 기술하시기 바랍니다. (1,500자 이내)
>
> **3.** 최근 사회이슈 중 중요하다고 생각되는 한 가지를 선택하고 이에 관한 자신의 견해를 기술해주 시기 바랍니다. (1,000자 이내)

*기본 항목(취미/특기, 존경인물, 존경 이유)를 작성해야 하며, 항목 4는 직무별로 다름

② 항목별 작성법

항목 1 삼성전자를 지원한 이유와 입사 후 회사에서 이루고 싶은 꿈을 기술하십시오. (700자 이내)

★ 이것만은 꼭! 지원동기 및 입사 후 포부는 직무와 연관되게 작성한다.

이 항목은 지원동기와 입사 후 포부를 모두 묻는 항목이다. 지원동기와 입사 후 포부는 기업 및 직무에 대한 지원자의 이해도, 역량 등을 평가하고자 하는 항목이기도 하다. 따라서 삼성전자의 그 직무를 선택한 이유에 초점을 두고 작성하는 것이 중요하다. 타 직무에 비해 지원 직무가 가진 장점에 흥미를 느끼거나, 지원 직무 수행 시 필요한 역량을 보유하고 있다는 것이 대표적인 지원동기가 될 수 있다.

기업에는 다양한 직무가 있고, 직무마다 중요시되는 자질, 역량 등이 다르다. 또한, 이러한 직무는 기업마다 다르다. 따라서 자소서 작성 전에 반드시 지원 기업 및 직무에 대한 세부적인 분석이 선행되어야 한다. 지원 직무에서 수행하는 업무 또는 사업 분야의 특징을 통해 직무에 필요한 역량을 확인하고, 자신이 이 역량을 갖추고 있음을 드러내야 한다.

입사 후 포부는 개인적으로 직무 역량을 더욱 발전시킬 수 있는 계획을 제시하고, 이것이 삼성전자에 미칠 긍정적인 영향을 언급한다. 계획을 제시할 때는 '세계 1위 달성', '모든 고객 만족' 등의 다소 현실성이 떨어지는 것은 피하도록 한다. 단순히 회사를 위해 열심히 일하겠다는 말보다는 5년 후, 10년 후의 플랜을 구체적으로 작성하는 것이 중요하다.

항목 2 본인의 성장과정을 간략히 기술하되 현재의 자신에게 가장 큰 영향을 끼친 사건, 인물 등(작품 속 가상인물도 가능)을 포함하여 기술하시기 바랍니다. (1,500자 이내)

★ 이것만은 꼭! 삼성전자의 인재상과 관련한 가치관이 드러나도록 작성한다.

성장과정은 지원자들이 기술하기 어려워하는 항목 중 하나이다. 무엇을 써야 할지 포인트를 잡기가 어렵기 때문이다. 하지만 성장과정에서는 반드시 가치관을 드러내야 한다는 점을 기억해야 한다. 항목에서 '현재의 자신에게 가장 큰 영향을 끼친 사건, 인물'을 언급했다는 점에서 지금의 자신이 가진 가치관이 형성되는 데 영향을 미친 경험을 성장과정으로 제시해야 할 것이다. 이때, 성장과정에서 드러나는 가치관은 삼성전자와 부합하는 가치관이어야 한다는 것에 유의해야 한다.

삼성전자의 경우 열정과 몰입으로 대표되는 책임감을 특히 중요하게 여기므로, 성장과정에서 책임감을 배울 수 있었던 경험을 보여주면 좋을 것이다. 책임감의 경우 보통 협업을 하는 중에 발휘되는 경우가 많으므로, 조직에서 책임감을 가지고 자기 일을 수행하여 이를 통해 조직 목표를 이룬 경험이 책임감을 보여주는 좋은 사례가 될 수 있다. 이외에도 삼성전자가 중요시하는 창조, 상생, 혁신 등과 관련한 가치관을 제시하는 방법도 있다. 이처럼 삼성전자의 인재상, 핵심가치 등을 통해 지원자에게 바라는 점이 무엇인지 확인하고, 이와 관련한 경험을 모아 당신이 삼성전자의 인재상에 부합한다는 것을 드러내도록 한다.

항목 3 최근 사회이슈 중 중요하다고 생각되는 한 가지를 선택하고 이에 관한 자신의 견해를 기술해주시기 바랍니다. (1,000자 이내)

★ 이것만은 꼭! 삼성전자의 최근 관심사를 고려하여 이슈를 선택하는 것이 좋다.

이 항목은 논술에 가까운 항목이다. 눈여겨볼 만한 사회현상에 대한 생각을 논리적으로 정확하게 표현하고 이에 대한 문제를 제기하거나 문제에 대한 해결책이나 대안 등을 제시할 수 있는지를 평가하기 위한 항목이라고 볼 수 있다.

어떤 기업보다 삼성전자는 사회적 변동에 민감하다. 실제로 삼성그룹의 한 인사 담당자는 기사에서 "매일 일간지를 읽고 사회의 변화에 주목해야 한다."라고 말했다. 사회가 변화함에 따라 소비의 패턴도 변화하기 때문에 삼성전자도 이런 소비의 트렌드에 민감하게 반응할 수밖에 없다. 그러므로 이 항목에서는 되도록 최근 이슈 중에서도 특히 소비와 관련된 이슈를 제시하는 것이 좋으며, 논란의 여지가 있는 정치적 이슈는 가급적 피하는 것이 좋다. 최근 이슈가 되는 인공지능(AI), 사물인터넷(IoT), 5G 등과 같이 소비자의 생활에 새로운 변화를 가져올 수 있는 키워드에 대한 자기 생각을 정리한 후 이것이 삼성전자의 발전과 어떠한 관련이 있는지 설명하는 것이 좋다.

- 각 항목의 글자 수가 많은 편이기 때문에 '기-승-전-결' 구조를 통해 일관되고 설득력 있게 작성해야 한다.
- 미사여구가 너무 많으면 자소서의 객관성이 낮아 보이고, 핵심 내용이 명확히 전달되지 않을 수 있기 때문에 지나치게 많은 미사여구를 사용하지 않도록 주의해야 한다.
- 삼성전자 뉴스룸(news.samsung.com/kr)을 통해 삼성전자와 관련한 이슈를 파악해두면 최근 사회이슈를 작성할 때 도움이 된다.

02 현대자동차

합격자소서 작성을 위한 기업분석

① 경영목표

현대자동차는 창의적 사고와 끝없는 도전을 통해 새로운 미래를 창조함으로써 인류 사회의 꿈을 실현한다는 **경영철학**을 가지고 있는 기업이다.

이러한 경영철학을 토대로 현대자동차는 향후 10년간 반드시 성취해야 할 경영목표를 <u>자동차에서 삶의 동반자로</u>라는 비전으로 제시하고 있다. 이 비전의 의미는 인간 중심적이고 환경친화적인 혁신 기술과 포괄적 서비스를 기반으로 최상의 이동성을 구현하여, 삶을 더욱 편리하고 즐겁게 영위할 수 있는 새로운 공간을 제공한다는 것이다. 이러한 경영목표를 달성하기 위해 현대자동차는 다음 5가지 **핵심가치**를 추구한다.

고객 최우선	최고의 품질과 최상의 서비스를 제공함으로써 모든 가치의 중심에 고객을 최우선으로 두는 고객 감동의 기업문화를 조성한다.
도전적 실행	현실에 안주하지 않고 새로운 가능성에 도전하며 '할 수 있다'는 열정과 창의적 사고로 반드시 목표를 달성한다.
소통과 협력	타 부문 및 협력사에 대한 상호 소통과 협력을 통해 '우리'라는 공동체 의식을 나눔으로써 시너지 효과를 창출한다.
인재존중	우리 조직의 미래가 각 구성원들의 마음가짐과 역량에 달려 있음을 믿고 자기계발에 힘쓰며, 인재존중의 기업문화를 만들어 간다.
글로벌 지향	문화와 관행의 다양성을 존중하며, 모든 분야에서 글로벌 최고를 지향하고 글로벌 기업 시민으로서 존경받는 개인과 조직이 된다.

〈출처: 현대자동차 기업 사이트〉

위의 핵심가치를 보면 현대자동차의 자소서에서는 **열정, 공동체 의식**을 강조해야 한다는 것을 알 수 있다. 그리고 **자기계발**에 힘을 쓴다는 것을 강조해야 한다.

그리고 현대자동차는 다른 기업들보다 노사 중심의 문화가 정착되어 있다. 이것은 현대자동차 CI만 보아도 알 수 있는데, 현대자동차 CI에서 '타원'은 세계를 무대로 뛰고 있는 현대자동차를, 'H'는 현대자동차의 영문 표기 첫 글자에 속도감을 주어 두 사람이 악수를 하는 모습을 형상화한 것이다. 즉, 노사와 고객이 신뢰와 화합 속에 2000년대 세계 속으로 나아가는 것이 현대자동차의 이미지이다.

기업분석 Key Word

- **자동차에서 삶의 동반자로:** 인간 중심적이고 환경친화적인 혁신 기술과 포괄적 서비스를 기반으로 최상의 이동성을 구현하여, 삶을 더욱 편리하고 즐겁게 영위할 수 있는 새로운 공간을 제공한다는 현대자동차의 비전
- **핵심가치:** 고객 최우선, 도전적 실행, 소통과 협력, 인재존중, 글로벌 지향

② 지속가능경영

현대자동차는 자동차를 매개로 보다 지속 가능한 미래를 만들어나가고 있다. 글로벌 자동차메이커로서 미래 모빌리티 시장을 향해 앞서 나아가고 있으며, 글로벌 기업 시민답게 환경적, 사회적으로도 책임경영을 수행하기 위해 다음과 같은 <u>5대 가치</u>를 기반으로 지속가능경영을 수행하고 있다.

고객가치	제품·서비스 관련 책임, 고객 커뮤니케이션
환경책임	제품의 친환경성 극대화, 사업의 환경 영향 최소화
상생협력	공정거래 자율준수, 협력사 성장 지원
인재존중	글로벌 인재 확보 및 지원, 근로자의 권리 보장과 소통
사회공헌	친환경, 이동혁신, 교통안전, 미래세대 성장, 지역사회 상생

〈출처: 현대자동차 기업 사이트〉

고객가치 측면에서 현대자동차는 '고장이 나지 않는 좋은 품질의 차'를 고객에게 제공하고 선제적/창의적 품질경영 체계를 구축하여 전사적인 고객 중심 품질경영을 전개하고 있다. 또한, 안전 문제가 있는 차량은 적극적인 리콜로 문제를 해결하고 기본 품질 문제가

제기되는 차량에도 지속적 품질 개선 및 차량 수리를 시행함으로써 고객 안전에 최우선으로 대응하고 있다.

환경책임을 위해 현대자동차는 하이브리드(HEV), 플러그인 하이브리드(PHEV), 전기차(EV), 수소전기차(FCEV) 등 광범위한 친환경 자동차 기술 개발에 힘써 글로벌 친환경 자동차 시장을 선도하는 것을 목표로 하고 있다. 동시에 제품의 경량화, 친환경 소재 사용, 폐자원 재활용 등을 통해 기존 자동차의 환경 영향을 줄이는 데에도 노력을 기울이고 있다. 한편 생산공정에서 발생하는 오염물질에 대한 엄격한 관리기준을 설정하고, 환경 사고 예방에 최선을 다함으로써 사업 운영에 따른 환경 영향을 최소화하고 있다.

상생협력 측면에서 현대자동차는 완성차 생산에 필요한 부품 및 자재를 조달하는 협력사들과 공정하게 거래함으로써 신뢰를 구축하고 있으며, 투명한 거래 질서 확립을 위해 공정거래위원회의 공정거래협약제도에 참여하고 공정거래 자율준수제도를 도입하였다. 나아가 글로벌 경쟁력 육성, 지속성장의 기반 강화, 동반성장 기반 구축의 세 가지 동반성장 목표를 달성함으로써 협력사와 함께 성장하는 선순환 구조를 계속해서 유지하기 위해 노력하고 있다.

인재존중 측면에서 현대자동차는 자소서 1번 항목과 관련 있는 'What makes you move? 당신과 함께 세상을 움직입니다.'라는 채용 브랜드를 정립하여 각 분야에 필요한 인재를 공정하게 선발하고, 미래의 지속 가능한 성장과 비전 실현에 기여할 수 있도록 인재를 육성하고 있다.

사회공헌을 위해 친환경, 이동혁신, 교통안전, 미래세대 성장, 지역사회 상생의 5대 영역을 중심으로 사회공헌에서부터 CSV 활동까지 다양하게 전개하고 있다. 영역별 사회공헌 활동은 현대자동차그룹의 중점 사업 분야인 6대 무브(세이프무브, 이지무브, 그린무브, 해피무브, 드림무브, 넥스트무브)와 연계성이 있다.

기업분석 Key Word
- **지속가능경영 5대 가치:** 고객가치, 환경책임, 상생협력, 인재존중, 사회공헌

③ 인재상

현대자동차는 열린 마음과 신뢰를 바탕으로 새로운 가치를 창조하고, 지속적인 혁신과 창조를 바탕으로 새로운 가능성을 실현하는 인재를 선호하고 있다. 다음 현대자동차의 인재상을 살펴보자.

도전	실패를 두려워하지 않으며, 신념과 의지를 가지고 적극적으로 업무를 추진하는 인재
창의	항상 새로운 시각에서 문제를 바라보며 창의적인 사고와 행동을 실무에 적용하는 인재
열정	주인의식과 책임감을 바탕으로 회사와 고객을 위해 헌신적으로 몰입하는 인재
협력	개방적 사고를 바탕으로 타 조직과 방향성을 공유하고 타인과 적극적으로 소통하는 인재
글로벌 마인드	타 문화의 이해와 다양성의 존중을 바탕으로 글로벌 네트워크를 활용하여 전문성을 개발하는 인재

〈출처: 현대자동차그룹 기업 사이트〉

현대자동차는 고객 최우선, 도전적 실행, 소통과 협력, 인재존중, 글로벌 지향 등 5가지 핵심가치와 연계하여 인재상을 제시하고 있다. 핵심가치 중 '고객 최우선'은 열정, '도전적 실행'은 도전·창의·열정, '소통과 협력' 및 '인재존중'은 협력, '글로벌 지향'은 글로벌 마인드와 관련 있다. 즉, 현대자동차는 도전, 창의, 열정, 협력, 글로벌 마인드로 기업의 핵심가치를 실천할 수 있는 인재를 원한다는 것을 알 수 있다.

기업분석 Key Word

- **인재상**: 도전, 창의, 열정, 협력, 글로벌 마인드로 그룹의 핵심가치를 실천할 수 있는 인재

합격자소서 작성 가이드

① 현대자동차 자소서 항목

> 1. "What makes you move?" 무엇이 본인을 움직이게 하는지 기술해주십시오. (1,000자 이내)
>
> 2. 지원 분야에 본인이 적합하다고 판단하는 근거를 기술해주십시오. (1,000자 이내)
>
> 3. 지원 분야와 관련해 최근에 가장 관심 가진 주제를 1개 선택하여, 그에 대한 본인의 생각을 서술하시오. (1,000자 이내)
>   - 좋아하는 것, 특정 사건, 기술 동향 등 관심 내용을 자유롭게 기재하세요.
>   - 반드시 현대자동차에 대한 내용이 아니어도 됩니다.

② 항목별 작성법

항목 1 "What makes you move?" 무엇이 본인을 움직이게 하는지 기술해주십시오. (1,000자 이내)

★ 이것만은 꼭! 자신의 가치관을 기업의 인재상과 연결 지어 제시한다.

현대자동차의 채용 슬로건이기도 한 이 항목은 지원자의 가치관을 알아보고자 하는 항목이다. 이때, 가치관은 기업의 인재상과 연결되어야 하므로 현대자동차의 인재상을 파악하는 것이 중요하다. 현대자동차의 경우 인재상에서 도전, 창의, 열정, 협력, 글로벌 마인드로 기업의 핵심가치를 실천할 수 있는 사람을 강조하고 있다. 따라서 여러 번의 실패 끝에 성공한 경험이나 다른 사람들과 협력함으로써 긍정적인 결과를 만들 수 있었던 경험을 제시하고, 이를 통해 얻게 된 도전 정신과 커뮤니케이션 능력 등을 부각하는 것이 좋다.

또한, 단순히 현재 어떤 가치관을 갖고 있는지뿐만 아니라 자신의 가치관을 바탕으로 입사 후 기업의 비전 실현에 어떻게 기여할지를 포함하여 기술하는 것이 좋다.

항목 2 지원 분야에 본인이 적합하다고 판단하는 근거를 기술해주십시오. (1,000자 이내)

★ 이것만은 꼭! 지원 직무에 대한 분석을 토대로 직무와 관련한 역량이 있음을 구체적인 경험으로 드러낸다.

이 항목은 직무 지원동기를 묻는 항목이다. 지원 직무가 현대자동차에서 어떤 역할을 하느지 분석한 후 지원 직무가 현대자동차의 발전에 어떻게 기여하는지를 제시하고, 본인이 직무 수행을 통해 회사 발전에 보탬이 되고 싶다는 식으로 작성하는 것이 좋다.

직무에 본인이 적합하다고 판단할 수 있는 이유 및 근거를 제시하기 위해서는 직무 역량과 관련된 경험을 제시해야 한다. 직무 역량을 보유하게 된 경험이나 직무 역량을 보유하기 위해 노력했던 경험, 직무 역량을 발휘한 경험 등을 제시함으로써 현재 그 역량을 충분히 갖추고 있다는 점을 강조해야 한다. 현대자동차는 자기계발을 중요시하므로, 자신이 역량을 보유하기 위해 '꾸준히 노력했다는 점'을 어필하는 것이 좋다.

한편 직무 역량과 관련된 경험을 제시할 때는 아르바이트, 전공과목 수강 등 되도록 다양한 경험을 언급하여 직무 수행 시 필요한 전문적 지식과 태도를 모두 갖추고 있다는 점을 드러낼 필요가 있다.

또한, 가능하다면 직무 역량이 실제로 직무를 수행하는 데 어떻게 도움이 되는지 제시하여 자신이 보유한 역량이 해당 직무에 꼭 필요하다는 점을 강조하는 것이 좋다.

항목 3 지원 분야와 관련해 최근에 가장 관심 가진 주제를 1개 선택하여, 그에 대한 본인의 생각을 서술하시오. (1,000자 이내)
– 좋아하는 것, 특정 사건, 기술 동향 등 관심 내용을 자유롭게 기재하세요.
– 반드시 현대자동차에 대한 내용이 아니어도 됩니다.

★ 이것만은 꼭! 기발한 아이디어로 차별화된 시각을 제시한다.

이 항목은 기본적으로 지원 직무에 대한 지식과 산업에 대한 통찰력을 충분히 갖추고 있는지를 평가하기 위한 문항이다. 더불어 4차 산업혁명 시대에 주목받고 있는 '통섭형 창의인재'를 가려내려는 의도도 발견할 수 있다. 즉, 직무에 대한 전문성과 인문학적 소양을 모두 갖춘 지원자인지를 확인하기 위한 것이다.

오늘날에는 각 산업의 범위를 한정 짓지 않고 이종 간의 융합을 이루려는 움직임이 나타나고 있다. 특히 현대자동차는 자동차 제조업체에 머무르지 않고 스마트 모빌리티 솔루션 제공업체가 되는 것을 목표로 하는 만큼, 신사업에 대한 비전을 가진 인재를 원하는 것은 당연하다고 볼 수 있다.

따라서 이 항목을 작성할 때 기업의 최신 뉴스만을 보고 주제를 선정하면 다른 지원자들과의 차별화를 꾀할 수 없다는 점을 유념해야 한다. 또한, 주제에 대한 심도 있고 전문적인 내용을 작성해야 한다는 부담감을 느끼기보다는 어떤 이슈를 바라보는 본인만의 시각을 제시하는 데에 초점을 맞추도록 한다.

합격자소서 작성 TIP

● 각 항목당 작성 분량이 많으므로 구체적으로 작성하되 너무 내용이 장황해지지 않도록 글의 구성에 특히 신경을 쓰는 것이 좋다.
● 단 하나의 직무 역량을 제시하기보다는 다양한 직무 역량 중 2~3개 정도를 선별하여 각 역량에 해당하는 경험을 보여주는 것이 효과적이다.

03 CJ제일제당

합격자소서 작성을 위한 기업분석

① 경영목표

CJ제일제당은 CJ그룹의 식품과 생명공학 부문을 담당하고 있는 핵심 계열사이다. 식품 부문의 가공식품, 소재 식품 사업과 생명공학 부문의 바이오, 제약 사업에서 양적 확장은 물론 질적 성장을 이루어 가고 있다.

CJ제일제당은 ONLYONE 정신의 실험을 통해 FOOD & BIO 산업 속에서 성장과 진화를 거듭하는 글로벌 생활 문화 기업으로 발전해나가는 것을 목표로 하고 있다. 다음 CJ제일제당의 각 사업 부문별 경영목표를 보자.

식품 사업	바이오 사업
대형제품/브랜드와 일류 기술로, K-Food 식문화를 선도하는 글로벌 No.1 종합식품회사	일류 기술과 Solution으로 Nutrition & Health 시장을 선도하는 Global No.1 회사

〈출처: CJ제일제당 기업 사이트〉

위 사업 부문의 공통점은 모두 글로벌 사업을 추진하고 있다는 점이다. 한국 시장만이 아니라 한국의 식문화를 세계에 알리고 경쟁력을 도모하는 것을 기업의 모토로 삼고 있다. 그래서 CJ그룹은 CJ제일제당뿐만 아니라 다른 계열사들도 모두 새로운 제품과 서비스, 시스템, 사업을 지속적으로 창출해 나가고 있는 것이다.

기업분석 Key Word

● **기업의 모토:** 한국의 식문화를 세계에 알리고 경쟁력을 도모하는 것

② 지속가능경영

CJ제일제당은 준법경영, 윤리경영, 안전경영 등의 컴플라이언스를 기반으로 건강, 즐거움, 편리를 창조하는 글로벌 생활문화기업으로 거듭나기 위해 CSV 경영을 실천하고 있다. 특히 경제적 가치 창출에서 나아가 차별화된 공유가치 창출을 위해 건강과 웰빙, 지속가능한 환경, 사회와의 상생이라는 <u>핵심 공유가치</u>를 도출하였다.

그리고 급변하는 경영 환경과 사회적 이슈를 종합적으로 분석하고 내·외부 이해 관계자 및 전문가의 의견을 수렴하여, 다음과 같은 5가지 <u>지속가능경영 중점 영역</u>을 선정하여 관련 활동을 진행하고 있다.

건강한 먹거리 제공 및 식문화 선도	제품의 개발에서부터 유통단계까지 식품 전 과정 안전 프로세스를 구축하여 소비자에게 안전한 먹거리를 제공
글로벌 도약을 위한 바이오 연구개발	친환경 공장 운영, 친환경 발효 공법 개발 등을 통하여 제품 생산 과정에서 환경 영향을 줄이기 위해 노력
책임 있는 소비와 생산을 통한 환경 보호	환경, 안전, 온실가스에 대한 영향을 최소화하기 위해 중장기 목표, 비전, 연도별 전략을 수립하여 환경안전 활동을 추진
공유가치 창출을 통한 상생 생태계 조성	산업 생태계의 중요성을 전사 차원에서 관리하여 중장기 계획을 수립함으로써 상생 발전을 진정성 있게 실천
지속 가능한 사회 발전 기여	투자 또는 기부 형태의 경제적인 지원뿐만 아니라 CJ제일제당의 업과 관련된 영역에서 고객, 지역사회, 소외 계층 등 다양한 이해 관계자들을 위한 전략적인 나눔 활동으로 지역 상생의 기반을 마련

〈출처: CJ제일제당 기업 사이트〉

건강한 먹거리 제공 및 식문화 선도 측면에서는 식품안전·품질 관리를 강화하고, 고객 건강과 식품 트렌드를 고려하여 제품을 개발하고 있다. 소비자중심경영을 추진하며 소비자 만족을 위해 고객 참여 활동, 고객 소통 강화 등 다양한 활동을 전개하고 있다.

글로벌 도약을 위한 바이오 연구개발 측면에서는 지속 가능한 바이오, 바이오 신소재, 친환경 바이오 부문에서 연구를 통해 글로벌 기업으로서의 사회·환경적 책임을 다하고

있다. 또한, 가축의 건강을 증진시키는 기능성 사료 및 사료 첨가제를 개발하여 가축의 성장촉진, 축산업계 생산원가 절감, 환경 보호 등에 기여하고 있다.

책임 있는 소비와 생산을 통한 환경 보호 측면에서는 온실가스 배출 관리를 통해 기후 변화에 대응하고 에너지 절감을 위해 에너지 혁신 위원회를 구성하여 운영하고 있다. 물 자원 활용 정책으로 버려지는 물 사용을 최소화하고 2020년까지 제품 생산량 대비 폐기물 발생량을 2015년 대비 30% 감량하는 폐기물 배출원 단위 저감 목표를 수립하여 관리하고 있다. 한편 포장재 사용량 감축(Reduce), 재생 가능한 소재 사용(Recycle), 자연 기반 원료 사용(Recover)으로 구성된 3R 정책을 통해 지속 가능한 패키징 개발을 위해 노력하고 있다.

공유가치 창출을 통한 상생 생태계 조성 측면에서는 CJ그룹의 동반성장 철학을 바탕으로 상생의 산업 생태계를 조성하고 협력중소기업과의 동반자적 관계를 구축하여 상호합리적인 공정거래 질서를 확립하고 있다. 지속 가능한 성장의 기회를 제공하는 '즐거운 동행' 플랫폼을 구축, 농업의 경쟁력 강화를 위한 종자 전문 법인 'CJ브리딩' 설립 등의 활동을 하고 있다.

지속 가능한 사회 발전 기여 측면에서는 더불어 사는 사회를 구현하고자 '국민 건강식생활 증진', '지역사회의 환경 생태계 보전', '청소년 꿈 실현'을 목표로 사회공헌 활동을 실천하고 있다. 또한, 우리가 속한 지역사회의 자원 보호와 환경 질환 예방 활동을 통해 지역사회 환경 생태계 보전을 위해 노력하고 있다.

기업분석 Key Word

- **핵심 공유가치:** 건강과 웰빙, 지속 가능한 환경, 사회와의 상생
- **지속가능경영 중점 영역:** 건강한 먹거리 제공 및 식문화 선도, 글로벌 도약을 위한 바이오 연구개발, 책임 있는 소비와 생산을 통한 환경 보호, 공유가치 창출을 통한 상생 생태계 조성, 지속 가능한 사회 발전 기여

③ 인재상

CJ제일제당은 CJ그룹의 인재상을 따르고 있다. 다음 CJ그룹의 인재상을 살펴보자.

정직하고 열정적이며 창의적인 인재	• 하고자 하는 의지가 있는 반듯한 인재 • 최선을 다하는 인재
글로벌 역량을 갖춘 인재	• 글로벌 시장에서 경쟁력 있는 어학 능력과 글로벌 마인드를 지닌 인재 • 문화적 다양성을 존중하는 인재
전문성을 갖춘 인재	• 자신의 분야에서 남과 다른 핵심 역량과 경쟁력을 갖춘 인재 • 자신이 속한 비즈니스의 트렌드에 민감하며, 끊임없이 학습하는 인재

〈출처: CJ그룹 채용 사이트〉

위의 CJ그룹 인재상에서 중요한 것은 반듯한 인재, 문화적 다양성을 존중하는 인재, 끊임없이 학습하는 인재이다. CJ제일제당은 최대 관심사인 해외 식품 시장 진출에 대한 의지가 있고, 이에 최선을 다할 수 있는 인재를 필요로 하고 있다. 또한, 다양한 문화를 수용할 수 있는 자세를 갖추고 있으며, 자신이 지원한 직무에 대한 이해를 통해 자신의 역량과 경쟁력을 어떻게 강화할 수 있는지 잘 아는 인재를 원한다.

기업분석 Key Word

● **인재상:** 반듯한 인재, 문화적 다양성을 존중하는 인재, 끊임없이 학습하는 인재

합격자소서 작성 가이드

① CJ제일제당 자소서 항목

> 1. CJ제일제당과 해당 직무에 지원한 동기는 무엇인가요? ① CJ제일제당이어야만 하는 이유,
>   ② 지원 직무에 관심을 갖게 된 계기, ③ 입사 후 성장 목표를 반드시 포함하여 구체적으로 작
>   성해주세요. (1,000자 이내)
> 2. 지원 직무 수행 시 예상되는 어려움(갈등)은 무엇이며, 이를 극복해 나갈 수 있는 본인의 강점
>   과 가치관을 작성해주세요. ① 지원 직무 수행 시 필요하다고 생각하는 역량, ② 지원 직무를 잘
>   수행하기 위한 그동안의 노력과 도전 등을 반드시 포함하여 구체적으로 작성해주세요. (1,000
>   자 이내)

*식품 부문 자소서 항목으로 직무에 따라 항목이 상이할 수 있음

② 항목별 작성법

항목 1 CJ제일제당과 해당 직무에 지원한 동기는 무엇인가요? ① CJ제일제당이어야만 하는 이유,
② 지원 직무에 관심을 갖게 된 계기, ③ 입사 후 성장 목표를 반드시 포함하여 구체적으로 작성해주세요.
(1,000자 이내)

★ 이것만은 꼭! 직무 및 기업 지원동기, 보유한 직무 역량, 입사 후 포부를 분명히 드러내야 한다.

　　CJ제일제당에 지원한 이유에 관해 묻고 있기 때문에 CJ제일제당의 기업 특성을 잘 알
아야 한다. 또한, 직무 지원동기에 관해 묻고 있기 때문에 모든 자소서 항목이 그렇듯이 이
항목도 직무 분석이 필수적인 항목이다. 지원 직무에 관심을 갖게 된 계기는 자유롭게 쓰
되 너무 감성적인 부분에서 접근하지 않도록 한다.

　　CJ제일제당은 한국의 식문화를 세계에 알리고 경쟁력을 도모하는 것을 목표로 하고 있
다. 그러므로 지원동기를 쓸 때 한식문화에 대한 관심과 이를 발전시켜 나갈 만한 내용을
먼저 제시하고 직무와 연결해야 한다.

　　이 자소서 항목에서 주의할 점은 'CJ제일제당이어야만 하는 이유'를 놓치면 안 된다는
것이다. 이때 CJ제일제당의 경영목표 및 비전과 관련한 내용을 언급하는 것이 좋다. 현재
CJ제일제당이 어떤 목표를 이루기 위해 무슨 일을 하고 있는지를 파악하고, 이에 대한 생
각을 CJ제일제당 지원동기로 제시할 필요가 있다.

입사 후 성장 목표로는 자신이 지원한 분야의 직무 전문가로서 어떤 성장 목표가 있는지를 구체적으로 작성해야 한다. 이때, 회사가 성장하는 것에 맞춰 자신도 어떻게 성장해나가겠다는 식의 내용보다는 지원 직무의 비전과 연관 지어 직무 역량을 어떻게 발전시켜 나갈 것인지에 대한 내용으로 작성하는 것이 좋다. 회사의 일원으로서 성장하겠다는 각오를 다지는 것보다는 자신의 직무에 대한 비전을 먼저 제시하고 1년 후, 3년 후, 5년 후, 10년 후 등과 같이 시기별 달성 목표를 서술하여 입사 후 성장 목표를 구체적으로 작성해야 한다.

항목 2 지원 직무 수행 시 예상되는 어려움(갈등)은 무엇이며, 이를 극복해 나갈 수 있는 본인의 강점과 가치관을 작성해주세요. ① 지원 직무 수행 시 필요하다고 생각하는 역량, ② 지원 직무를 잘 수행하기 위한 그동안의 노력과 도전 등을 반드시 포함하여 구체적으로 작성해주세요. (1,000자 이내)

★ 이것만은 꼭! 지원 직무에 필요한 역량과 관련된 경험을 구체적으로 작성해야 한다.

이 항목은 지원 직무에 대해 지원자의 이해도를 평가하고, 직무 수행을 위해 지원자가 자신의 역량을 어떻게 발전시켜 왔는지를 확인하고자 하는 항목이다. 따라서 직무를 잘 수행하기 위해서 어떠한 역량이 필요하며, 이 역량을 본인이 충분히 갖추고 있다는 식으로 서술하는 것이 적절하다.

지원 직무 수행 시 필요하다고 생각하는 역량을 작성할 때는 조직 전체로 봤을 때 해당 직무가 갖는 위치와 역할, 중요성 등을 언급하며 자신이 지원한 기업 및 직무에 대한 관심과 이해도를 드러내야 한다. 이때 지원 직무에 대한 단순 설명에서 그치는 것이 아니라, 자신의 강점, 가치관에 비추어 볼 때 직무 수행 능력을 충분히 갖추고 있다는 점을 강조해야 한다.

지원 직무 수행 시 예상되는 어려움이나 갈등으로는 지원 직무와 관련된 자신의 경험을 토대로 작성하는 것이 좋다. 그 당시 발생한 문제 상황과 어떻게 해결했는지, 만약 해결하지 못했다면 그 이후에 어떻게 보완하려 노력했는지에 대해서 작성하는 것이 좋다. 이를 통해 자신이 실제로 직무를 수행하는 과정에서 문제가 발생했을 경우 해결할 능력을 보유하고 있음을 드러내야 한다.

- 직무 분석을 통해 지원 직무에서 요구하는 핵심적인 직무 역량이 무엇인지부터 파악한다.
- 특별한 경험보다는 지원 기업 및 직무에서 필요로 하는 역량과 관련된 경험을 제시해야 한다.

04 LG전자

합격자소서 작성을 위한 기업분석

① 경영목표

LG전자의 '정도경영'은 LG 고유의 기업문화인 <u>LG WAY</u>를 바탕으로 하는 LG만의 행동방식이다. 다음의 LG WAY를 살펴보자.

LG WAY

Vision - 일등 LG
LG의 비전으로 시장에서 인정받으며 시장을 리드해 가는 선도기업이 되는 것

행동방식 - 정도경영
윤리경영을 기반으로 꾸준히 실력을 배양해 정정당당하게 승부하는 LG만의 행동 양식

경영이념 - 고객을 위한 가치 창조, 인간존중의 경영
기업 활동의 목적과 회사 운영 원칙

〈출처: LG전자 기업 사이트〉

LG 고유의 기업문화인 LG WAY는 '고객을 위한 가치 창조'와 '인간존중의 경영'이라는 경영이념을 실천함으로써 궁극적인 지향점, 즉 '일등 LG'라는 비전을 달성하자는 의미이다. 이 중에서 가장 중요한 정도경영은 경영이념을 실천하기 위한 행동방식인 것이다. 정도경영이란 단순히 윤리경영만을 의미하는 것이 아니다. 진정한 의미의 정도경영은 윤리경영에서 나아가 경쟁에서 이길 수 있는 실력을 바탕으로 실질적인 성과를 창출하는 것을 의미한다.

LG전자의 경영이념인 '고객을 위한 가치 창조'는 '고객에게 정직', '더 나은 가치를 제공하기 위해 꾸준한 이노베이션으로 실력 배양'을 통해 성취하며, 또 다른 경영이념인 '인간존중의 경영'은 '공평한 기회 제공', '능력 업적에 따라 공정하게 대우'를 통해 성취한다.

기업분석 Key Word

- **LG WAY:** LG 고유의 기업문화를 지칭하는 말로 LG의 경영이념을 정도경영으로 실천하여 '일등 LG'라는 비전을 달성하자는 것을 의미함

② 지속가능경영

LG전자의 지속가능경영은 모든 경영 활동 전반에 걸쳐 보다 체계적으로 구현되고 있다. LG전자의 지속가능경영의 비전과 전략은 다음과 같다.

LG전자 지속가능경영 비전 & 전략

LG전자가 이해 관계자들로부터 사랑받으며 지속 가능한 성장을 하기 위한 첫걸음은 스스로 시장 생태계의 건강한 생명체가 되고, 나아가 제품과 서비스 등 모든 경영 활동 전반에서 시장 생태계의 건강을 도모하는 것입니다.

뿐만 아니라 LG전자가 속한 지역사회를 돌아보고 소외 계층이 자립할 수 있도록 앞장서는 것이며, 이 모든 활동의 전 과정에서 다양한 이해 관계자들과 끊임없이 소통하며 신뢰 관계를 구축하는 것입니다.

이를 위해 LG전자는 CSR 변화 관리, 이해 관계자 참여, CSR 리스크 관리, 전략적 사회공헌을 4대 전략과제로 설정하여 추진하고 있습니다. 제품 연구 · 개발부터 구매, 생산, 판매, A/S 등에 이르기까지 경영 전반에 걸쳐 LG전자의 CSR 실행력을 제고하는 동시에, 이해 관계자들과의 공감대 형성 및 협력을 강화해 나가고 있습니다.

〈출처: LG전자 기업 사이트〉

LG전자 지속가능경영의 비전 & 전략을 살펴보면 가장 먼저 나오는 것이 이해 관계자들과의 소통, 지역사회와 소외 계층에 대한 사회적 책임에 대한 이야기이다. 이를 바탕으로 기업의 이미지를 제고하려는 노력을 하고 있는 것이다. 따라서 LG전자는 프로슈머 마케팅, 소셜 미디어 온라인 커뮤니케이션, 세계 현지에 맞는 마케팅 등을 통해 LG전자의 이미지를 제고하고 있다.

제품 연구와 개발을 통해 LG전자의 지속가능경영에 대한 실행력을 제고하는 움직임도 포착할 수 있다. 이는 품질 강화 활동 및 품질 마인드 제고 활동을 통하여 보다 안전성이 높은 제품을 소비자에게 제공할 수 있도록 최선의 노력을 하는 것이다.

기업분석 Key Word

- **지속가능경영:** LG전자가 이해 관계자들로부터 사랑을 받으며 지속적으로 성장해 나가기 위해 CSR 변화 관리, 이해 관계자 참여, CSR 리스크 관리, 전략적 사회공헌을 전략과제로 설정하여 추진하는 LG전자의 모든 경영 활동

③ 인재상

LG전자 기업 사이트를 살펴보면 다른 기업과는 좀 다른 점이 있다. 다른 기업이 이미지를 통해 기업에 대해 소개하려는 것과 달리 LG전자 기업 사이트는 설명이 많다. 설명이 많다는 것은 구체적인 행동력과 실행력을 중요하게 생각한다는 것으로 해석해도 무방하다.

LG전자는 지금까지 해왔던 역할과 행동들이 많은 기업이다. 그러므로 인재상도 실천력이 강한 인재를 원한다. LG전자의 <u>인재상</u>은 다음과 같다.

> **LG WAY에 대한 신념과 실행력을 겸비한 사람**
> 1. 꿈과 열정을 가지고 세계 최고에 **도전하는 사람**
> 2. 고객을 최우선으로 생각하고 끊임없이 **혁신하는 사람**
> 3. 팀워크를 이루며 자율적이고 창의적으로 **일하는 사람**
> 4. 꾸준히 실력을 배양하여 정정당당하게 **경쟁하는 사람**
>
> 〈출처: LG전자 기업 사이트〉

다른 기업보다 인재상이 자세히 나와 있지는 않지만, LG WAY를 통해 어떤 인재를 원하는지 알 수 있을 것이다. LG WAY는 LG전자의 기업 활동의 목적과 기업 운영 원칙이다. 이를 위해 인재상에서는 **꿈과 열정**, **고객 최우선**, **팀워크**에 대해 이야기를 하고 있다. 특히 고객을 최우선으로 생각한다는 말은 서비스 정신을 강조하는 것이다. 팀워크에 대한 내용은 팀에 능동적으로 참여하였으며, 그로 인한 윤리 의식에 대한 것을 강조한 것이다. 이를 바탕으로 LG전자의 자소서 항목을 검토해보자.

기업분석 Key Word

- **인재상:** LG WAY라는 LG전자의 기업 활동의 목적과 기업 운영 원칙을 위한 꿈과 열정, 고객 최우선, 팀워크를 겸비한 인재

합격자소서 작성 가이드

① LG전자 자소서 항목 (2019년 기준)

> 1. My Competence(본인이 지원한 직무 관련 지원동기와 역량에 대하여) – 해당 직무의 지원
>   동기를 포함하여, 직무 관련 본인이 보유한 강점과 보완점을 사례를 통하여 구체적으로 기술해
>   주시기 바랍니다. (최대 1,000자)
> 2. My Future(본인이 지원한 직무 관련 향후 계획에 대하여) – 본인이 지원한 직무와 관련된 본
>   인의 향후 미래 계획에 대해 구체적으로 기술해주시기 바랍니다. (최대 500자)

② 항목별 작성법

항목 1 My Competence(본인이 지원한 직무 관련 지원동기와 역량에 대하여) – 해당 직무의 지원동
기를 포함하여, 직무 관련 본인이 보유한 강점과 보완점을 사례를 통하여 구체적으로 기술해주시기 바랍니다.
(최대 1,000자)

★ 이것만은 꼭! 직무에 필요한 역량을 보유하기 위해 노력한 경험을 구체적으로 제시해야 한다.

이 항목은 지원동기와 직무 역량에 관해 묻는 항목으로, 다소 범위가 넓어 작성하기에
추상적으로 느껴질 수 있지만 이런 항목은 오히려 구체적인 사례를 제시하여 최대한 상세
하게 작성하는 것이 중요하다. 지원동기로는 자신이 해당 직무에 관심을 갖게 된 계기를 설
명하고, 해당 직무와 관련된 능력을 기르기 위해 어떤 노력을 하였는지를 관련 경험을 예
시로 들어 설명하는 것이 좋다.

이 항목은 나머지 항목보다 작성 분량이 꽤 많은 편이다. 따라서 직무에 필요한 하나의
역량과 관련한 2개 정도의 경험을 나열하거나, 직무에 필요한 2개 역량과 관련한 경험을
각 1개씩 나열하도록 한다. 이때 경험과 역량은 특별한 것이 아니어도 된다. 제시한 경험
에서 얻은 역량을 직무에 필요한 역량이라고 판단한 이유와 그 역량이 LG전자에 미칠 수
있는 긍정적인 영향을 제시하면 충분히 설득력을 가질 수 있다.

지원 직무에 대한 지원동기를 가지게 된 이유와 직무를 수행하기 위한 역량과 관련된
자신의 강점을 제시한 뒤에 자신의 약점과 약점을 보완해나갈 계획을 언급하는 순으로 작

성한다면 채점관에게 지원동기와 직무 역량을 강조함과 동시에 발전 가능성이 있는 인재라는 인상을 줄 수 있을 것이다.

항목 2 My Future(본인이 지원한 직무 관련 향후 계획에 대하여) – 본인이 지원한 직무와 관련된 본인의 향후 미래 계획에 대해 구체적으로 기술해주시기 바랍니다. (최대 500자)

★ 이것만은 꼭! 입사 후 포부를 제시하되 기업 비전을 달성하는 데 기여할 수 있는 계획을 제시한다.

이 항목은 입사 후 포부를 묻는 항목이다. 다시 말해 지원자가 열정과 역량을 발휘하여 실현하고자 하는 비전이 무엇인지를 알아보기 위한 항목이라고 할 수 있다. 이때, 지원자의 비전은 기업의 비전과 부합해야 한다는 점을 기억해야 한다. 또한, LG전자에서 주력하고 있는 제품이나 기술 및 관련 시장 상황에 대한 이해를 바탕으로 지원자가 회사를 위해 어떤 역할을 할 수 있는지를 명시해야 한다.

작성하기 전에 먼저 LG전자의 비전과 LG전자에서 미래 성장동력으로 삼을 수 있는 부분이 어떤 것인지부터 확인한다. 이후 지원 직무에서 LG전자의 비전과 미래 성장동력에 긍정적인 영향을 줄 수 있는 방안을 고려해보고, 이 방안을 실행하기 위한 계획을 제시해야 한다. 작성 분량이 500자 이내이므로, 10년 후에 이루고 싶은 궁극적인 직무 목표를 먼저 작성한 후, 이 목표를 달성하는 데 기초가 되는 단기적인 계획을 간결하게 서술하도록 한다.

합격자소서 작성
TIP

● 직무 역량을 보유하고 있다는 사실을 지원동기로 제시할 수 있도록 한다.
● 입사 후 계획은 지극히 개인적인 측면이 아닌 자신이 기업이나 지원 직무에 기여할 수 있는 측면에서 세우되, 되도록 직무에서 기여할 수 있는 바를 찾도록 한다.

05 SK텔레콤

합격자소서 작성을 위한 기업분석

① 경영목표

SK그룹은 '따로 또 같이'를 통해 도전과 혁신을 멈추지 않고 이해 관계자들의 행복을 만들어 가고자 한다. 여기에서 '따로 또 같이'는 SUPEX를 통해 각 계열사가 자율 책임 경영을 해나가는 것을 이야기한다.

SK텔레콤은 기업의 영구 존속과 발전을 통해 고객, 구성원, 주주에 대한 가치를 창출하여 사회·경제 발전에 핵심적인 역할을 수행하고 나아가 인류의 행복에 공헌한다는 SKMS(SK Management System)의 경영철학을 실현하기 위해 SUPEX를 추구한다.

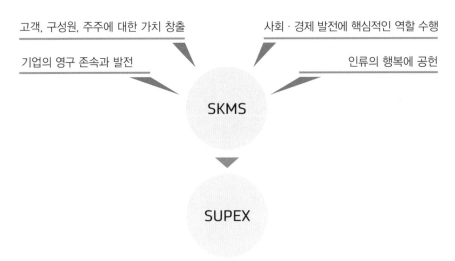

〈출처: SK그룹 기업 사이트〉

위와 같이 SK텔레콤이 추구하는 SUPEX는 'Super Excellent Level'을 의미하는 것으로 경영 활동에서 목표를 설정할 때 절대적 최고치를 의미한다. SUPEX에 곧바로 도달하는 것이 어려우므로, 주어진 시간과 가용 자원을 고려하여 SUPEX 수준을 설정하고 이를 달성해 나가는 과정을 반복하게 된다.

2019년에 SK텔레콤은 5G 시대를 맞아 경쟁력 강화를 위해 모든 조직을 5G 실행에 적합한 체계로 개편하였다. 또한, MNO(이동통신), 미디어, 보안, 커머스 등 4대 사업부 조직 체계도 재편하고, IoT/Data 사업단, AI/Mobility 사업단 등 2개의 별도 사업단 체제로 성장 사업이 가치 창출에 집중할 수 있게 하였다. 이러한 조직 개편을 토대로 SK텔레콤은 ICT 기술에 대한 글로벌 수준의 리더십을 확보하고 New ICT 산업 생태계를 활성화하려 노력하고 있다.

기업분석 Key Word

- **SKMS:** SK Management System의 약자로 SK의 경영철학이자 경영 시스템
- **SUPEX:** 'Super Excellent Level'을 의미하는 것으로, 경영 활동에서 목표를 설정할 때 절대적 최고치

② 지속가능경영

SK텔레콤의 **지속가능경영**은 고객중심경영, 동반성장, 사회기여, 투명윤리경영, 환경경영 등 5대 분야로 정하고 있다.

고객중심경영	• 선제적 고객 정보 보호 활동을 통한 편리하고 안전한 서비스 환경 조성
동반성장	• ICT 산업의 건전한 기업 생태계 조성을 통한 파트너와의 행복 동행을 추구
사회기여	• 도전형 인재 육성, 외부 첨단 기술 개발지원, 벤처와 Biz Collaboration 강화 관련 프로그램 운영
투명윤리경영	• 기업이 경제적, 법률적 책임을 준수하는 것과 더불어 사회적 통념으로 요구되는 윤리적 기준을 기업의 의사 결정과 행동에 반영 • 기업시민위원회, 윤리경영 그룹 및 윤리경영 Agent 등 실천조직을 통하여 공정하고 투명한 경영을 실천
환경경영	• 사회책임경영을 통해 다양한 이해 관계자들로부터 사랑받는 회사

〈출처: SK텔레콤 기업 사이트〉

SK텔레콤은 어떤 기업보다 이해 관계자들의 신뢰를 얻어야 하는 기업이다. 통신망과 ICT 기술은 가시적인 것이 아니기 때문에 SK텔레콤은 이해 관계자의 신뢰를 통해 이익을 내고 있다. 한편 통신망과 ICT 기술은 경쟁사와의 경쟁 관계에 있어서 비교 우위를 잘 설명할 수 없는 것들 중 하나이다. 인터넷은 우리 사회의 공공재 역할을 하고 있고, 특히 무선 통신망은 이제 우리에게서 떨어질 수가 없다. 그렇기 때문에 더더욱 다른 경쟁사와 비교 우위를 잘 설명할 수가 없는 것이다.

이때 필요한 것이 기업의 이미지이다. 현대 사회에서 기업은 이미지로 인해 소비자들에게 선택된다고 이야기할 정도로 기업의 이미지는 예전보다 훨씬 중요해졌다. 그렇기 때문에 SK텔레콤은 다른 기업보다도 더 사회적 책임 경영을 중요하게 생각하는 것이다. 그러므로 사회적 책임을 지기 위해 노력하는 인재가 SK텔레콤이 원하는 인재일 것이다.

기업분석 Key Word
- **지속가능경영**: 고객중심경영, 동반성장, 사회기여, 투명윤리경영, 환경경영

③ 인재상

SK의 <u>인재상</u>은 경영철학에 대한 확신을 바탕으로 일과 싸워서 이기는 패기를 실천하는 인재이다.

경영철학에 대한 확신	경영철학에 대한 확신과 VWBE를 통한 SUPEX 추구 문화로 이해 관계자 행복 구현 - VWBE: 자발적이고(Voluntarily) 의욕적으로(Willingly) 두뇌활용(Brain Engagement) - SUPEX: 인간의 능력으로 도달할 수 있는 최고의 수준인 Super Excellent 수준
패기	과감한 실행의 패기, 일과 싸워서 이기는 패기를 실천하는 인재 - 스스로 동기 부여하여 높은 목표에 도전하고 기존의 틀을 깨는 과감한 실행 - 그 과정에서 필요한 역량을 개발하기 위해 노력하며, 팀워크를 발휘

〈출처: SK그룹 기업 사이트〉

기업분석 Key Word
- **인재상**: 경영철학에 대한 확신을 바탕으로 일과 싸워서 이기는 패기를 실천하는 인재

합격자소서 작성 가이드

① SK텔레콤 자소서 항목

> **1.** 자발적으로 최고 수준의 목표를 세우고 끈질기게 성취한 경험에 대해 서술해주십시오.
> – 본인이 설정한 목표/목표의 수립 과정/처음에 생각했던 목표 달성 가능성/수행 과정에서 부딪힌 장애물 및 그때의 감정(생각)/목표 달성을 위한 구체적 노력/실제 결과/경험의 진실성을 증명할 수 있는 근거가 잘 드러나도록 기술 (700~1,000자 / 10단락 이내)
>
> **2.** 새로운 것을 접목하거나 남다른 아이디어를 통해 문제를 개선했던 경험에 대해 서술해주십시오.
> – 기존 방식과 본인이 시도한 방식의 차이/새로운 시도를 하게 된 계기/새로운 시도를 했을 때의 주변 반응/새로운 시도를 위해 감수해야 했던 점/구체적인 실행 과정 및 결과/경험의 진실성을 증명할 수 있는 근거가 잘 드러나도록 기술 (700~1,000자 / 10단락 이내)
>
> **3.** 혼자 하기 어려운 일에서 다양한 자원 활용, 타인의 협력을 최대한으로 이끌어 내며, 팀워크를 발휘하여 공동의 목표 달성에 기여한 경험에 대해 서술해주십시오.
> – 관련된 사람들의 관계(예: 친구, 직장 동료) 및 역할/혼자 하기 어렵다고 판단한 이유/목표 설정 과정/자원(예: 사람, 자료 등) 활용 계획 및 행동/구성원들의 참여도 및 의견 차이/그에 대한 대응 및 협조를 이끌어 내기 위한 구체적 행동/목표 달성 정도 및 본인의 기여도/경험의 진실성을 증명할 수 있는 근거가 잘 드러나도록 기술 (700~1,000자 / 10단락 이내)

*직무 공통으로 나오는 3개의 항목으로 항목 4, 5는 직무별로 다름

② 항목별 작성법

항목 1 자발적으로 최고 수준의 목표를 세우고 끈질기게 성취한 경험에 대해 서술해주십시오.

– 본인이 설정한 목표/목표의 수립 과정/처음에 생각했던 목표 달성 가능성/수행 과정에서 부딪힌 장애물 및 그때의 감정(생각)/목표 달성을 위한 구체적 노력/실제 결과/경험의 진실성을 증명할 수 있는 근거가 잘 드러나도록 기술 (700~1,000자 / 10단락 이내)

★ **이것만은 꼭!** 목표 달성 과정에서 발휘한 자신의 역량을 분명하게 드러낸다.

SK텔레콤이 추구하는 SUPEX는 경영 활동에서 목표를 설정할 때 절대적 최고치를 의미한다. 이러한 점을 고려한다면 이 항목에서는 자신의 역량과 한계를 넘는 목표였으나, 그 목표를 달성하기 위해 열정적으로 노력한 경험을 제시하는 것이 가장 이상적일 것이다.

그러나 '최고 수준의 목표'라는 말에 큰 부담을 가지지 않아도 된다. 그 목표가 왜 자신이 세운 최고 수준의 목표였는지에 대한 이유를 잘 설명할 수 있으면 된다. 목표를 달성하는 과정에서 부딪힌 장애물 역시 엄청난 것이 아니어도 되므로, 왜 자신에게 그것이 난관으로 다가올 수밖에 없었는지에 대한 이유를 잘 설명하도록 한다. 이때, 목표를 이루기 위

한 과정에서 직무와 관련된 역량을 발휘하여 어려움을 극복한 경험을 작성하는 것이 좋다.

경험의 결과와 성공 및 실패 원인을 제시할 때는 목표 달성 과정을 객관적으로 평가해서 어떤 점이 좋았는지 또는 좋지 않았는지를 보여주도록 한다. 이를 통해 배운 점을 찾아낼 때는 어떤 태도가 목표를 달성하는 데 큰 도움이 되었는지의 측면에서 생각해보는 것이 도움이 된다.

항목 2 새로운 것을 접목하거나 남다른 아이디어를 통해 문제를 개선했던 경험에 대해 서술해주십시오.
– 기존 방식과 본인이 시도한 방식의 차이/새로운 시도를 하게 된 계기/새로운 시도를 했을 때의 주변 반응/새로운 시도를 위해 감수해야 했던 점/구체적인 실행 과정 및 결과/경험의 진실성을 증명할 수 있는 근거가 잘 드러나도록 기술 (700~1,000자 / 10단락 이내)

★ 이것만은 꼭! 남들과 차별화되는 자신만의 창의적인 시각을 드러내도록 한다.

이 항목에서 의미하는 '남다른 아이디어'는 대단한 방법을 의미하는 것이 아니다. 종래의 방식을 완전히 뒤집는 시도뿐만 아니라 기존 방식에 다른 요소를 추가하려는 시도, 아주 작은 부분만을 수정하거나 제거했던 시도 등도 포함될 수 있다. 따라서 '남다른 아이디어'에 대해 너무 부담스럽게 생각하지 말고, 작은 변화를 줌으로써 실리나 공동의 이익을 가져온 경우가 있었는지 생각해보고 이에 대해 서술해나가면 된다.

SK텔레콤은 기존 방식에서 탈피하여 다양하고 창의적인 방법을 모색하고 있는 기업이다. 따라서 새로운 것을 접목하거나 남다른 아이디어를 통해 문제를 개선한 경험을 묻는다는 것은 지원자의 창의성을 보기 위함이라고도 할 수 있다.

특히 이런 항목에서는 남들이 인지하지 못한 부분이나 당연한 것으로 여겨지는 부분에 대해 관심을 가지고, 새로운 시각으로 그것을 개선하고자 했던 경험을 제시하는 것이 좋다. 여기에서는 왜 그것을 새롭게 바라보았는지, 왜 개선되어야 한다고 생각했는지 그 이유를 제시해야 한다.

항목3 혼자 하기 어려운 일에서 다양한 자원 활용, 타인의 협력을 최대한으로 이끌어 내며, 팀워크를 발휘하여 공동의 목표 달성에 기여한 경험에 대해 서술해주십시오.

– 관련된 사람들의 관계(예: 친구, 직장 동료) 및 역할/혼자 하기 어렵다고 판단한 이유/목표 설정 과정/자원 (예: 사람, 자료 등) 활용 계획 및 행동/구성원들의 참여도 및 의견 차이/그에 대한 대응 및 협조를 이끌어 내기 위한 구체적 행동/목표 달성 정도 및 본인의 기여도/경험의 진실성을 증명할 수 있는 근거가 잘 드러나도록 기술 (700~1,000자 / 10단락 이내)

★ 이것만은 꼭! 협업 과정에서 자신의 역할과 그 역할의 중요성을 강조한다.

이 항목은 지원자가 협업한 경험이 있는지, 있다면 어떤 역량을 발휘하여 어떤 결과를 이끌어 냈는지를 알아보기 위한 항목이다. 어떤 역할을 했는지에 따라 리더십, 책임감, 자발적인 태도 등 해당 사례에서 드러난 자신의 강점을 서술하도록 한다.

구성원이 공동의 목표를 향하여 각 구성원이 보유한 서로 다른 역량을 모으고, 서로 다름을 인정하며 갈등을 극복한 경험이 이 항목에서 제시될 수 있는 가장 이상적인 경험일 것이다. 특히 갈등을 극복하여 좋은 결과를 내는 데 자신이 어떠한 역할을 했는지, 결과적으로 봤을 때 그 역할의 중요도가 어떠한지를 강조하여 작성해야 한다.

혼자 하기 어렵다고 판단한 이유에 대해서 작성할 때는 그 일이 혼자 할 수 있는 일이더라도, 여러 사람과의 협업이 더 나은 결과물을 창출할 수 있었던 경험이라는 점을 잘 설명할 수 있으면 된다.

합격자소서 작성 TIP

● 모든 항목이 보유한 경험과 직접 관련된 만큼 자소서 작성 전에 자신이 보유한 경험이 가진 다양한 의미를 미리 찾아보고 정리해두는 것이 좋다.
● 항목에 주어지는 조건이 많아 부담스럽게 느껴질 수 있으나, 사실상 경험을 제시할 때 반드시 포함되어야 하는 요소들이므로 경험 배경, 과정, 결과를 우선적으로 기술한 후 주어진 조건과 매칭하여 빠진 부분을 보완하는 식으로 작성하면 된다.
● 각 항목의 작성 분량이 많으므로, 되도록 하나의 역량과 관련한 다양한 경험을 제시하거나 복수 역량과 관련한 각 경험을 제시하고 단락 구분이나 소제목 삽입 등의 방법을 이용하여 가독성을 높인다.

06 롯데그룹

합격자소서 작성을 위한 기업분석

① 경영목표

롯데그룹은 사랑과 신뢰를 받는 제품과 서비스를 제공하여 인류의 풍요로운 삶에 기여한다는 <u>경영철학</u>을 가지고 있는 기업이다. 롯데그룹은 지속적으로 고객에게 제공해온 '풍요'라는 가치를 강조해 타 그룹과의 차별성을 나타낸다.

롯데그룹은 미래 50년 동안에도 지속 가능한 성장을 이룰 수 있도록 그룹의 성장 방향을 질적 성장으로 전환하고, 이에 맞춰 Lifetime Value Creator라는 새로운 비전을 선포하였다. 그리고 비전을 달성하기 위해 롯데인이 갖추어야 할 사고와 행동방식의 기준으로서 <u>핵심가치</u>를 제시하고 있다.

〈출처: 롯데그룹 기업 사이트〉

위 핵심가치에서 'Beyond Customer Expectation'은 고객의 요구를 충족하는 데 머무르지 않고, 고객의 기대를 뛰어넘는 가치를 창출해냄을 의미한다. 그리고 'Challenge' 는 업무의 본질에 집중하며 끊임없는 도전을 통해 더 높은 수준의 목표를 달성하는 것, 'Respect'는 다양한 의견을 존중하며 소통하고 원칙을 준수함으로써 신뢰를 기반으로 한 공동체를 지향하는 것, 'Originality'는 변화에 민첩하게 대응하고 경계를 뛰어넘는 협업과 틀을 깨는 혁신을 통해 쉽게 모방할 수 없는 독창성을 만드는 것으로 정의하고 있다.

기업분석 Key Word

- **경영철학:** 사랑과 신뢰를 받는 제품과 서비스를 제공하여 인류의 풍요로운 삶에 기여함
- **핵심가치:** Beyond Customer Expectation, Challenge, Respect, Originality

② 지속가능경영

롯데그룹은 양적인 성장이 아닌 질적인 성장을 추구하겠다는 의지의 표현으로 다음과 같은 질적 성장 가이드라인을 설정하였다.

지속 가능한 성장률 확보	미래 생존을 담보한 수준의 규모 성장 해당 산업 성장률을 상회하는 수준의 성장률 확보
경제적 부가가치 창출	근원적 경쟁력을 기반으로 한 수익 가치 창출 주주와 채권자의 기대수익을 뛰어넘는 부가가치 창출
미래가치 창출	미래를 위한 선제적 활동과 투자 미래성장이 담보되는 수준의 현재와 미래의 균형 있는 투자
사회적 가치 지향	사회 모범적 성장 및 가치 창출 사회와 함께 성장하며, 함께 가치를 창출

〈출처: 롯데그룹 기업 사이트〉

또한, 롯데그룹은 비전 실현을 위한 **경영방침**으로 투명경영, 핵심 역량 강화, 가치경영, 현장경영을 선정하였다. 롯데그룹의 경영방침에 대한 자세한 내용은 다음과 같다.

투명경영	투명하고 정직한 경영, 사회에 대한 충실한 의무와 책임 수행
핵심 역량 강화	주력 사업 분야에서 최고의 경쟁력 확보 및 연관 사업으로서의 사업 확대
가치경영	고객 가치 제고, 지속적 수익성과 가치 창출
현장경영	현장경영을 통한 정확한 상황진단 및 신속한 의사결정

〈출처: 롯데그룹 기업 사이트〉

롯데그룹의 경영방침을 살펴보면 기업의 강점을 정확하게 아는 것을 강조하고 있음을 알 수 있다. 롯데그룹은 현재의 자신을 정확하게 파악하는 것을 강조하면서, 현장의 중요성과 실천력을 경영방침으로 정하고 있다. 따라서 롯데그룹에서 가장 중요하다고 생각하는 인재는 현재 자신의 강점을 정확하게 파악하고 실천하는 인재인 것이다.

한편 롯데그룹은 우리 사회가 더욱더 풍요로운 세상이 될 수 있도록 소외 계층의 권리와 인식 개선을 위한 다양한 형태의 나눔 활동을 전개하고 있다. 일례로 세이브더칠드런과 연계하여 빼빼로 판매 수익금의 일부로 소외된 농어촌 지역 아동들을 위해 지역아동 센터를 건립하는 롯데제과의 '스위트홈' 프로젝트, 저출산 문제 해결에 기여하고 여성과 엄마의 마음이 편한 세상을 만들기 위한 여성·육아 관련 CSR 통합 브랜드인 'mom 편한' 도입 등의 노력을 하고 있다. 우리나라의 발전에 기여하고 국민을 위해 헌신하는 분들을 기억하기 위해 '해외참전용사 보은사업'을 진행하고, 군 복무 중인 국군장병들을 위해 '청춘책방' 도서관을 설립하기도 했다.

소외 계층 지원과 인식 개선을 위해 장애인 인식 개선 캠페인 '슈퍼블루 캠페인', 소외 계층 어린이에게 난방비를 지원하는 참여형 모금 캠페인 '마음 온도 37℃ 캠페인' 등의 활동도 펼치고 있다. 또한, 협력사와의 동반성장을 지속 가능한 성장의 원동력으로 규명하여, 각 계열사가 동반성장을 주요 경영과제로 삼고 운영자금 지원, 인재 육성 지원, 교류 확대 등 협력사를 지원하는 다양한 활동을 수행하고 있다. 일례로 해외 유통매장에 중소기업 상품을 소개하는 '한국상품 특별전'을 개최하고, 롯데백화점에 중소기업전용 편집매장인 '드림플라자'를 운영하는 등 우수 중소 협력사들의 판로 개척을 지원하고 있다.

기업분석 Key Word

- **질적 성장 가이드라인**: 지속 가능한 성장률 확보, 경제적 부가가치 창출, 미래가치 창출, 사회적 가치 지향
- **경영방침**: 투명경영, 핵심 역량 강화, 가치경영, 현장경영

③ 인재상

롯데그룹은 현재의 모습이 아닌 미래를 만들어 가는 가능성에 더 높은 가치를 두고 있으며, 자신의 성장과 함께 우리 사회를 보다 성숙하게 할 열정과 책임감을 갖춘 글로벌 인재를 선호한다. 이에 따른 롯데그룹의 인재상은 다음과 같다.

실패를 두려워하지 않는 젊은이	실패를 두려워하지 않고, 성공을 위해 도전하는 패기와 투지를 가진 젊은이
실력을 키우기 위해 끊임없이 노력하는 젊은이	젊음의 무모함이 아닌 진정한 실력으로 성공을 쟁취하기 위해 지식과 능력을 단련시키는 젊은이
협력과 상생을 아는 젊은이	사회적 존재로서 자신의 역할을 이해하는 젊은이

〈출처: 롯데그룹 채용 사이트〉

기업분석 Key Word

- **인재상**: 실패를 두려워하지 않는 젊은이, 실력을 키우기 위해 끊임없이 노력하는 젊은이, 협력과 상생을 아는 젊은이

합격자소서 작성 가이드

① 롯데그룹 자소서 항목 (2020년 기준)

> 1. **지원동기**: 지원동기를 구체적으로 기술해주세요. (500자 이내)
>
> 2. **성장과정**: 성장과정을 구체적으로 기술해주세요. (800자 이내)
>
> 3. **사회활동**: 학업 이외에 관심과 열정을 가지고 했던 다양한 경험 중 가장 기억에 남는 것을 구체적으로 기술해주세요. (800자 이내)
>
> 4. **직무경험**: 희망 직무 준비과정과 희망 직무에 대한 본인의 강점과 약점을 기술해주세요.(실패 또는 성공사례 중심으로 기술해주세요.) (800자 이내)
>
> 5. **입사 후 포부**: 입사 후 10년 동안의 회사생활 시나리오와 그것을 추구하는 이유를 기술해주세요. (500자 이내)

② 항목별 작성법

항목 1   지원동기: 지원동기를 구체적으로 기술해주세요. (500자 이내)

★ **이것만은 꼭!**   지원한 사업 부문의 현황과 미래를 먼저 파악해야 한다.

    롯데그룹은 유통, 식품, 관광 등 다양한 사업 부문을 운영하고 있다. 따라서 자신이 지원한 사업 부문에서 현재 진행하고 있거나 향후 계획하고 있는 사업에 대해 분석한 후 이와 관련하여 지원동기를 작성해나가는 것이 좋다.

선생님, 질문 있어요! ⓧ

롯데그룹의 각 사업 부문별로 어떤 내용을 강조하는 것이 좋을까요?

윤종혁 선생님의 Advice ✎

- **유통 부문**: 롯데백화점은 신성장동력인 아웃렛 사업에 지속적으로 투자할 계획을 가지고 있으므로 현재의 소비 트렌드 및 소비자의 니즈와 관련한 내용을 강조할 수 있습니다.

- **식품 부문**: 해외 시장 공략에 적극 나설 계획을 가지고 있으므로 자소서에서 글로벌 마케팅과 해외 식문화에 대한 관심을 드러내면 좋을 것입니다.

- **관광 부문**: 롯데호텔은 중국, 베트남 등 아시아 시장 공략에 적극적으로 나설 계획에 있습니다. 따라서 관광에 대한 지식뿐만 아니라 아시아 관광에 대한 관심도를 드러내는 것도 하나의 방법이 될 수 있습니다.

항목2 성장과정: 성장과정을 구체적으로 기술해주세요. (800자 이내)

★ 이것만은 꼭! 가치관이 어떻게 형성되었는지 경험을 통해 보여준다.

성장과정은 자신의 가치관이 어떻게 형성되었는지 그 과정을 보여주는 항목이다. 이때 롯데그룹이 중요하게 여기는 부분과 관련된 가치관이나 경험을 제시하면 더욱 좋다. 예를 들어, 롯데그룹은 협력과 상생을 통해 형성된 가치관을 중요하게 생각하고 있다. 그러므로 학업 이외의 다양한 경험, 즉 사회 봉사활동, 아르바이트 등을 통해 어떠한 가치관을 형성했는지 보여준다면 좋을 것이다.

자신의 가치관이 직무를 수행하는 데 도움이 되는 부분을 설명하여 작성을 마무리한다면 직무 수행을 하는 데 도움이 되는 강점을 성장과정을 통해 드러낼 수 있게 된다.

항목3 사회활동: 학업 이외에 관심과 열정을 가지고 했던 다양한 경험 중 가장 기억에 남는 것을 구체적으로 기술해주세요. (800자 이내)

★ 이것만은 꼭! 실패를 두려워하지 않는 실천력을 강조한다.

롯데그룹은 실패를 두려워하지 않으며 실천력을 갖춘 인재를 원하므로 자신의 강점을 정확하게 알고 이를 토대로 과감하게 실천했던 경험을 제시하도록 한다. 더 나아가 그 경험을 통해 자신의 책임감을 강조한다.

자신의 강점과 책임감을 강조할 때는 혼자 한 경험보다는 팀을 이뤄서 했던 경험이 채점관에게 더 좋은 인상을 줄 수 있다. 이 경우 조직 목표 달성에 본인이 어떻게 기여했는지 반드시 구체적으로 나타내야 한다.

항목4 직무경험: 희망 직무 준비과정과 희망 직무에 대한 본인의 강점과 약점을 기술해주세요.(실패 또는 성공사례 중심으로 기술해주세요.) (800자 이내)

★ 이것만은 꼭! 직무에 대한 자신의 강점을 강조하고 약점의 경우, 극복사례를 기술해야 한다.

이 항목은 직무에 대한 지원자의 강점과 약점을 묻는 항목이다. 강점은 직접적으로 직무에 필요한 역량을 보유하고 있는 것을 확인하려는 의도이다. 따라서 직무에 필요한 역량이 무엇인지 파악하고, 이를 갖추게 될 수 있었던 경험이나 이를 발휘했던 경험을 성공사례로 제시한다.

한편 약점의 경우, 직무에 치명적인 영향을 줄 수 있는 것은 피하고 개선이 가능한 약점을 제시한다. 약점은 실패 사례와 연결되어야 하는데, 이때 실패를 통해 무엇을 배웠고 이후 자신의 약점을 개선하기 위해 어떻게 노력했는지 언급한다.

항목 5 입사 후 포부: 입사 후 10년 동안의 회사생활 시나리오와 그것을 추구하는 이유를 기술해주세요. (500자 이내)

★ 이것만은 꼭! 직무 역량 개발을 통해 어떻게 최종적인 목표에 도달할 것인지 보여준다.

10년 후의 목표를 제시하고, 이 목표에 도달하기 위해 어떻게 노력할 것인지 보여달라고 요구하고 있다. 따라서 롯데그룹 또는 지원 계열사가 추구하는 미래 비전과 성장동력으로 삼고 있는 부분이 무엇인지 먼저 확인하고 이와 관련한 직무 역량 개발 계획을 드러내는 것이 좋다. 이 항목에서는 직무와 관련된 역량을 개발하여 성과를 창출하고, 이를 통해 직무 분야에서 자신이 어떠한 위치를 차지할 것인지를 제시하여야 한다. 이러한 역량 개발 계획을 마련하는 이유는 10년 후의 직무 목표를 이루기 위한 과정이기 때문이며, 이 직무 목표가 기업에 기여하는 바가 있다는 점을 제시한다.

합격자소서 작성 TIP

● 사회활동, 직무경험 항목에서 직무 역량 보유와 직무 지원동기를 충분히 드러낼 수 있으므로, 되도록 지원동기 항목에서는 기업 지원동기에 대해 이야기한다.
● 입사 후 포부에서 10년 동안의 회사생활 시나리오는 직무에서 전문가가 되기 위한 과정이 되어야 하며, 직무 전문가로서 기업에 기여할 수 있는 바와 관련 있어야 한다.

07 S-OIL

합격자소서 작성을 위한 기업분석

① 경영목표

S-OIL의 비전인 <u>Vision 2025</u>는 최고의 운영효율성, 투자전략, 인재를 갖춘 아시아·태평양 지역에서 가장 경쟁력 있고 존경받는 에너지·화학 기업으로 성장하겠다는 의미이다. 이러한 비전을 효과적으로 달성하기 위한 S-OIL의 <u>핵심가치</u>는 아래와 같다.

최고 (Excellence)	우리는 끊임없이 학습하고, 변화하고, 진보하여 고객과 동료와 주주들에게 기대를 뛰어넘는 최상의 품질과 서비스를 제공하고, 탁월한 수익성을 달성한다.
열정 (Passion)	우리는 무한한 에너지, 강한 의지, 그리고 할 수 있다는 자신감으로 더 높은 목표와 꿈을 이루기 위해 최선을 다한다.
정도 (Integrity)	우리는 모든 일에 정직하고 공정하며, 최고 수준의 도덕적·윤리적 기준을 준수하여 진정한 성공을 이루어 낸다.
협력 (Collaboration)	우리는 한 팀으로 함께 일하며 지식과 기회, 경험을 공유하여 더 큰 성공을 이루어 낸다.
나눔 (Sharing)	우리는 책임감 있는 모범 기업시민으로서 함께 살아가는 이웃공동체들과 우리의 성공을 나눈다.

(출처: S-OIL 기업 사이트)

기업분석 Key Word

- Vision 2025: 아시아·태평양 지역에서 가장 경쟁력 있고 존경받는 에너지·화학 기업으로 성장하겠다는 S-OIL의 비전

② 지속가능경영

S-OIL의 지속가능경영은 C.E.O.의 기대사항에서 출발한다고 설명하고 있다. C.E.O.란 고객(Customers), 임직원(Employees), 주주와 그 밖의 이해 관계자(Owners and Other Stakeholders)를 뜻한다. S-OIL은 C.E.O.가 S-OIL에 기대하고 있는 것이 무엇인지, C.E.O.의 기대를 충족시키기 위해 무엇을 해야 하는지를 먼저 인식하고, 이를 회사의 경영전략에 반영하여 경제적, 환경적, 사회적으로 C.E.O.의 가치를 극대화함으로써 회사의 비전을 달성하기 위해 노력하고 있다.

고객 (Customers)	• 고객만족 실현 • 제품 품질 보장 • 마케팅 활동 강화 • 고객 개인정보 보호/시장에서의 공정한 경쟁 • 해외 마케팅 강화
임직원 (Employees)	• 인재 관리/공정한 평가 및 보상 • 인재 육성 • 건전한 조직문화/화합의 노사관계 • 산업안전보건 관리
주주와 그 밖의 이해 관계자 (Owners & Other Stakeholders)	• 신규사업 투자 • 운영 효율성 개선 • 재무 건전성 확보/투명한 경영정보 공개 • 공급망 지속 가능성 관리 • 환경 관리 • 기후변화 대응 • 사회공헌 활동 추진 • 지역사회 기여

〈출처: S-OIL 기업 사이트〉

S-OIL은 고객 만족을 최우선으로 생각한다. 최고의 품질과 합리적 가격을 기반으로 브랜드 가치를 높여가고 있으며, 지속 가능한 성장의 기반이 될 고객의 신뢰 확보를 위해 고객 니즈 파악에 근거한 고객 관계 강화에 주력하고 있다. 또한, 해외 시장에서 주요 고객과의 전략적 파트너십을 강화하고, 지속적으로 신규 시장을 개발하는 등 해외 마케팅 역량을 강화하고 있다.

S-OIL은 성과 지향적인 기업문화 확립을 위해 합리적인 인사제도를 운용하고 있다.

채용과 평가 과정에서 투명성과 공정성을 견지하고 있으며 임직원들이 향후 회사를 이끌어 갈 핵심 인력으로 자리 잡을 수 있도록 다양한 교육 프로그램을 지원하고 있다. 또한, 선도적인 보상제도와 복리후생제도를 통해 임직원들의 Work-Life Balance 향상을 추구하고 있다.

S-OIL은 지속 가능한 성장을 위한 핵심 역량을 확보할 수 있도록 안정적인 재무구조를 바탕으로 RUC/ODC 프로젝트 등 지속적인 투자 활동을 추진하고 있다. 투명하고 정확한 경영정보 공개를 통해 이해 관계자를 보호하고 있으며, 신뢰를 바탕으로 협력업체와 함께 성장하는 환경 구축을 위해서도 노력하고 있다. 기후변화에 따른 위기와 기회 요인을 분석하고 경영 활동에 반영하여 전 세계적인 대응 노력에 동참하고 있으며, 적극적인 환경경영을 통해 환경관리 책임도 다하고 있다. 또한, 경영전략과 연계하여 사회공헌 활동을 체계적으로 수행하고 있으며, 지역사회의 성장을 위한 다양한 활동도 추진하고 있다.

기업분석 Key Word

- C.E.O.: 고객, 임직원, 주주와 그 밖의 이해 관계자를 의미하는 것으로, C.E.O.의 기대사항을 경영 전략에 반영 및 가치 극대화를 통해 비전을 달성하고자 함

③ 인재상

이번에는 S-OIL이 제시하는 구체적인 인재상을 함께 살펴보자.

회사 비전 실현에 동참할 진취적인 사람	넓은 세계 무대에 우뚝 서겠다는 회사 비전에 적극 동참할 능동적이고 진취적인 사고를 가진 인재
국제적 감각과 자질을 가진 사람	회사의 위상에 부합하는 국제 감각과 세련된 매너, 어학 실력 등의 자질을 갖춘 인재
자율과 팀워크를 중시하는 사람	공부하는 자세로 자기계발과 자기관리를 위해 힘쓰되, 조직과의 조화를 추구하며 목표 달성을 위한 뜨거운 열정과 자세를 갖춘 인재
건전한 가치관과 윤리 의식을 가진 사람	건전한 가치관과 윤리 의식을 바탕으로 회사 내에서는 동료 간의 화합에 힘쓰고, 회사 밖에서는 책임감 있는 사회인으로 회사의 명예와 자긍심을 높일 수 있는 인재

〈출처: S-OIL 기업 사이트〉

위의 인재상을 보면 S-OIL이 원하는 인재상은 진취적이며, 어학 실력과 국제적인 감

각을 갖춘 인재이다. 그리고 다른 회사보다 화합과 책임감에 대해 더 강조하고 있다. 그렇기 때문에 자소서에서는 국제적인 감각, 윤리 의식, 목표 달성을 위한 열정을 강조해야 한다. 그렇다면 이제부터 자소서 항목 하나하나를 보면서 계속 이야기하도록 하자.

기업분석 Key Word

- **인재상**: 진취적이며, 어학 실력과 국제적인 감각을 갖추고 화합과 책임감을 중요시하는 인재

합격자소서 작성 가이드

① S-OIL 자소서 항목

1. S-OIL에 입사하여 수행하고 싶은 업무와 이루고 싶은 목표, 이를 위한 본인의 노력에 대하여 작성해주세요. (500자 이내)

2. 가장 열정/도전적으로 임했던 일이 무엇이었으며 그 과정에서 어떠한 노력을 하였고 무엇을 배웠는지 작성해주세요. (500자 이내)

3. 귀하의 가장 부족한 역량은 무엇이며 부족한 점을 극복하기 위하여 어떤 활동과 노력을 기울였는지 작성해주세요. (500자 이내)

4. 공동의 목표를 달성하기 위해 타인과 협업했던 경험과 그 과정에서 본인이 수행한 역할, 그리고 해당 경험을 통해 얻은 것은 무엇인지 작성해주세요. (500자 이내)

5. 소위 말하는 스펙(학교, 학점, 전공, 어학점수 등)을 제외하고 S-OIL이 귀하를 채용하기 위하여 반드시 알아야 할 것이 있다면 무엇이고 그 이유에 대하여 작성해주세요. (500자 이내)

② 항목별 작성법

항목 1 S-OIL에 입사하여 수행하고 싶은 업무와 이루고 싶은 목표, 이를 위한 본인의 노력에 대하여 작성해주세요. (500자 이내)

★ 이것만은 꼭! 회사 발전과 관련 있는 목표를 수립하되, 개인의 역량 강화 측면도 제시해야 한다.

이 항목은 기업의 정책이나 비전에 대한 관심도, 직무 역량 등을 파악하기 위한 항목이다. 기업이 중요하게 여기는 부분인 비전, 핵심가치 등을 파악한 후 그에 부합하는 자신의 목표를 함께 제시한다면 이 항목은 쉽게 해결할 수 있다. 따라서 지원 직무에서 진행하는 사업에 대해 언급한 후 사업을 진행하는 데 있어 자신이 보유한 역량이 좋은 효과를 발휘할 수 있다는 점을 제시하는 것이 좋다. 이때 역량은 직무와 관련된 전문적 지식, 직무 수행 시 필요한 태도 등이 포함된다.

항목 2 가장 열정/도전적으로 임했던 일이 무엇이었으며 그 과정에서 어떠한 노력을 하였고 무엇을 배웠는지 작성해주세요. (500자 이내)

> ★ 이것만은 꼭! 기업의 인재상과 관련된 내용이 제시되어야 한다.

S-OIL의 인재상 중 '회사 비전 실현에 동참할 진취적인 사람'에 주목해보자. S-OIL은 스스로 비전을 공유하고 능동적인 행위를 하는 인재를 원한다. 그렇기 때문에 이 항목을 다시 해석하면 "가장 능동적으로 행하였던 경험은 무엇인지 쓰시오."가 될 것이다.

가장 능동적으로 했던 경험이면서도 가급적 지원 직무와 관련 있는 경험을 작성하는 것이 좋다. 경험을 구체적으로 서술하되, 경험을 통해 무엇을 얻었는지를 강조하여 작성해야 한다. 그리고 이 경험이 입사 후 직무 수행을 용이하게 할 뿐만 아니라 기업에 도움을 줄 수 있다는 점을 드러내는 것이 좋다.

선생님, 질문 있어요! ⑦

S-OIL의 각 직무별로 어떤 내용을 작성하는 것이 좋을까요?

윤종혁 선생님의 Advice ✎

S-OIL의 직무는 경영 지원, 영업, 생산 기술, 설비 기술 등으로 나누어집니다.

- **경영 지원**: 총무, 구매, 대외 업무, 홍보, 법무, 감사 등의 업무를 보는 것으로 이 직무는 지원자의 전공을 중요하게 생각합니다. 그러므로 직무에 대한 학문적 지식과 업무 소양을 강조하는 것이 좋습니다.

- **영업**: 국내외 영업 활동을 담당하고 소매, 법인, 해외 영업 등을 하는 직무입니다. 해외 영업은 당연히 외국어 능력을 강조하면 되고, 마케팅 관련 지식을 가지고 있으면서 활동성 있는 인재라는 것을 강조하면 좋습니다.

- **생산 기술**: 정유 제품, 윤활 제품, 석유 화학 제품을 생산하고 이를 기술적으로 지원하는 업무, 에너지 관리 및 공정 자동화 업무를 담당합니다. 이 직렬은 화공, 기계, 전기, 전자 전공자가 필요하므로 이 전공에 대한 자격증을 보유한 것에 대해 강조할 수 있습니다.

- **설비 기술**: 공장 생산 활동이 효율적이고 안정적으로 이루어질 수 있도록 설비 유지 보수 및 설비 개선 등의 설비 업무와 소규모 투자 공사의 엔지니어링 및 건설 관리 업무를 담당합니다. 이 직무는 기계, 전기, 전자, 재료, 금속, 토목 공학 계열 전공자를 선호하기 때문에 학업, 현장 경험을 통해 축적한 직무적 지식을 강조할 수 있습니다.

항목 3 귀하의 가장 부족한 역량은 무엇이며 부족한 점을 극복하기 위하여 어떤 활동과 노력을 기울였는지 작성해주세요. (500자 이내)

★ 이것만은 꼭! 지원 직무에 크게 영향을 끼치지 않는 것을 선택한다.

이 항목에서 '부족한 역량'은 지원 직무를 수행할 때 크게 지장을 주지 않는 것이어야 한다. 지원자가 아무리 극복했다고 하더라도 채점관은 지원자의 단점이 입사 후 회사생활에도 영향을 줄 것이라고 평가할 수 있기 때문이다.

부족한 역량을 극복한 경험을 작성할 때는 구체적으로 결과가 어땠는지에 대해서도 제시해야 하는데, 이 결과는 가시적이거나 수치로 제시할 수 있는 것이 보다 강한 설득력을 가질 수 있다. 만약 결과가 좋지 않았다면, 이 결과를 통해 어떤 점을 배웠는지 서술한다.

항목 4 공동의 목표를 달성하기 위해 타인과 협업했던 경험과 그 과정에서 본인이 수행한 역할, 그리고 해당 경험을 통해 얻은 것은 무엇인지 작성해주세요. (500자 이내)

★ 이것만은 꼭! 팀워크를 발휘한 경험을 바탕으로 팀워크를 위해 중요하다고 생각하는 요소를 제시한다.

이 항목은 공동체적 마인드와 팀워크를 중시한 일화를 떠올려보며 화합과 책임감을 중요시하는 회사의 인재상에 부합한다는 점이 드러나도록 작성해야 한다. 따라서 단순히 학급 반장을 맡았던 사례나 동아리 간부를 맡았던 사례를 열거식으로 서술하기보다는 그 조직에서 자신이 팀원들과 어떻게 어울렸으며, 조직의 공동 목표를 추구하기 위한 자신의 역할이 무엇이었는지 구체적인 사례를 통해 작성하는 것이 좋다.

그리고 창의적인 방법이나 용기 있는 도전 정신으로 조직 안에서 리더십을 발휘했거나 자신이 속한 집단을 효율적으로 이끌었던 경험이 있다면 그런 사례와 함께 자신이 깨달은 점을 연결 지어 서술해야 한다. 이것은 곧 회사생활에서 보일 수 있는 리더십이나 공동체 의식을 드러낼 수 있는 항목이기 때문이다.

항목 5 소위 말하는 스펙(학교, 학점, 전공, 어학점수 등)을 제외하고 S-OIL이 귀하를 채용하기 위하여 반드시 알아야 할 것이 있다면 무엇이고 그 이유에 대하여 작성해주세요. (500자 이내)

★ 이것만은 꼭! S-OIL이 중요하게 여기는 부분과 관련한 다양한 경험을 제시한다.

국제적인 감각, 윤리 의식, 능동적인 행동을 통한 목표 달성 등 S-OIL이 중요하게 여기는 부분 중 하나를 선택하거나, 직무를 효율적으로 진행할 수 있는 역량을 선택해 작성하는 것이 좋다.

만약 국제적인 감각을 선택한다면 어떻게 국제적인 감각을 키웠는지에 대해 적어주면 된다. 윤리 의식이라면 자신의 윤리 의식에 대해 적고, S-OIL에 기여할 수 있는 부분에 대해 적어주면 된다.

주의해야 할 것은 국제적인 감각에 대해서 이야기할 때, 어학연수나 외국 여행을 다녀왔다는 사실만으로 국제적인 감각을 키웠다고 이야기하면 절대 설득력을 가질 수 없다는 점이다. 국제적인 감각은 어학연수나 외국 여행을 했을 당시에 국제 정세에 대해 파악할 수 있었다는 쪽을 강조하는 것이 상대적으로 좋다. 그뿐만 아니라 국제적인 감각은 외국이 아닌 국내에서도 신문 기사 또는 뉴스 확인, 각기 다른 관심사를 보유한 친구들과의 소통 등 다양한 경로로 얼마든지 갖출 수 있다는 점을 기억하도록 한다.

합격자소서 작성 TIP

● 국내뿐만 아니라 국제 에너지 시장에 대한 관심을 드러내며, 에너지 산업군에서 S-OIL이 가진 강점에 주목한다.
● S-OIL이 당신을 채용하는 데 반드시 알아야 할 것에 대해 작성하는 항목에서는 일반적인 장점이 아니라 기업 및 직무 수행에 도움이 되는 장점을 제시해야 한다.

08 포스코그룹

합격자소서 작성을 위한 기업분석

① 경영목표

포스코그룹은 사회의 한 구성원으로 임직원, 주주, 고객, 공급사, 협력사, 지역사회 등 여러 이해 관계자와 더불어 함께 발전하고, 배려와 공존, 공생의 가치를 함께 추구해 나가고자 더불어 함께 발전하는 기업시민이라는 경영이념과 With POSCO라는 비전을 수립했다.

비즈니스 파트너와 가치를 함께 만들어 가는 Business With POSCO, 더 나은 사회를 함께 만들어 가는 Society With POSCO, 신뢰와 창의의 기업문화를 함께 만들어 가는 People With POSCO라는 3개의 개혁방향을 제시하였다. 그리고 형식보다는 실질을 우선하고, 보고보다는 실행을 중시하고, 명분보다는 실리를 추구함으로써 가치경영, 상생경영, 혁신경영을 실현해 나가고자 한다.

> **더불어 함께 발전하는 기업시민**
> **With POSCO**

Business With POSCO	Society With POSCO	People With POSCO
비즈니스 파트너와 가치를 함께 만드는 포스코	더 나은 사회를 함께 만드는 포스코	신뢰와 창의의 기업문화를 함께 만드는 포스코

〈출처: 포스코그룹 기업 사이트〉

포스코그룹의 핵심가치는 안전, 상생, 윤리, 창의이다. '안전'은 인간 존중을 우선으로 직책보임자부터 솔선수범하여 실천 우선의 안전행동을 체질화하는 것, '상생'은 배려와 나눔을 실천하고 공생 발전을 추구하며 사회적 가치 창출을 통하여 함께 지속 성장하는 것이다. 한편 '윤리'는 사회 구성원 간 상호신뢰를 기반으로 하여 정도를 추구하고 신상필벌(信賞必罰)의 원칙을 지키는 것, '창의'는 열린 사고로 개방적인 협력을 통하여 문제를 주도적으로 해결하는 것이다.

기업분석 Key Word
- With POSCO: 더불어 함께 발전하는 기업시민이라는 경영이념을 내포한 포스코그룹의 비전
- 핵심가치: 안전, 상생, 윤리, 창의

② 지속가능경영

포스코그룹은 기업의 지속 가능성을 환경 및 사회적 책임을 바탕으로 경제적 성과를 이루어 내는 것이라고 정의하고 있다. 이를 위해 이해 관계자와의 신뢰를 바탕으로 책임 있는 경영 활동을 펼치고 고객과 사회를 위한 지속 가능한 솔루션을 제공하는 것을 지속가능경영 정책으로 제시하고 있다.

포스코그룹은 회사의 지속 가능성이 사회, 투자자, 파트너, 고객, 직원 등의 다양한 이해 관계자와의 장기적인 신뢰관계 구축 여부에 달려있다고 생각한다. 따라서 포스코그룹은 재무투자본부, 경영인프라본부, 철강사업본부, 철강생산본부에서 이해 관계자의 가치를 높이는 방법을 찾기 위해 내부 및 외부 이해 관계자와 지속적으로 커뮤니케이션하고 있다.

또한, 사회의 한 구성원으로 책임 있는 경영 활동을 하기 위해 노력하고 있다. 이를 위해 내부의 윤리규범, 안전보건정책, 인권정책 등 지속 가능한 성장책을 엄격히 준수하며 이러한 규정들이 국제적 글로벌표준과 통용될 수 있도록 하고 있다.

그뿐만 아니라 혁신을 통한 끊임없는 제품개발로 고객의 가치를 향상시키고자 한다. 포스코그룹은 글로벌 경쟁 우위를 확보하고 지속적으로 고객과 함께 성장하기 위해 노력할 것이며 이를 위해 고객을 위한 고부가가치를 제공하는 월드 프리미엄 제품개발과 진화된 솔

루션마케팅 실행을 통해 수익성 향상과 경쟁력 제고의 두 가지 성과를 모두 달성할 계획이다. 또한, 전 지구적인 지속 가능한 발전에도 기여할 수 있는 친환경, 고에너지효율의 기술 및 제품 연구개발도 꾸준히 추진할 예정이다.

기업분석 Key Word

- **지속가능경영:** 이해 관계자와의 신뢰를 바탕으로 책임 있는 경영 활동을 펼치고 고객과 사회를 위한 지속 가능한 솔루션을 제공

③ 인재상

포스코그룹은 주인의식을 가지고 배려와 존중의 마인드로 솔선하는 인재를 원하고 있다. 포스코그룹이 제시하는 구체적인 인재상을 함께 살펴보자.

실천하는 사람 (Action)	Business With POSCO 주인의식과 책임감을 가지고 매사에 결단력을 발휘하여 본연의 업무에 몰입하는 인재
배려하는 사람 (Consideration)	Society With POSCO 배려와 존중의 마인드로 상생을 실천하여 경제적·사회적 가치의 선순환을 추구하는 인재
창의적인 사람 (Creativity)	People With POSCO 희생과 봉사의 자세로 남보다 앞서 솔선하고 문제에 주도적으로 새로운 아이디어를 적용하는 인재

〈출처: 포스코그룹 채용 사이트〉

위의 인재상을 보면 포스코그룹은 주인의식과 책임감, 배려와 존중, 희생과 봉사의 자세를 가진 인재를 원한다는 것을 알 수 있다. 특히 3가지 개혁방향에 따른 인재상을 제시하고 있으므로 자소서를 작성할 때에도 기업의 비전을 달성하는 데에 기여할 수 있음을 드러내는 것이 좋다.

기업분석 Key Word

- **인재상:** 실천하는 사람, 배려하는 사람, 창의적인 사람

합격자소서 작성 가이드

① 포스코그룹 자소서 항목 (2020년 기준)

> 1. 본인의 회사선택 기준은 무엇이며, 포스코가 그 기준에 적합한 이유를 서술하시오. (1,800Byte)
> 2. 희망하는 직무를 수행함에 있어서 요구되는 역량은 무엇이라 생각하며, 이 역량을 갖추기 위한
>   노력 또는 특별한 경험을 기술하여 주십시오. (1,800Byte)
> 3. 가장 힘들었던 순간과 이를 극복한 과정에 대해 기술하여 주십시오. (1,800Byte)
> 4. 최근 국내외 이슈 중 한 가지를 선택하여 본인의 견해를 서술하시오. (1,800Byte)

② 항목별 작성법

항목 1 본인의 회사선택 기준은 무엇이며, 포스코가 그 기준에 적합한 이유를 서술하시오. (1,800Byte)

★ 이것만은 꼭! 기업이 가진 강점을 포함해야 한다.

기업 지원동기를 제시할 때는 기업이 속한 산업군의 비전과 해당 산업군에서 기업이 가진 강점에 초점을 두고 작성해야 한다. 기업의 강점과 더불어 기업의 비전을 실현하는 데 필요한 역량을 자신이 보유하고 있다는 것을 강조해야 한다.

예를 들어, 세계 에너지 발전 산업의 흐름에 대해 정리해보면 좋을 것이다. 현재 에너지 발전은 미국의 셰일가스로 인해 원유가 과잉 공급되고 있다. 그리고 앞으로 원자력 산업은 사양 산업이 될 것이고, 연료전지 등 신재생 에너지 산업이 주목받게 될 것이다. 이러한 흐름을 알고 있으면 지원동기에 에너지 산업에 관한 비전을 가지고 있음을 강조할 수 있으므로 보다 분명하게 지원동기를 드러낼 수 있다. 만약 기업문화를 기업 지원동기로 제시하고 싶다면 기업의 가치관과 자신의 가치관이 부합한다는 것을 드러내야 한다.

항목 2 희망하는 직무를 수행함에 있어서 요구되는 역량은 무엇이라 생각하며, 이 역량을 갖추기 위한 노력 또는 특별한 경험을 기술하여 주십시오. (1,800Byte)

★ 이것만은 꼭! 지원 직무에 필요한 역량을 자신이 보유한 역량과 연결한다.

이 항목은 직무 지원동기를 묻는 항목이다. 직무 지원동기의 경우, 자신이 지원한 직무

를 수행하는 데 충분한 역량을 갖추었다는 점을 분명하게 드러내야 한다. 직무와 관련된 경험에 대해 작성할 때는 해당 직무를 잘 수행할 수 있다는 잠재력을 보여주어야 한다. 여러 가지 경험을 나열하기보다는 한 가지 일화라도 역량을 갖추게 된 경위를 압축적으로 제시하고, 이러한 경험을 통해 어떤 역량을 갖추었으며 그 역량이 입사 후 어떻게 발휘될 수 있을지까지 연결 지어 작성해주면 더욱 좋다.

항목 3 가장 힘들었던 순간과 이를 극복한 과정에 대해 기술하여 주십시오. (1,800Byte)

★ 이것만은 꼭! 성취 경험 또는 실패 경험을 통해 얻은 바가 잘 드러나야 한다.

이 항목은 위기를 극복한 경험에 대해 물어보는 항목으로 성취 경험이나 실패 경험을 제시하면 된다. 성취 경험의 경우 경험의 과정과 그 경험을 통해 얻게 된 것이 무엇인지를 작성해야 한다. 이때, 포스코그룹의 인재상인 '실천하는 사람, 배려하는 사람, 창의적인 사람'과 관련되게 작성하는 것이 좋다. 예를 들어, 수행하기 어렵다고 판단했으나 자신이 맡은 일에 책임감을 갖고 끝까지 임해 완수할 수 있었던 경험이나 혁신적인 아이디어를 통해 목표를 빠르게 달성한 경험을 제시할 수 있을 것이다.

실패 경험 역시 경험의 과정과 그 경험을 통해 얻게 된 것이 무엇인지를 제시해야 한다. 또한, 실패 원인을 분석하여 이를 개선할 수 있는 방법까지 언급한다면 채점관에게 실패를 통해 배우고 더욱 발전하려 노력하는 인재라는 느낌을 줄 수 있다.

항목 4 최근 국내외 이슈 중 한 가지를 선택하여 본인의 견해를 서술하시오. (1,800Byte)

★ 이것만은 꼭! 포스코그룹과 관련된 최신 이슈에 대한 자신의 생각을 논리적으로 제시한다.

이 항목은 기업에 대한 지원자의 관심도와 관련 산업 및 사업 분야에 대한 이해도를 파악하기 위한 항목이다. 따라서 자소서를 작성하기 전에 포스코그룹에 관한 최신 이슈를 먼저 조사하고 분석하여 자신의 생각을 정리하는 작업이 선행되어야 한다.

본인의 생각을 논리적으로 기술하기 위해서는 글에서도 논리적인 구조가 명확히 드러나야 한다. 서론에서는 시장 상황을 제시하고 본론에서는 포스코그룹의 최근 이슈를 제시한 후, 결론에서는 포스코그룹이 앞으로 어떻게 해나가는 것이 좋은지에 대한 자신의 생각을 언급하며 마무리 지으면 된다.

합격자소서 작성 TIP

- 포스코그룹의 핵심가치에 대해 먼저 분석한 후 작성하는 것이 좋다.
- 직무 역량을 위한 노력, 지원동기는 모두 지원자의 직무 역량을 알아보기 위한 항목이므로 각 항목에서 지원한 직무에서 필요로 하는 역량과 관련된 자신의 강점, 노력 등이 분명히 드러나게 작성해야 한다.

09 NH농협은행

합격자소서 작성을 위한 기업분석

① 경영목표

NH농협은행은 추구하고 나아가야 할 미래상으로서 사랑받는 일등 민족은행을 비전으로 제시하고 있다. 여기서 '사랑받는 은행'은 고객, 임직원뿐만 아니라 국민 모두에게 사랑받는, 신뢰할 수 있는 은행을 말한다. 그리고 '일등은행'은 고객 서비스와 은행 건전성, 사회공헌의 모든 측면에서 일등이 되는 한국을 대표할 수 있는 은행을 말하며, '민족은행'은 100% 민족자본으로 설립된 은행으로 진정한 가치를 국민과 공유하는 존경받을 수 있는 은행을 말한다.

이러한 NH농협은행의 비전을 달성하기 위한 경영원칙인 NH농협은행 Way를 수립하였다. 다음의 NH농협은행의 경영원칙을 살펴보자.

고객의 기대를 초과 달성한다.	단순히 고객을 만족시키는 것이 아니라 변화를 선도하여 최고의 가치를 고객에게 제공한다.
최고의 인재를 육성한다.	형평성보다 공정성에 근거하여 인재를 평가하고 육성하여 경쟁력 있는 '농협금융인'을 양성한다.
사회에 공헌한다.	편협한 팀워크를 지양하고 전체 은행 관점에서 행동하며 성과를 함께 공유한다.
은행 부문 간 시너지 창출에 기여한다.	신뢰와 정직의 직업윤리를 바탕으로 정정당당히 경쟁하고 고객을 배려하여 사회로부터 존경받는 기업이 된다.

〈출처: NH농협은행 기업 사이트〉

위와 같은 NH농협은행의 경영원칙을 구체화하기 위해 NH농협은행은 임직원의 사고와 행동의 기준이 되는 4가지 <u>핵심가치</u>를 다음과 같이 제시하고 있다.

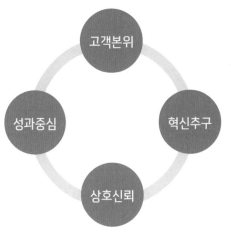

〈출처: NH농협은행 기업 사이트〉

'고객본위'는 정직과 신뢰를 바탕으로 항상 고객 중심으로 생각하고 행동하며 사회 구성원에 대한 책임 실현을 뜻한다. 그리고 '혁신추구'는 주어진 현실에 안주하지 않는 창의적인 접근으로 미래 시장을 선도해나가는 경쟁력을 확보하는 것을 뜻하며, '성과중심'은 최고가 되기 위한 도전적인 목표를 설정하고 전문성과 끝없는 열정으로 강력하게 실행하는 것을 의미한다. 마지막으로 '상호신뢰'는 신뢰와 정직의 직업윤리를 바탕으로 정정당당히 경쟁하고 고객을 배려하여 사회로부터 존경받는 기업이 된다는 것을 뜻한다. 이러한 핵심가치를 실천하기 위해 NH농협은행은 다양한 경영전략을 수립하고 있다.

기업분석 Key Word
- **비전**: 사랑받는 일등 민족은행
- **핵심가치**: 고객본위, 혁신추구, 성과중심, 상호신뢰

② 지속가능경영

NH농협은행은 경제적, 법적, 윤리적 책임 등을 다함으로써 농협의 이해 관계자인 고객, 농민조합원, 협력업체, 지역농·축협, 직원 등 모두가 함께 성장하고 발전하여 사랑과 신뢰를 받는 일등 민족은행을 만들고자 한다. 이러한 성장과 발전을 영위하기 위해 NH농협은행은 지속가능경영으로 <u>윤리경영</u>을 하고 있다.

NH농협은행의 윤리경영이 추구하는 가치는 농업인의 경제, 사회, 문화적 지위 향상과 농업경쟁력 강화를 통한 농업인의 삶의 질 향상, 국민경제의 균형발전에 이바지한다는 농협의 설립목적을 달성하는 데 있고, 궁극적인 목표는 부정을 저지르지 말자는 소극적 의미를 넘어 글로벌 스탠더드에 맞게 경영을 투명하게 하는 것이다. 이를 통해 NH농협은행은 신뢰를 확보하여 고객들에게 믿음을 주고 수익을 극대화하여 기업가치를 향상하고자 한다.

이러한 윤리경영은 기업의 시장 가치를 높이는 데 큰 몫을 하고 있다. 기업의 존재 이유는 이윤 추구이다. 그러나 제품의 차별점이 줄어들면서 소비자는 구매 결정 시 품질이나 서비스, 가격보다는 어떤 기업의 것인가를 중요시하게 되었다. 실제로 고객은 비윤리적인 기업의 제품을 구매하지 않는 경향이 있다. 이렇게 고객으로부터 기업의 신용도가 떨어지면 매출과 이익이 감소하게 되는 경우를 종종 보게 된다. 즉, 기업의 목적인 이윤 추구도 이해 관계자들의 신뢰를 얻어야 가능하며, 비윤리적인 경영은 장기적으로 기업에게 피해로 돌아오게 되는 것이다. 따라서 NH농협은행은 윤리적인 기업이 되고자 윤리경영을 강조하고 있다.

NH농협은행은 윤리경영의 비전 및 목표인 '신뢰받는 NH농협은행 구현'을 이루기 위한 추진전략으로 윤리규범, 전담조직, 실천프로그램을 운영하고 있다. 이러한 윤리경영 추진전략을 통해 NH농협은행의 이념과 비전, 경영전략을 숙지하고 윤리경영의 성공적인 성과를 달성하고 있다. 또한, 윤리경영 성과평가, 간부직원 청렴도평가, NH농협은행 윤리 수준 진단을 통해 스스로 평가하고 피드백하여 지금의 NH농협은행으로 발전해왔다. 2005년 도입기를 시작으로 현재의 NH농협은행은 윤리경영시스템 체계를 구축하고 윤리적인 기업문화가 정착될 수 있도록 노력하고 있다.

기업분석 Key Word

- **윤리경영**: NH농협은행의 지속가능경영을 위한 경영방침

③ 인재상

NH농협은행은 사랑받는 일등 민족은행으로 발돋움하기 위해 다음과 같은 <u>인재상</u>을 추구한다.

최고의 금융전문가	최고의 금융 서비스를 제공하기 위해 필요한 금융 전문 지식을 갖추고 부단히 노력하는 사람
소통하고 협력하는 사람	고객 및 조직 구성원을 존중하고 소통과 협력에 앞장서는 사람
사회적 책임을 실천하는 사람	도덕성과 정직성을 근간으로 고객과의 약속을 끝까지 책임지는 사람
변화를 선도하는 사람	다양성과 변화를 적극 수용하여 독창적 아이디어와 혁신을 창출하는 사람
고객을 먼저 생각하는 사람	항상 고객의 입장에서 고객을 먼저 생각하고 고객 만족에 앞장서는 사람

〈출처: NH농협은행 기업 사이트〉

'최고의 금융전문가'는 꾸준히 자기계발을 하는 인재를 말한다. 따라서 NH농협은행의 면접 전형에서도 오랜 시간 동안 자기계발을 위해 무엇을 해왔는가에 대한 질문이 주를 이룬다. 자신이 한 일에 대해 의미를 찾고 그것을 자기계발로 이끌어 낼 수 있는 역량을 갖춘다면 NH농협은행이 원하는 인재가 될 수 있을 것이다.

인재상의 '소통하고 협력하는 사람'은 조직 전체의 성과가 극대화될 수 있도록 노력하는 인재로 조화를 이끌어 내는 인재를 이야기한다.

'사회적 책임을 실천하는 사람'은 매사에 헌신적인 자세를 가지고 노력하는 성실한 인재를 말한다. NH농협은행의 인재상에서 가장 중요하며, 윤리경영에 기여할 수 있는 인재가 되어야 한다는 뜻이다.

'변화를 선도하는 사람'은 창의성을 가지고 적극적으로 행동하는 실천력을 갖춘 인재를 말한다. 실천하는 사람은 모두 아름답다. 실천이라는 것은 대단한 것이 아니다. 자신의 몸을 닦는 일, 즉 수신(修身)을 뜻한다. 「소학」의 글머리에는 이런 말이 있다. "사람을 가르치기를 물 뿌리며 쓸며, 어른 앞에서 응하고 대하며, 나가고 물러나는 절차와 어버이를 사랑하고 어른을 공경하며 스승을 존대하고 친구를 사귀는 도리로써 하였다. 이 모두가 몸을 닦고 집안을 가지런히 하고 나라를 다스리고 천하를 태평하게 하는 근본이 되는 것이다."

위의 말에서 물 뿌리고 쓰는 일이란 아침에 일어나 방안을 청소하는 일을, 응하고 대하는 일은 어른의 상대가 되어 이야기를 나누거나 물음에 대답하는 일을 말한다. 이것이 자신을 바르게 하는 일이요, 더 나아가 실천의 밑거름이 되는 것이다. 이렇듯 자신을 닦는 일로 실천을 하면 면접이든 자소서이든 문제없이 해나갈 수 있을 것이다.

마지막으로 '고객을 먼저 생각하는 사람'은 고객의 만족을 위해 항상 고객의 입장에서 생각하는 인재를 말한다. 정직과 신뢰를 바탕으로 고객 중심으로 생각하고 행동하여 사회 구성원에 대한 책임을 실현하는 핵심가치 '고객본위'와 관련 있는 인재상으로 볼 수 있다.

기업분석 Key Word

● **인재상:** 최고의 금융전문가, 소통하고 협력하는 사람, 사회적 책임을 실천하는 사람, 변화를 선도하는 사람, 고객을 먼저 생각하는 사람

합격자소서 작성 가이드

① NH농협은행 자소서 항목

1. 직업을 선택함에 있어 본인이 중요하게 생각하는 기준을 설명하고, 농협은행을 지원한 이유를 기술하시오. (농협은행 지원 이유/지원동기/지원을 위한 노력을 구체적으로 기술) (700자 이내)

2. 입사 후 10년 내에 직무와 관련하여 이루고 싶은 목표를 기술하고, 그 이유와 계획을 설명하여 주십시오. (직무 관련 목표/목표 수립 이유/목표 달성 위한 구체적 계획) (700자 이내)

3. 최근의 성공 또는 실패의 경험에 대해 설명하고, 그 경험에서의 결과를 앞으로 어떻게 활용해 나갈지 기술하시오. (700자 이내)

4. 농협은행의 인재상 중 본인이 가장 중요하다고 생각되는 한 가지를 선택하고, 그렇게 생각하는 이유를 사례를 통해 기술하시오. (농협은행의 인재상: 최고의 금융전문가, 소통하고 협력하는 사람, 사회적 책임을 실천하는 사람, 변화를 선도하는 사람, 고객을 먼저 생각하는 사람) (700자 이내)

5. 상기 문항 외에 자신을 PR할 수 있는 내용을 자유롭게 기술하시오. (700자 이내)

② 항목별 작성법

항목 1 직업을 선택함에 있어 본인이 중요하게 생각하는 기준을 설명하고, 농협은행을 지원한 이유를 기술하시오. (농협은행 지원 이유/지원동기/지원을 위한 노력을 구체적으로 기술) (700자 이내)

★ 이것만은 꼭! NH농협은행 및 지원 직무와의 적합성이 드러나게 작성한다.

이 항목은 지원자의 직업관을 알아보기 위한 것이다. 하지만 단순히 어떤 기준으로 기업과 직무를 선택했는지에 대해서만 설명하는 것이 아니라, 지원 기업과 직무에 대한 관심과 이해도가 높음을 어필할 수 있어야 한다. 기업분석 내용을 토대로 본인의 직업관이 기업의 비전, 핵심가치 등과 부합한다는 점이 잘 드러나게 작성하는 것이 좋다. 또한, 지원 직무에 필요한 역량이 무엇이라고 생각하는지를 작성하고, 그러한 역량을 갖추기 위해 어떠한 노력을 하였는지를 잘 보여줄 수 있는 사례를 함께 제시하도록 한다.

항목 2 입사 후 10년 내에 직무와 관련하여 이루고 싶은 목표를 기술하고, 그 이유와 계획을 설명하여 주십시오. (직무 관련 목표/목표 수립 이유/목표 달성 위한 구체적 계획) (700자 이내)

★ 이것만은 꼭! 기업의 비전과 맥락을 같이 하는 목표를 제시한다.

이 항목은 입사 후 포부를 묻는 것으로, 기업의 비전과 맥락을 같이하는 목표를 제시하는 것이 좋다. 기업이 비전을 이루는 데 중요한 것이 무엇인지 설명하고, 이에 보탬이 되기 위해 자신이 가지고 있는 역량을 토대로 어떻게 노력할 것인지를 보여주는 것이다. 이때 역량에는 전문성과 태도가 모두 포함될 수 있다는 점을 잊지 않도록 한다.

한편 자신이 기업에서 이루고 싶은 직무적 목표도 함께 제시한다면, 직무를 통해 회사에 기여하고자 하는 의지가 잘 드러날 것이다. 따라서 자소서를 작성하기 전에 새로운 금융상품 개발, 채권에 대한 이해도 제고 등 다양한 측면에서 자신이 회사에 기여할 수 있는 바가 무엇인지 정리해보도록 한다.

항목 3 최근의 성공 또는 실패의 경험에 대해 설명하고, 그 경험에서의 결과를 앞으로 어떻게 활용해 나갈지 기술하시오. (700자 이내)

★ 이것만은 꼭! 자신의 역량을 드러낼 수 있는 경험을 제시한다.

성공 사례와 실패 경험 중 어떤 사례를 제시할지 먼저 고민해봐야 한다. 이때 성공 사례를 통해 본인의 장점을 서술하는 방법도 있지만, 실패 경험을 통해 본인의 역량을 더 효과적으로 드러낼 수 있다. 실패 경험에 대해 작성할 경우, 문제 상황을 극복하는 과정에서 자신이 발휘한 역량을 제시함으로써 기업 및 직무에서 필요로 하는 역량을 보유하고 있다는 것을 강조할 수 있기 때문이다. 또한, 이러한 경험을 통해 어떤 점을 배웠고, 이러한 경험이 있기에 입사 후 직무를 수행하는 과정에서 비슷한 위기 상황에 놓였을 때 좀 더 유연하게 대처할 수 있음을 설명하는 것이 좋다.

항목 4 농협은행의 인재상 중 본인이 가장 중요하다고 생각되는 한 가지를 선택하고, 그렇게 생각하는 이유를 사례를 통해 기술하시오. (농협은행의 인재상: 최고의 금융전문가, 소통하고 협력하는 사람, 사회적 책임을 실천하는 사람, 변화를 선도하는 사람, 고객을 먼저 생각하는 사람) (700자 이내)

★ 이것만은 꼭! 자신의 경험을 입사 후 포부와 연결하여 설명한다.

이 항목은 기업이 추구하는 인재상에 맞는 인재인지, 충분한 직무 수행 능력을 보유한 인재인지를 알아보기 위한 문항이다. 따라서 NH농협은행이 추구하는 인재상과 부합하는 자신의 경험을 설득력 있게 설명하여 자신이 NH농협은행에 꼭 필요한 인재임을 드러내야 한다.

예를 들어, '최고의 금융전문가'를 선택할 경우 대학생활 중 금융/경제 동아리에서 적극적으로 활동한 경험이나 금융 자격증을 취득하기 위해 공부한 경험을 제시할 수 있다. 또는 금융 관련 지식이나 상품에 대한 이해가 중요한 역량 가운데 하나이므로, 이 부분을 어떻게 습득할 수 있었는지 보여주는 경험을 제시하는 방법도 있다. 그리고 이러한 경험을 통해 자신이 얼마나 성장하게 되었는지, 그리고 NH농협은행에서 어떠한 인재가 되고 싶은지 포부를 밝혀주는 것도 좋다.

항목 5 상기 문항 외에 자신을 PR할 수 있는 내용을 자유롭게 기술하시오. (700자 이내)

★ 이것만은 꼭! 직무와 관련지을 수 있는 주제를 선택한다.

이 항목에서는 앞에서 다루지 않은 부분을 제시하는 것이 좋다. 예컨대 성격의 장단점이나 취미/특기, 특별한 성취 경험 등 다양한 내용을 쓸 수 있다. 잊지 말아야 할 것은 직무와 관련된 강점을 보여줄 수 있어야 한다는 점이다.

만약 성격의 장단점을 선택했다면 지원 직무에 직접적으로 도움이 될 수 있는 장점과 본인의 단점을 극복하기 위한 그동안의 노력을 중심으로 작성하는 것이 좋다.

NH농협은행은 끊임없는 자기계발을 통해 성장하려 노력하는 인재를 선호하므로 취미와 특기에 대해 이야기하는 것도 좋은데, 이때 취미/특기 활동을 통해 얻게 된 성취와 결과물에 초점을 맞춰야 한다.

한편 NH농협은행의 사업 현황이나 농협 금융상품과 타 은행의 금융상품을 비교하는 등 산업 및 회사에 대한 충분한 관심과 지식을 갖추고 있음을 드러내는 것도 좋은 방법이다. 만약 비교 열위에 있는 부분에 대해 이야기하게 될 경우, 객관적인 평가와 함께 본인이 입사 후 지원 직무를 수행하면서 어떤 점을 보완할 수 있을지에 대해 덧붙이는 방식으로 작성하도록 한다.

합격자소서 작성 TIP

- 항목당 작성 분량이 많지 않지만, 세부적인 조건이 제시된 항목도 있으므로 답변을 작성한 후 각 문항의 요구 조건 중 누락된 내용이 없는지 반드시 확인한다.
- 농민의 삶의 질 향상과 서민금융 특화를 목표로 한다는 것이 NH농협은행이 타 은행과 차별화되는 부분이므로, 이 부분과 관련한 내용을 제시하는 것도 좋은 방법이다.

10 이랜드그룹

합격자소서 작성을 위한 기업분석

① **경영목표**

이랜드그룹은 패션, 음식, 생활, 레저 등 우리 생활 전반에 걸쳐 있는 회사로 창립 초부터 선진 경영 기법을 도입하여 생산은 '아웃소싱', 마케팅은 '프랜차이즈' 방식으로 운영하였다. 기획과 머천다이징 및 디자인 기능을 보유한 차별화된 사업 설계와 중저가 캐주얼 시장이라는 틈새시장을 개척하여 폭발적인 성장을 이루었다는 것이 특징이다.

이러한 이랜드그룹은 경영이념을 바탕으로 다시 한 번 더 큰 도약을 하려 한다. 다음의 이랜드그룹의 <u>경영이념</u>을 살펴보자.

나눔	**벌기 위해서가 아니라 쓰기 위해서 일합니다.** 기업은 소속되어 있는 직원의 생계와 기업에 투자한 사람들을 보호하기 위해 이익을 내야 합니다.
바름	**돌아가더라도 바른길을 가는 것이 지름길입니다.** 기업은 반드시 이익을 내야 하고, 그 이익을 내는 과정에서 정직해야 합니다.
자람	**직장은 인생의 학교입니다.** 직장은 인생의 모든 짐을 나누어 질 수 있는 사람의 공동체로 수고한 대로 거두는 법칙을 배우고, 인간관계를 통해 사랑과 용납을 배울 수 있어야 합니다.
섬김	**만족한 고객이 최선의 광고입니다.** 시장 가격이 아닌 소득 수준에 맞는 가격 정책과 고객을 왕으로 섬기는 바른 서비스로 '고객의 유익'을 먼저 생각하겠습니다.

〈출처: 이랜드그룹 채용 사이트〉

위와 같은 경영이념을 바탕으로 이랜드그룹은 소비자들에게 신뢰를 얻어내며, 6개의 주요 사업군이 23개국에 진출하여 성과를 내고 있다. 이러한 성과는 직원들에게도 빠른 성장의 기회를 제공하고 있다.

이랜드그룹의 <u>기업문화</u>는 크게 두 가지로 나눌 수 있다. 첫 번째는 기독교 문화이고, 다른 하나는 캠퍼스 문화이다.

이때 오해하지 말아야 할 것이 있다. 기독교 문화라고 해서 이랜드그룹이 기독교 회사라는 이미지를 가지면 안 된다. 정확하게는 이랜드그룹의 기업문화 요소 중에 기독교 문화의 영향이 자리 잡고 있다고 보아야 할 것이다. 그렇기 때문에 기독교 문화를 가진 회사라고 하더라도 자소서에서 종교에 대한 이야기는 가급적 지양하는 것이 좋다. 실제로는 직원들의 종교가 다양하며, 종교적인 이유로 채용 시 불이익을 당하는 일이 없다.

그리고 이랜드그룹은 젊은 회사이다. 전반적으로 직원들의 연령이 낮고 업무의 분위기도 자유로우며 인간관계도 수평적이다. 초기에는 캠퍼스 문화가 강했으나, 현재는 실적을 중시하는 분위기 때문에 약간 경직되어 있기도 하다. 그러나 일반적으로 다른 회사보다는 자유로운 분위기이다.

기업분석 Key Word

- **경영이념**: 나눔, 바름, 자람, 섬김
- **기업문화**: 기독교 문화와 캠퍼스 문화

② 지속가능경영

이랜드그룹은 패션, 외식, 유통, 호텔 & 레저, 건설, 엔터테인먼트 등 6개의 주요 사업 분야를 운영하고 있다. 이랜드그룹이 2000년 이후 계속해서 성장하게 된 배경에는 지식경영이 포함되어 있기 때문이다. 그렇다면 지식경영은 무엇인가? 지식경영은 지식을 확인해서 획득하고, 이로부터 새로운 지식을 생성하고 적용함으로써 가치를 창출하고 효율성을 높이는 것을 말한다. 지식경영에서 중요한 것은 지식의 획득과 창출이다. 특히 지식 획득은 지식 창출의 기반이 된다는 점에서 매우 중요하다.

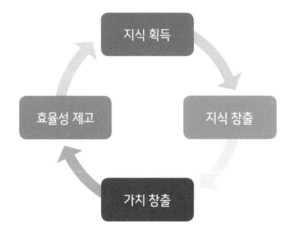

불충분한 지식 획득은 지식 창출을 어렵게 만든다. 지식 창출의 수준은 얼마나 넓고 깊이 있는 지식을 획득하는가에 달려 있는 것이다. 그래서 이랜드그룹의 자소서 항목에 책과 관련된 내용이 있는 것이다.

기업분석 Key Word

- **지식경영**: 지식 획득과 가치 창출을 통해 효율성을 높이는 것으로 이랜드그룹의 지속적인 성장의 근간이 되는 핵심 경영

③ 인재상

이랜드그룹은 미래를 만들어 가는 가능성에 높은 가치를 두고 있으며, 나눔, 바름, 자람, 섬김의 기본 경영이념 속에서 성숙한 인격과 탁월한 능력으로 고객을 섬길 전문가, 열정과 책임감을 갖춘 글로벌 인재를 원하고 있다. 다음 이랜드그룹의 인재상을 살펴보자.

성숙한 인격	• 주도적 사고로 긍정적 변화를 이끄는 인재 • 올바른 가치관을 가지고 정직한 비즈니스를 추구하는 인재 • 항상 동료와 고객 그리고 사회에 감사하는 인재
탁월한 능력	• 고객의 입장에서 생각하고 행동하는 인재 • 모든 것에서 배우고 끊임없이 성장하려는 인재 • 미래를 예측하고 준비하는 글로벌 마인드를 가진 인재

〈출처: 이랜드그룹 기업 사이트〉

그렇다면 구체적으로 이랜드그룹은 어떤 인재를 원하는 것일까? 어떤 획일화된 틀에 맞춰져 있는 사람보다는 개성을 가진 인재들이 자신들만의 지식과 정보를 토대로 무형의 문화를 만들어 가는 것이 이랜드그룹의 기업문화다. 이러한 점을 고려한다면 이랜드그룹의 인재상은 주도적 사고·정직·감사 정신을 가진 올바른 인재, 고객가치 창조·배우려는 자세·글로벌 비전의 역량을 가진 탁월한 인재라고 할 수 있다.

기업분석 Key Word

- **인재상:** 주도적 사고 · 정직 · 감사 정신을 가진 올바른 인재, 고객가치 창조 · 배우려는 자세 · 글로벌 비전의 역량을 가진 탁월한 인재

합격자소서 작성 가이드

① 이랜드그룹 자소서 항목 (2020년 기준)

1. 삶을 통해 이루고 싶은 인생의 비전 또는 목표 3가지를 우선순위 순으로 적어 주십시오. (각 120Byte)
2. 자신이 다른 사람과 구별되는 능력이나 기질을 3가지 써주십시오. (각 120Byte)
3. 자신의 인생에 가장 영향을 끼친 사건 3가지를 든다면? (각 120Byte)
4. 살아오면서 자신이 성취한 것 중 자랑할 만한 것을 1~2가지 소개해주십시오. (100자 이내)
5. 후배에게 추천하고 싶은 책 3권을 중요한 순서대로 적어 주십시오. (각 150Byte)
6. 즐겨 찾는 인터넷 사이트 3가지와 그 이유를 설명해주십시오. (각 150Byte)
7. 자신에게 있어서 직장생활의 의미를 써 주십시오. (200자 이내)
8. 지원동기를 구체적으로 적어 주십시오. (500자 이내)
9. 위에서 표현되지 못한 자기소개를 간단하게 적어 주십시오. (1,600자 이내)

② 항목별 작성법

항목 1 삶을 통해 이루고 싶은 인생의 비전 또는 목표 3가지를 우선순위 순으로 적어 주십시오. (각 120Byte)

★ 이것만은 꼭! 기업의 가치관과 부합하는 자신의 가치관을 드러내야 한다.

이랜드그룹의 자소서 항목은 작성 분량이 짧기 때문에 간결하게 한 문장으로 임팩트를 주는 것이 중요하다. 삶에서 이루고 싶은 비전 또는 목표를 작성하되, 지극히 개인적인 것이 아닌 이랜드그룹의 비전 및 목표와 관련이 있는 자신의 비전과 목표를 제시하도록 한다. 이를 위해 이랜드그룹의 경영이념인 나눔, 바름, 자람, 섬김을 구체화할 수 있는 방안에 대해 생각해보면 도움이 될 것이다.

항목 2 자신이 다른 사람과 구별되는 능력이나 기질을 3가지 써주십시오. (각 120Byte)

★ 이것만은 꼭! 자신의 장점 중 기업이나 직무와 연관이 있는 것에 대해 작성한다.

이 항목은 본인에 대해 이해를 잘하고 있는지, 기업에 어떠한 기여를 할 수 있는지 드러내야 하는 항목이다. 따라서 여기에서 제시되어야 할 능력 및 기질은 다른 지원자들보다 더욱 직무에 적합하다는 것을 증명해줄 수 있는 능력이나 기질이어야 한다. 이 역량을 자신이 보유하고 있다는 것이 더욱 설득력을 얻기 위해서는 역량을 보유하게 된 배경이나 역량을 통해 얻은 점을 함께 제시해야 한다. 예를 들면, '토론 대회 참석을 통해 신장된 다방면의 사고력' 등과 같은 방식으로 서술할 수 있을 것이다.

항목3 자신의 인생에 가장 영향을 끼친 사건 3가지를 든다면? (각 120Byte)

★ 이것만은 꼭! 가치관 형성에 영향을 미친 사건을 소재로 작성해야 한다.

이 항목에서는 자신이 현재 보유하고 있는 가치관이 형성되었던 사건을 언급해야 한다. 간단하게 써야 하기 때문에 사건을 먼저 제시하고, 사건이 일어난 뒤 생기게 된 자신의 가치관을 써주면 된다. 가치관을 제시하는 것이 어렵다면 깨달음이 컸던 경험을 제시하고 그 깨달음이 무엇이었는지를 간단하게 작성할 수도 있다.

항목4 살아오면서 자신이 성취한 것 중 자랑할 만한 것을 1~2가지 소개해주십시오. (100자 이내)

★ 이것만은 꼭! 가시적인 결과물이 있는 것을 언급하도록 한다.

이 항목에서는 되도록 가시적인 결과물을 제시하는 것이 좋다. 작성 분량이 적으므로 객관적으로 바로 확인할 수 있는 수치를 적어주는 것이 성취를 강조할 수 있는 가장 좋은 방법이다. 되도록 직무와 관련 있는 공모전, 팀 프로젝트 등의 결과를 제시하되, 1등이나 우승이 아니더라도 실제로 얻은 결과를 제시하여 자신이 성취한 것에 대한 객관성 및 설득력을 확보하도록 한다. 이때 결과물을 얻는 데 도움이 되었던 본인의 역량과 강점을 함께 제시한다면 더욱 더 좋을 것이다.

항목5 후배에게 추천하고 싶은 책 3권을 중요한 순서대로 적어 주십시오. (각 150Byte)

★ 이것만은 꼭! 다양한 분야의 책을 고르고 그 이유를 분명하게 드러낸다.

이 항목은 이랜드그룹의 지식경영과 관련이 있다. 평소에 단지 인터넷 사이트나 단편적인 뉴스 기사만 보는 것이 아니라 정보의 근원이 되는 책을 읽고 있는지를 확인하기 위한 항목이다. 단 한 분야의 책들을 추천하기보다는 다양한 분야의 책을 고르되 고른 이유를 짧게 제시한다. 자기계발서를 고르는 지원자가 많은데 이보다는 문학, 철학 등의 인문학 관련 서적이 채점관에게 더 좋은 인상을 줄 수 있다.

항목 6 즐겨 찾는 인터넷 사이트 3가지와 그 이유를 설명해주십시오. (각 150Byte)

★ 이것만은 꼭! 인터넷 사이트에서 습득하는 것이 무엇인지 분명하게 드러낸다.

이 항목을 작성할 때 주의해야 할 점은 이랜드그룹이 패션과 관련된 사업을 중점으로 하고 있다고 해서 무조건 패션과 관련된 사이트를 적으면 안 된다는 것이다. 패션의 트렌드를 알기 위해서는 사회·경제적 관념이 있어야 하기 때문에 이와 관련된 지식을 습득할 수 있는 사이트를 언급하는 것이 좋다. 그뿐만 아니라 기업이 속한 산업군의 동향, 직무 역량 개발, 본인 발전의 측면과 관련 있는 사이트를 언급하는 것이 이상적이다.

더불어 해당 인터넷 사이트를 즐겨 찾는 이유로 인터넷 사이트에서 무엇을 습득할 수 있는지를 이유로 제시하여 설득력을 강화하도록 한다. 예를 들어, 평소 사회이슈에 관심이 많으나, 양질의 정보를 선별하기 어려워서 빠르게 중요한 사회·경제적 이슈를 파악하기 위해 특정 사이트를 자주 이용한다는 식으로 서술할 수 있을 것이다.

선생님, 질문 있어요! ?

사회·경제적 이슈를 습득할 수 있는 인터넷 사이트로는 어떤 것이 있나요?

윤종혁 선생님의 Advice

대표적으로 다양한 사회이슈를 파악할 수 있는 아젠다넷 사이트(www.agendanet.co.kr)나 경제·경영 이슈 및 연구 보고서를 확인할 수 있는 LG경제연구원 사이트(www.lgeri.com)가 있습니다. 이랜드그룹뿐 아니라 다른 기업의 자소서에도 사회이슈를 묻는 항목이 있으므로 평소에 이러한 사이트들을 통해 다양한 사회이슈에 대한 정보를 습득하고 자신의 견해를 정리해두면 자소서 작성에 많은 도움이 될 것입니다.

항목 7 자신에게 있어서 직장생활의 의미를 써 주십시오. (200자 이내)

★ 이것만은 꼭! 직장은 가치관을 실현할 수 있는 장이라는 것을 강조한다.

이 항목은 지원자의 직장에 대한 소명 의식을 알아보기 위한 항목으로 이랜드그룹의 경영이념 중 '사람'의 내용에서 나온 '직장은 곧 학교'라는 말과 관련이 있는 항목이다. 이 항목에서는 직장은 자신의 가치관을 실현할 수 있는 공간이 되어야 하고, 직장에서 일의 성취가 곧 자신의 성취라는 생각을 드러내야 한다.

항목 8 지원동기를 구체적으로 적어 주십시오. (500자 이내)

★ 이것만은 꼭! 자신이 가진 특정한 종교를 언급하거나 강조하는 것은 지양하도록 한다.

이 항목에서 자신의 종교를 밝히는 사람이 종종 있는데, 가급적 종교는 밝히지 않는 것이 좋다. 이랜드그룹은 특정한 종교를 가진 사람을 채용하는 것이 아니라 '나눔과 섬김'이라는 종교적인 정신을 가지고 있는 사람을 채용하기 때문이다. 그러므로 단순히 '이랜드그룹과 관련 있는 종교를 가지고 있기 때문에 지원한다'라는 식의 말은 지양해야 한다. 이 항목에서는 이랜드그룹이 강조하는 젊음과 나눔, 섬김, 그리고 지식 사회에서의 개인의 성취에 대해 언급한 후 이 부분에 부합하는 자신의 생각을 강조하거나 산업군에서 이랜드그룹이 가진 강점과 관련지어 지원동기를 제시할 수 있을 것이다. 직무 지원동기를 묻는 항목이 따로 있지 않으므로 직무 역량 보유를 근거로 자신이 직무에 적합함을 보여주는 것도 좋은 지원동기가 될 수 있다.

항목 9 위에서 표현되지 못한 자기소개를 간단하게 적어 주십시오. (1,600자 이내)

★ 이것만은 꼭! 직무에 대한 강점과 회사에 어떤 기여를 할 것인지를 밝힌다.

이랜드그룹 자소서 항목의 경우 분량도 적고, 각 항목에서 요구하는 내용도 다른 기업에 비해 매우 구체적이다. 이 항목이야말로 다른 항목에서 보여주지 못한 부분을 드러낼 수 있는 좋은 기회이다. 직무 지원동기, 직무 역량, 입사 후 포부, 목표 달성/위험 극복 경험 등 다양한 내용을 제시할 수 있다. 이때, 그 내용이 무엇이든 간에 자신이 회사에 기여할 수 있는 바를 드러내야 한다는 것에 유의해야 한다.

이 항목은 다른 항목에 비해 상대적으로 작성 분량에 여유가 있는 편이다. 따라서 가장 강조하고 싶은 것을 먼저 제시하고, 이를 뒷받침하는 사례, 이 사례를 통해 배운 점, 이 점이 회사에 기여할 수 있는 바가 모두 드러나도록 한다. 지루한 내용이 되지 않도록 2개 이상의 내용을 제시하는 것도 좋은 방법이다.

합격자소서 작성 TIP

- 일부 항목을 제외하고는 대부분의 항목이 작성 분량이 매우 짧은 편이므로 간결하고 명확한 문장으로 요점만 전달한다.
- 후배에게 추천하는 책, 즐겨 찾는 인터넷 사이트와 관련한 항목은 언급하는 책과 사이트의 객관적 의미가 아닌 자신에게 어떤 의미가 있는지가 기술되어야 한다.
- 이랜드그룹은 직장을 직원이 성장하는 공간으로 간주하므로 입사 후 지속적인 자기계발의 의지를 드러내는 것이 좋다.
- 자기소개 항목은 자기가 직무에 어떠한 강점이 있는지 보여주는 장이 되어야 하며, 입사 후 포부로 마무리하는 것이 이상적이다.

11
GS칼텍스

합격자소서 작성을 위한 기업분석

① 경영목표

GS칼텍스는 에너지 기업으로서 환경적인 측면에 관심이 매우 많으며 비전 또한 환경에 대한 관심을 나타내고 있다. 다음 GS칼텍스의 비전을 살펴보자.

환경 변화에 앞서가는
Energy & Chemical
Partner

최고의 가치 구현
에너지와 화학 분야에서 세계 최고 수준의 가치를 구현하겠습니다.

지속적인 성장 동반자
고객, 투자자, 지역사회와 국가, 그리고 조직 구성원 모두와 함께 지속적으로 성장해 나가는 동반자가 되겠습니다.

〈출처: GS칼텍스 기업 사이트〉

이러한 비전을 달성하고자 GS칼텍스는 윤리경영과 지속가능경영을 강화하고 구성원들이 곧 회사임을 인식하여 GSC Way를 실천하고 있다. GSC Way의 실천은 구성원들이 서로 믿고 존중하는 '신뢰', 열린 사고와 행동으로 다양성을 추구하는 '유연', 높은 목표를 설정하고 과감하게 시도하는 '도전', 최고를 지향하는 '탁월'이라는 조직가치와 먼저 생각하고 앞서 실행하는 '선제 행동', 대내외 자원과 역량을 결집하는 '상호 협력', 가시적인 성과를 만들어내는 '성과 창출'이라는 핵심행동을 통해 구현된다.

- **비전:** 에너지와 화학 분야에서 세계 최고 수준의 가치를 구현하고 이해 관계자 모두와 지속적인 성장 동반자가 되어 환경 변화에 앞서가는 Energy & Chemical Partner

② 지속가능경영

GS칼텍스는 **지속가능경영**이 곧 기업의 사회적 책임(CSR: Corporate Social Responsibility)이자 기업 존속의 조건이라고 생각한다. GS칼텍스는 CSR 전략체계와 CSR 위원회를 운영하면서 ESG(환경·사회·거버넌스) 각 분야에 대한 철저한 리스크 관리를 바탕으로 지속가능경영을 추구하려는 노력을 보이고 있다.

지속가능경영을 실천하기 위해 GS칼텍스는 모든 경영 활동에서 기업 윤리의 준수를 우선적으로 고려하며, 모든 업무를 투명하고 공정하게 수행하고 있다. 고객, 협력사, 임직원, 주주, 국가와 사회, 세계까지 GS칼텍스의 경영 활동이 영향을 끼치는 모든 대상에 대한 윤리규범을 제정하여 실천 중이다. 그리고 CEO의 강력한 윤리경영 추진 의지를 바탕으로 회사 전체적인 차원의 공감대를 형성하고 투명성과 정직성을 기업문화로 내재화시키는 노력을 하고 있다.

GS칼텍스는 이러한 지속가능경영을 매년 보고서로 작성하고 있으므로 GS칼텍스 기업 사이트를 방문하여 직접 확인해보는 것도 GS칼텍스의 지속가능경영을 이해하는 데 큰 도움이 될 것이다.

기업분석 Key Word

- **지속가능경영:** CSR 전략체계와 CSR 위원회 운영으로 ESG(환경·사회·거버넌스) 각 분야의 철저한 리스크 관리로 지속가능경영을 추구

③ 인재상

GS칼텍스는 조직가치에 기반을 두어 선제적으로 행동하고 자원과 역량을 최대한 활용하여 가시적인 성과를 창출하는 인재를 원하고 있다. GS칼텍스의 인재는 자신의 역할이 무엇인지 정확히 알고 성실히 수행한다. 그뿐만 아니라 다른 이들과 함께 최고라는 목표를

이루고자 노력한다는 특징이 있다. 자세한 GS칼텍스의 <u>인재상</u>은 다음과 같다.

신뢰	자신의 역할을 다하며 서로 믿고 존중한다.
유연	열린 사고와 행동으로 다양성을 추구한다.
도전	높은 목표를 설정하고 과감하게 시도한다.
탁월	구성원과 조직 모두가 최고를 지향한다.
선제 행동	먼저 생각하고 앞서 실행한다.
상호 협력	대내외 자원과 역량을 결집한다.
성과 창출	가시적인 성과를 창출한다.

〈출처: GS칼텍스 기업 사이트〉

위의 인재상의 공통점을 살펴보면 GS칼텍스는 다른 기업들보다 훨씬 더 실천적이고 적극적인 인재를 원한다는 것을 알 수 있다. 유연하게 다양성을 받아들이면서 실패를 하더라도 적극적으로 일을 추진하는 과감한 시도를 할 수 있는 인재가 필요한 것이다.

기업분석 Key Word

- **인재상:** 다양한 가능성을 고려해보고 적극적으로 도전 및 실천하는 인재

합격자소서 작성 가이드

① GS칼텍스 자소서 항목

> **1.** GS칼텍스에 지원한 이유는 무엇입니까? (300자 이내)
>
> **2.** 남들과 차별화되는 본인만의 특별함(능력/경험 등)은 무엇입니까? (300자 이내)
>
> **3.** 본인을 가장 잘 표현할 수 있는 단어와 그 이유를 서술하시오. (300자 이내)

② 항목별 작성법

항목 1 GS칼텍스에 지원한 이유는 무엇입니까? (300자 이내)

★ **이것만은 꼭!** 기업 비전과 연관 지어 기업 지원동기를 작성한다.

GS칼텍스에 지원한 이유는 여러 가지가 있을 수 있지만 GS칼텍스가 해당 산업군에서 가진 강점을 제시하고, 자신이 함께 GS칼텍스의 비전을 달성해나가고자 한다는 식으로 작성하는 것이 좋다. GS칼텍스는 에너지와 화학 분야에서 최고 수준의 가치를 구현하고 이해 관계자 모두와 지속적인 성장 동반자가 되어 환경 변화에 앞서간다는 비전을 가지고 있으므로 이와 관련된 자신의 가치관을 제시하고 비전을 구현하는 데 자신이 어떤 역할을 할 수 있을지에 대해 작성하면 된다.

항목 2 남들과 차별화되는 본인만의 특별함(능력/경험 등)은 무엇입니까? (300자 이내)

★ **이것만은 꼭!** 지원 직무와 관련된 자신의 역량을 제시해야 한다.

자신이 보유한 역량이 지원 직무에서 필요한 역량이라는 것을 먼저 밝히고, 해당 역량을 보유하게 된 경험을 구체적으로 작성한다. 직무에서 필요한 역량이 너무 추상적인 경우 역량의 기반이 되는 요소와 관련된 구체적인 경험을 제시하여 역량을 구체적으로 보여줄 필요가 있다. 예를 들어, 문제해결 능력을 강조하고 싶다면 문제해결 능력의 기초가 될 수 있는 창의력, 협상 능력 등과 관련한 경험을 제시한 후 이를 통해 문제해결 능력을 보유하고 있음을 강조할 수 있다.

항목 3 본인을 가장 잘 표현할 수 있는 단어와 그 이유를 서술하시오. (300자 이내)

★ 이것만은 꼭! 기업에 기여할 수 있는 자신만의 직무 역량 또는 성격을 강조한다.

이 항목에서는 자신이 직무에 필요한 역량과 성격을 갖추고 있음을 함축적으로 드러내야 한다. 단, 본인을 표현할 수 있는 단어를 선정할 때 너무 뻔한 관용적 표현이나 추상적인 말은 지양하도록 한다. 작성 분량이 짧은 편이므로 이유를 길게 설명하지 않아도 직관적으로 이해할 수 있는 단어를 제시하는 것이 채점관에게 좋은 인상을 줄 수 있기 때문이다.

또한, 그러한 강점을 바탕으로 지원 직무에서 이루고 싶은 목표를 제시하고, 이것이 GS칼텍스가 발전하는 데에 도움을 줄 수 있음을 강조하여 마무리하도록 한다.

합격자소서 작성 TIP

- 경험을 구체적으로 보여 줄 때는 경험 배경과 과정을 제시하고, 경험을 통해 얻은 바를 어떻게 회사생활에 접목시킬지 제시할 수 있어야 한다.
- 지원동기와 입사 후 포부를 자연스럽게 연결하는 가장 쉬운 방법은 '직무 역량'을 매개체로 사용하는 것이다.

12 아모레퍼시픽

합격자소서 작성을 위한 기업분석

① 경영목표

아모레퍼시픽은 세상을 바꾸는 아름다움을 창조하는 원대한 기업(Great Brand Company)으로 도약하는 것을 경영목표로 하고 있다. 원대한(Great) 성장을 위해 모든 측면에서의 최고를 지향함은 물론, 환경에 대한 영향을 최소화하고 사람 중심의 경영을 통해 사회적인 책임을 다하는 기업이 되기 위해 최선을 다하고 있다.

아모레퍼시픽은 아름다움으로 세상을 변화시켜나가겠다는 꿈을 향한 소명으로 인류봉사, 인간존중, 미래창조를 제시하고 있다. 그리고 Asian Beauty Creator로서 필요한 특성과 덕목을 다음과 같은 5가지 핵심가치로 제시하고 있다.

개방(Openness)	세상을 향해 우리의 생각과 마음을 활짝 엽니다.
정직(Integrity)	모든 일에 진심을 다합니다.
혁신(Innovation)	끊임없이 새로운 방법을 찾아나갑니다.
친밀(Proximity)	고객의 마음을 헤아리고 늘 그 곁에 있습니다.
도전(Challenge)	안주하지 않고 한계를 뛰어넘습니다.

〈출처: 아모레퍼시픽 기업 사이트〉

위의 핵심가치에서 '개방'은 미의 대중화에 앞장서고 세계화에 앞장서는 기업이 되는 것, '정직'은 기술과 정성으로 아름다움과 건강을 창조하여 인류에 공헌하는 것, '혁신'은 아름다움으로 세상을 바꾸겠다는 소명 아래 미래를 창조하는 것, '친밀'은 아모레퍼시픽의 뿌

리인 너그러움과 인정을 통해 사업을 번창시키는 것, '도전'은 태평양 너머 더 넓은 세상을 변화시키겠다는 철학을 바탕으로 한 도전 정신을 의미한다.

기업분석 Key Word

- **경영목표**: 원대한 기업(Great Brand Company)으로의 도약
- **소명**: 인류봉사, 인간존중, 미래창조
- **핵심가치**: 개방, 정직, 혁신, 친밀, 도전

② 지속가능경영

아모레퍼시픽은 자연과 사람, 기업이 조화롭게 공존하는 모습 속의 아름다움을 추구하는 기업이다. 아모레퍼시픽은 2020 지속가능경영 목표를 통해 다양한 이해 관계자들이 일상 속에서 지속 가능한 라이프 스타일을 실현할 수 있도록 돕고, 경제적·사회적 공동체와 함께 포용적으로 성장하며 미래 세대를 위한 순환 경제 달성에 기여하고자 한다.

지속 가능 라이프 촉진	• 신제품에 지속 가능성 구현 • 지속 가능한 매장 구현 • 가치 소비 확산
함께하는 성장 구현	• 일하기 좋은 회사 구현 • 파트너 동반성장 • 사회 긍정적 영향력 강화
순환 경제 기여	• 탄소 중립 추진 • 자원 효율성 혁신

(출처: 아모레퍼시픽 기업 사이트)

'지속 가능 라이프 촉진'은 제품과 매장 및 브랜드 활동을 혁신하여 누구나 손쉽게 지속 가능한 삶의 방식을 실천할 수 있도록 하는 것이다. '함께하는 성장 구현'은 임직원과 비즈니스 파트너, 그리고 지역사회와 함께 포용적으로 성장하기 위한 아모레퍼시픽의 노력이다. 마지막으로 '순환 경제 기여'는 온실가스 배출량을 줄이고 신재생 에너지의 사용을 확대하며 자원 효율성을 제고하여 미래 세대가 누릴 자연과 생태를 보전하고자 하는 활동으로, 기업 활동의 전 과정에 걸쳐 순환 경제를 실현하기 위해 노력하고 있다.

● **2020 지속가능경영 목표:** 지속 가능 라이프 촉진, 함께하는 성장 구현, 순환 경제 기여

③ 인재상

아모레퍼시픽이 추구하는 <u>인재상</u>의 핵심은 창의적 장인(Creative Master)으로, 장인의 전문성을 바탕으로 공감과 몰입을 통해 이제껏 없던 새로운 생각과 방법으로 미의 영역을 개척해나가는 사람을 의미한다. 이에 따른 아모레퍼시픽의 인재상은 다음과 같다.

공감 (Empathy)	아름다워지고자 하는 고객의 마음을 함께 절실히 느끼고, 성장하고자 하는 동료의 바람을 지지하며, 더 나은 사람이 되고자 하는 스스로의 의지를 굳건히 하는 사람
몰입 (Engagement)	공감이 있기에, 자신의 일을 사랑하게 되며 또한 깊게 집중하게 되므로 일 자체로 기쁨을 느끼는 사람
전문성 (Professionalism)	고객의 바람과 요구를 구체적으로 이해하고, 이를 충족시키기 위한 방법들을 찾고 만들어 가는 사람
창의 (Creativity)	어느 날 불현듯 찾아오는 순간의 영감이 아닌, 이미 아는 것에 새로운 것을 더하고, 생각과 질문을 반복하는 사람

〈출처: 아모레퍼시픽 기업 사이트〉

아모레퍼시픽이 '공감'의 대상으로 삼은 자는 고객, 동료, 자기 자신이라고 할 수 있다. 고객의 니즈를 파악하며, 동료의 마음을 공감하여 협업하고, 스스로 발전할 수 있는 길을 모색하는 사람이 바로 공감 능력이 뛰어난 사람이라고 볼 수 있다. 그리고 아모레퍼시픽은 '몰입'이 공감에서 출발하는 것이라고 정의하고 있다. 즉, 자신을 믿는 마음이 있고 자신이 하고 있는 일에 대해 자신감을 가지고 자아성취를 할 수 있는 사람을 원하는 것이다.

또한, '전문성'을 가진 사람은 고객의 니즈를 파악한 후 방법을 제시하는 사람을 말한다. 단순히 공감이 아니라 그것을 넘어 방법까지 제시할 수 있는 사람이 아모레퍼시픽이 원하는 전문가이며, 기존 영역에서 새로운 것을 찾고 만들어 내는 사람이 바로 '창의'를 가진 인재라고 정의하고 있다.

기업분석 Key Word
● **인재상:** 창의적 장인을 위한 공감, 몰입, 전문성, 창의

합격자소서 작성 가이드

① 아모레퍼시픽 자소서 항목 (2019년 기준)

1. 귀하가 회사를 선택하는 기준이 무엇이며, 왜 그 기준에 아모레퍼시픽이 적합한지 기술하시오. (600자)

2. 본인이 선택한 직무에 대해 아래 내용을 포함하여 기술하시오. (800자)
   ① 직무를 선택하게 된 이유, ② 직무를 수행함에 있어 예상되는 어려움, ③ 이를 극복해 나갈 수 있는 본인만의 강점(관련 경험 기반)

3. 본인의 성장과정에서 가장 기억에 남는 경험은 무엇이었나요? 그 이유와 과정 속에서 본인이 했던 행동과 생각, 이를 통해 느끼고 배운 점을 구체적으로 기술하시오. (600자)

4. 아모레퍼시픽그룹은 아름다움으로 세상을 변화시키겠다는 특별한 소명을 가지고 있습니다. 세상을 변화시키는 아름다움이 왜 필요한지 정의하고 입사한다면 이러한 소명을 어떻게 실현할 수 있을지 기술하시오. (600자)

5. 아모레퍼시픽그룹 핵심가치(개방, 정직, 혁신, 친밀, 도전) 중 본인에게 가장 부합하는 하나를 선택하고, 지원 직무를 수행하는 데 있어 해당 가치를 어떻게 발휘할 수 있을지 앞으로의 목표(비전) 및 계획에 대해 기술하시오. (600자)

② 항목별 작성법

항목 1 귀하가 회사를 선택하는 기준이 무엇이며, 왜 그 기준에 아모레퍼시픽이 적합한지 기술하시오. (600자)

★ **이것만은 꼭!** 자신의 직업관과 아모레퍼시픽의 경영철학을 연결 지어 작성한다.

이 항목에서 중요한 것은 본인의 직업관을 글로 표현하는 것이다. 기업분석에서 살펴보았듯이 아모레퍼시픽은 철학적인 기업경영을 하고 있는 회사이다. 그러므로 본인의 직업관을 정확하게 보여주는 것이 매우 중요하다.

직업관을 작성할 때는 기업분석을 바탕으로 아모레퍼시픽이 중요시하는 가치를 파악하는 것이 선행되어야 한다. 그러나 아모레퍼시픽이 가지고 있는 철학을 단순히 모방하여, 마치 그것이 자신의 직업관인 것처럼 이야기해서는 안 된다. 그보다는 직업인으로서 사회와 문화에 어떤 영향을 주고 싶은지에 대한 직업관을 제시하고, 이를 아모레퍼시픽의 경영철학과 연결하는 것이 좋다. 자신의 경험 자체를 서술하기보다는 어떤 경험을 통해 지금의 직업관을 가지게 되었고, 그것이 아모레퍼시픽의 경영철학이나 사업과 어떤 관련성이 있는지를 설명한다면 좋은 자소서가 될 것이다.

항목2 본인이 선택한 직무에 대해 아래 내용을 포함하여 기술하시오. (800자)
① 직무를 선택하게 된 이유, ② 직무를 수행함에 있어 예상되는 어려움, ③ 이를 극복해 나갈 수 있는 본인만의 강점(관련 경험 기반)

★ 이것만은 꼭! 자신의 직무 적합성을 강조하여 작성한다.

이 항목에서는 본인의 직무 적합성을 나타낼 수 있다. 단순히 본인이 선택한 직무와 잘 맞을 것 같다는 느낌으로는 적을 수 없는 항목이다. 예컨대 기획이라면 회사의 비전과 경영전략을 수립하는 직무이다. 그러므로 대내외 정보를 수집하고 분석한 경험이 있다면 그것과 연결할 수 있다. 마케팅이라면 시장환경을 분석하는 직무이므로 시장을 분석하여 결과물이 나온 경험과 연결시키면 된다.

한편 직무를 수행함에 있어서 예상되는 어려움을 적을 때 주의해야 할 점은 자신의 성향이나 성격으로 인한 어려움이 아니라, 일반적인 어려움을 상상하고 예상해서 적어야 한다는 것이다. 예를 들어, 마케팅이라면 시장환경 분석을 하는 데 있어 시장의 다변화를 꾀하기 위해 아세안(ASEAN)을 공략해야 하는데 이 부분은 아직 충분한 시장 조사가 되어 있지 않다는 정도로 이야기해주면 좋다.

그리고는 극복해 나갈 수 있는 본인만의 강점은 어려움이 있었지만, 극복했던 경험을 제시해야 한다. 특히 본인의 성격이나 성향 측면의 강점을 부각시켜 극복한 인과관계를 설명해주면 좋다.

항목3 본인의 성장과정에서 가장 기억에 남는 경험은 무엇이었나요? 그 이유와 과정 속에서 본인이 했던 행동과 생각, 이를 통해 느끼고 배운 점을 구체적으로 기술하시오. (600자)

★ 이것만은 꼭! 현재의 가치관을 형성하는 데에 영향을 끼친 경험을 제시한다.

이 항목은 "본인에게 가장 영향을 끼친 사건은 무엇인가? 그리고 그 경험에서 배운 점은 무엇인가?"라는 자소서 항목과 비슷하다. 아모레퍼시픽답게 지원자의 생각을 많이 물어보는 항목이라고 할 수 있다. 즉, 첫 번째 항목이 지원자의 직업관을 묻는 것이라면 이 항목은 지원자의 가치관, 인생의 기준점, 세상을 바라보는 기준 등을 묻는 것이다.

이 항목을 쓸 때 가장 먼저 해야 하는 것은 자신의 가치관을 문장으로 만드는 것이다. 예를 들어 "오늘 아무것도 하지 않고 내일이 바뀌길 바라는 것은 바보 같은 짓이다."라는 문장을 만들었다고 해보자. 그다음에는 이 문장이 나올 만한 경험을 접목하면 된다. 자신이 어떤 경험을 했더니 변화를 느꼈다거나 어떤 사람과 대화를 하는데 무엇인가를 깨달았다는 내용이 들어가면 된다. 한 번 더 강조하지만, 이 항목은 자신의 가치관을 문장화해야 잘 쓸 수 있다.

항목 4 아모레퍼시픽그룹은 아름다움으로 세상을 변화시키겠다는 특별한 소명을 가지고 있습니다. 세상을 변화시키는 아름다움이 왜 필요한지 정의하고 입사한다면 이러한 소명을 어떻게 실현할 수 있을지 기술하시오. (600자)

★ 이것만은 꼭! 회사의 비전에 대한 이해와 입사 후 포부를 연결한다.

많은 지원자들이 가장 어려워하는 항목이다. 하지만 차근차근 접근하면 잘 쓸 수 있다. 일단 세상을 변화시키는 아름다움이 왜 필요한지를 정의해야 한다. 아모레퍼시픽은 자연과 사람, 기업이 조화롭게 공존하는 모습 속의 아름다움을 추구하는 기업이다. 따라서 이러한 회사의 비전에 동의한다는 점을 드러내며, 입사 후 Asian Beauty Creator로서 본인이 어떤 업무를 통해 사회를 어떻게 아름답게 발전시키고 싶은지를 이야기하는 것이 이 항목의 포인트라고 할 수 있다.

항목 5 아모레퍼시픽그룹 핵심가치(개방, 정직, 혁신, 친밀, 도전) 중 본인에게 가장 부합하는 하나를 선택하고, 지원 직무를 수행하는 데 있어 해당 가치를 어떻게 발휘할 수 있을지 앞으로의 목표(비전) 및 계획에 대해 기술하시오. (600자)

★ 이것만은 꼭! 핵심가치와 지원 직무에 대한 이해가 선행되어야 한다.

이 항목을 쓰기 전에 가장 먼저 해야 하는 것은 핵심가치를 다시 한번 정리하는 것이다.

'개방'은 미의 대중화와 세계화에 앞장서는 역량이므로 세계 문화를 이해하고 있는 역량이나 시장을 분석하는 능력을 갖추고 있다는 것을 강조해주면 된다. 아모레퍼시픽에서 강조하는 '정직'은 인류애를 가지고 있다. 이를 강조하고 싶다면 사회에 공헌하기 위해 본인이 하고 있는 일을 언급하면 된다. 여기에서는 거창한 행위가 아니라 환경 보호를 위해 일회용품 사용을 줄이고 재활용 제품을 사용한다는 이야기를 하는 것도 좋다.

아모레퍼시픽의 '혁신'은 아름다움으로 세상을 바꾸겠다는 의지를 이야기한다. 기존에 있었던 불합리한 제도나 관습을 바꾼 경험 등을 이야기해주면 된다. 한편 '친밀'은 너그러움과 인정을 의미한다. 그러므로 지원자에게 필요한 것은 상대를 인정하고 받아들이는 역량이다. 마지막으로 '도전'은 더 넓은 세상을 변화시키겠다는 의미를 가지고 있으므로 지원자는 자신의 범주를 넘어 다른 영역에 도전했던 경험을 강조해주면 된다.

그다음 중요한 것은 해당 가치를 어떻게 발휘할 수 있는지를 적는 것이다. 즉, 아모레퍼시픽에 입사해서 어떤 일을 해보고 싶다는 이야기를 해주면 된다. 보통 이 부분을 쓰라고 하면 자기계발에 대한 내용을 쓰는 지원자도 있는데 주의해야 한다. 이 항목은 자기계발이 아니라 지원자가 입사 후 구체적으로 회사에 어떤 도움을 줄 수 있는지를 묻는 항목이다. 그러므로 반드시 아모레퍼시픽의 직무 가운데서 본인이 하고 싶은 일을 이야기해야 한다.

합격자소서 작성 TIP

● 아모레퍼시픽 채용 사이트에 자세한 직무 소개가 제시되어 있으므로 이를 참고하여 자소서를 작성하도록 한다.
● 아모레퍼시픽은 아시안 뷰티(Asian Beauty)의 가치를 대표하는 기업으로, 지원자의 가치관이 아모레퍼시픽이 추구하는 아름다움에 대한 철학이나 가치와 부합함을 자소서에 드러내야 한다.

13 KT그룹

합격자소서 작성을 위한 기업분석

① 경영목표

KT그룹은 세계 최초 5G와 혁신적 지능형 네트워크로 4차 산업혁명을 이끄는 글로벌 1등 ICT 기업의 면모를 갖추기 위해 다음과 같은 핵심가치를 제시하고 있다.

1등 KT	Single KT
최고의 품질과 차별화된 서비스로 글로벌 1등을 지향한다.	경청과 협업으로 부서 간의 벽을 허물고 전체가 하나같이 움직인다.

고객 최우선	정도경영
고객 최우선으로 회사의 모든 역량을 결집한다.	올바른 의사결정과 윤리적 판단으로 회사의 미래를 도모한다.

〈출처: KT그룹 채용 사이트〉

이러한 핵심가치를 바탕으로 KT그룹은 글로벌 1등 기업을 목표로 인간과 모든 사물을 GiGA 인프라로 연결시켜 편리함을 넘어 편안함을 누릴 수 있는 세상인 'GiGAtopia'를 실현하겠다는 비전을 선언했다. ICT를 기반으로 세계에서 가장 빠르고 혁신적인 통신과 융합 서비스를 제공하며 국민의 편익을 도모하는 최고의 국민 기업으로 거듭나겠다는 의미이기도 하다.

기업분석 Key Word

● **핵심가치:** 1등 KT, Single KT, 고객 최우선, 정도경영

② 지속가능경영

KT그룹은 보다 체계적이고 효과적인 지속가능경영이 가능하도록 관련 조직 체계를 정비하고 다양한 이해 관계자들과 상생할 수 있도록 노력하고 있다. 'GiGAtopia'라는 전사 지속가능경영 비전을 수립하고, 다음과 같은 3대 지속가능경영 목표와 6대 핵심 영역을 설정하였다.

GiGA Prosperity	GiGA Planet	GiGA People
GiGA 인프라로 창조하는 새로운 번영의 시대 실현	GiGA 인프라로 열어가는 새로운 혁신의 시대 실현	GiGA 인프라를 누리는 새로운 인류의 시대 실현
투명경영/상생경영	고객경영/환경경영	인재경영/인권경영

〈출처: KT그룹 기업 사이트〉

KT그룹은 책임 있는 글로벌 통신기업으로서 인류의 지속 가능한 미래를 창조하기 위해 전사적인 지속가능경영을 추진하고 있다. 이에 혁신 기술과 기업 역량에 집중하여 중장기 지속가능경영 전략을 수립하였고, 이를 시행하기 위해 2016년 대한민국 통신기업 최초로 이사회 내에 '지속가능경영 위원회'를 설치하였다. 아울러 전담 실행조직인 지속가능경영 센터를 신설하고 자문위원회의 자문을 받아 운영하고 있다.

또한, 통신업의 특성을 반영하여 사람, 사회, 문화의 3개 영역에서 다양한 격차 해소 활동을 하고 있다. '더 나은 사람' 측면에서는 누구나 평등한 기회를 보장받을 수 있도록 IT 서포터즈, 드림스쿨, 장학사업 등을 추진하며, '더 나은 사회' 측면에서는 GiGA Story, 동자희망나눔 센터, 꿈품 센터를 중심으로 지역에 따른 불균형 해소 활동을 하고 있다. 마지막으로 '더 나은 삶' 측면에서는 KT 체임버홀과 KT 스퀘어를 운영함으로써 문화격차 해소 활동을 진행하고, 이를 통한 수익은 청각장애 아동을 위한 KT 소리찾기 사업에 활용하고 있다.

기업분석 Key Word

- **3대 지속가능경영 목표:** GiGA Prosperity, GiGA Planet, GiGA People
- **6대 핵심 영역:** 투명경영, 상생경영, 고객경영, 환경경영, 인재경영, 인권경영

③ 인재상

KT그룹을 분석해보면 KT그룹은 **사회적 책임**과 **고객 가치 실현**에 중점을 두고 있는 기업임을 알 수 있다. 또한, 부서 간의 벽을 허문다는 것은 KT그룹이 멀티형 인재를 원하고 있다고도 볼 수 있다.

끊임없이 도전하는 인재	• 시련과 역경에 굴하지 않고 목표를 향해 끊임없이 도전하여 최고의 수준을 달성한다. • 변화와 혁신을 선도하여 차별화된 서비스를 구현한다.
벽 없이 소통하는 인재	• 동료 간 적극적으로 소통하여 서로의 성장과 발전을 위해 끊임없이 노력한다. • KT그룹의 성공을 위해 상호 협력하여 시너지를 창출한다.
고객을 존중하는 인재	• 모든 업무 수행에 있어 고객의 이익과 만족을 먼저 생각한다. • 고객을 존중하고, 고객과의 약속을 반드시 지킨다.
기본과 원칙을 지키는 인재	• 회사의 주인은 나라는 생각으로 자부심을 갖고 업무를 수행한다. • 윤리적 판단에 따라 행동하며 결과에 대해 책임을 진다.

〈출처: KT그룹 기업 사이트〉

위의 KT그룹 <u>인재상</u>을 살펴보면 KT그룹은 도전 정신을 갖춘 인재를 원한다는 것을 알 수 있다. 이는 실패에 낙담하지 않고, 변화와 혁신을 선도하여 목표를 향해 끊임없이 도전하는 사람이다. 도전의 궁극적인 목표는 고객의 이익과 만족이며, 고객을 존중하고 고객과의 약속을 반드시 지켜야 한다고 이야기하고 있다.

또한, 동료 간 적극적인 소통을 통해 상호 협력하며, 윤리적 판단에 따라 행동하고 결과에 책임을 지는 인재가 KT그룹이 원하는 인재이다.

기업분석 Key Word

- **인재상:** 끊임없이 도전하는 인재, 벽 없이 소통하는 인재, 고객을 존중하는 인재, 기본과 원칙을 지키는 인재

합격자소서 작성 가이드

① KT그룹 자소서 항목

1. KT 및 해당 직무에 지원한 동기와 입사 후 회사에서 이루고 싶은 중장기적 목표를 기술해주십시오. (700자 이내)

2. 도전적인 목표를 가지고 끈기 있게 실행하여 성공 혹은 실패한 경험과 그 경험을 통해 무엇을 얻었는지 기술해주십시오. (700자 이내)

3. 공동의 목표 달성을 위한 협업 경험을 본인이 수행한 역할 중심으로 제시하고, 해당 경험을 통해 무엇을 얻었는지 기술해주십시오. (700자 이내)

4. 지원한 직무를 수행하기 위해 필요한 핵심역량은 무엇이라고 생각하며, 그 이유에 대해 설명해주십시오. 또한, 해당 역량을 갖추기 위해 본인이 어떤 노력을 하였는지 기술해주십시오. (800자 이내)

② 항목별 작성법

항목 1 KT 및 해당 직무에 지원한 동기와 입사 후 회사에서 이루고 싶은 중장기적 목표를 기술해주십시오. (700자 이내)

★ 이것만은 꼭! 기업 전체에서 직무가 가지는 영향력을 고려하고, 이와 관련한 목표를 제시한다.

이 항목에서는 기업 지원동기와 직무 지원동기를 묶어서 제시해야 한다. KT그룹의 비전에 대한 생각을 제시한 후 이 비전을 이룩하는 데 직무가 어떤 일을 할 수 있는지 언급하고, 이 직무에 자신이 적합하다는 것을 보여주는 식으로 작성할 수 있다. KT그룹이 경쟁력을 확보하는 데 지원 직무에서 어떤 역할을 해야 하는지를 설명하고, 이를 자신이 잘 수행할 수 있음을 보여주는 식으로 직무 지원동기를 작성할 수도 있다. 직무 지원동기만을 강조하고 싶다면 자신이 보유한 직무 역량, 직무 관련 경험, 직무에 대한 관심 등을 지원동기로 제시할 수 있다.

중장기적 목표의 경우, 직무에서 이루고 싶은 목표를 의미한다. 10년 내에 이루고 싶은 궁극적 목표를 제시하고, 이를 달성하는 단기적이고 구체적인 전략을 제시한다. 구체적인 전략의 경우 직무 역량을 발전시키는 과정이 될 수 있을 것이다. 직무에서 자신이 이루고 싶은 목표가 KT그룹에 어떻게 기여할 수 있는가에 대한 내용까지 덧붙인다면 자신의 성장이 기업의 성장에 영향을 준다는 점을 드러낼 수 있다.

항목2 도전적인 목표를 가지고 끈기 있게 실행하여 성공 혹은 실패한 경험과 그 경험을 통해 무엇을 얻었는지 기술해주십시오. (700자 이내)

★ **이것만은 꼭!** 성공 또는 실패 경험을 통해 얻은 결과물을 회사생활에 연계시킬 방안을 제시한다.

이 항목은 KT그룹의 인재상 중에서 '끊임없이 도전하는 인재'와 관련 있는 항목으로 볼 수 있다. 성공 또는 실패 경험에 대한 단순한 일화를 적는 것이 아니라, 그 경험을 통해 배운 점과 깨달은 점 등을 구체적으로 작성해야 한다. 그리고 이러한 자신의 경험을 입사 후 회사생활에 어떻게 활용할 수 있을지에 대해서도 언급하는 것이 좋다.

따라서 성공 또는 실패한 경험에 덧붙여, 자신이 들인 노력이 무엇인지 언급해주는 것이 좋다. 특히 인재상에도 잘 드러나듯이 KT그룹은 시련과 역경에도 굴하지 않고 목표를 향해 끊임없이 도전하는 인재를 원하고 있으므로 이와 관련된 경험을 제시하여 다른 지원자들과의 차별화를 꾀하는 것도 좋은 방법이다.

항목3 공동의 목표 달성을 위한 협업 경험을 본인이 수행한 역할 중심으로 제시하고, 해당 경험을 통해 무엇을 얻었는지 기술해주십시오. (700자 이내)

★ **이것만은 꼭!** 자신이 생각하는 협업의 의미에 대해 이야기하는 것이 좋다.

KT그룹은 소통과 화합을 중시하는 기업이다. 따라서 공동의 목표를 달성할 때 효과적인 커뮤니케이션을 통해 협업을 성공적으로 이끌었다는 점을 드러내는 것이 좋다.

'본인이 수행한 역할'에 대해 직접적으로 묻고 있으므로, 공동 목표를 달성하는 데 내가 어떤 부분에 어떻게 도움을 줄 수 있었는지 '나'에 초점을 맞춰 기술한다. 굳이 리더나 중재자가 아니어도 협업에 충분히 도움이 될 수 있었다는 점을 어필할 수 있다.

해당 경험을 통해 얻은 것에 대해 이야기할 때는, 단순히 공동의 목표를 이룬 것과 협동심을 길렀다는 얘기만을 언급하기보다는 자신이 생각하는 협업의 의미를 덧붙인다면 훨씬 더 좋은 자소서가 될 수 있다.

★ 이것만은 꼭! 직무 수행 시 필요한 전문 지식, 태도와 관련한 역량을 제시한다.

자신의 지원 직무가 하는 일 또는 해당 직무가 지향하는 바를 확인하고, 이를 통해 직무에서 가장 필요한 역량을 찾아내도록 한다. 작성 분량이 비교적 많은 편이므로 되도록 2개의 역량을 찾아내는 것이 좋다. 이와 관련하여 직무에 필요한 지식과 관련한 역량, 직무를 수행하는 데 필요한 태도 등을 제시하는 것이 이상적이다.

역량을 갖추기 위한 노력은 역량을 보유하게 된 경험 또는 역량을 발휘하게 된 경험으로 제시해야 한다. 자신의 경험을 통해 보유한 역량이 지원 직무를 수행하는 데 있어서 필수적일 것이라는 점을 강조하는 내용으로 마무리하거나, 실제로 역량을 발휘했던 경험을 근거로 보유한 역량을 활용해 지원 직무를 잘 수행할 수 있다는 각오로 마무리하면 더욱 좋다.

합격자소서 작성 TIP

- KT그룹의 경우 채용 사이트에서 직무별 세부 업무를 제시하고 있으므로 이를 참고하도록 한다.
- ICT 산업에 대한 이해를 바탕으로 한 전문 지식이 직무 역량이 될 수 있기는 하지만, 이보다는 직무 수행 시 필요한 태도가 더욱 중요한 가치로 강조될 수 있어야 한다.
- 특별한 경험을 찾기보다는, 하나의 경험에서 배운 바를 최대한 많이 이끌어 낸 후 KT그룹이 중요하게 여기는 가치와의 접점을 찾는 것이 수월하다는 점을 기억한다.

14 CJ ENM

합격자소서 작성을 위한 기업분석

① 경영목표

2018년 7월, CJ E&M과 CJ오쇼핑이 합병하여 국내 최초 글로벌 융복합 콘텐츠 커머스 기업 CJ ENM이 출범하였다. 이렇게 통합된 CJ ENM의 E&M 부문은 미디어콘텐츠, 영화, 음악콘텐츠, 컨벤션, 공연, 애니메이션, 미디어솔루션 등 엔터테인먼트 산업 전반에 걸쳐 다양한 사업을 진행하고 있다.

미디어콘텐츠본부는 다양한 장르의 전문 방송 채널을 보유하고 있으며 다변화된 미디어 플랫폼에 최적화된 콘텐츠를 서비스하고 있다. 영화사업본부에서는 기획, 제작부터 배급에 이르기까지 영화 산업의 모든 단계를 총괄하고 있으며, 음악콘텐츠본부에서는 국내 최대 규모의 투자, 제작, 유통을 통해 K-Pop 한류를 이끌어가고 있다.

한편 컨벤션사업본부에서는 'MAMA', 'KCON' 등 차별화된 프로그램과 다양한 개성들로 가득한 컨벤션을 기획, 제작하고 있으며, 공연사업본부는 2003년 '캣츠'를 시작으로 다수의 라이선스 및 자체 제작 뮤지컬을 선보이며 국내 뮤지컬 산업을 선도하고 있다.

애니메이션사업본부는 애니메이션 콘텐츠의 기획, 투자, 제작, 배급, 라이선스, MD 사업 등 애니메이션 산업의 전 과정에 걸쳐 사업을 전개하고 있으며, 미디어솔루션본부는 소비자 인사이트를 기반으로 영향력 있는 마케팅 콘텐츠를 기획 및 제작하고, 통합 마케팅 솔루션을 제공하고 있다.

'아시아 No.1 종합 콘텐츠 기업'을 지향하는 CJ ENM E&M 부문은 다양한 콘텐츠의 **원소스 멀티유즈**를 기반으로 수익을 증대시키고 있으며, 국내외 통합 수급 및 유통을 통한 협상력 제고, 부문 간 글로벌 네트워크 및 인프라 활용을 통한 시너지 발휘에 큰 의미를 두고 있다.

CJ ENM E&M 부문은 미디어 시장 변화에 맞춰 경쟁력 있는 콘텐츠를 제작하고 이를 글로벌화함으로써 새로운 콘텐츠 한류 문화를 만들어 가려고 노력하는 기업이다. 그리고 영화, 음악, 공연, 방송 등을 통해 문화를 만들어 내고, 그 문화를 우리가 소비하게 만들고 있다.

기업분석 Key Word

- **원소스 멀티유즈**: 하나의 문화 콘텐츠를 영화, 게임, 음반, 애니메이션, 캐릭터 상품, 장난감, 출판 등의 다양한 방식으로 판매해 부가가치를 극대화하는 방식

② 지속가능경영

CJ ENM E&M 부문은 문화 콘텐츠를 통해 세상의 나눔을 실현하고 이를 바탕으로 문화 콘텐츠 소비자들의 신뢰를 얻으며 발전해 나가고 있다.

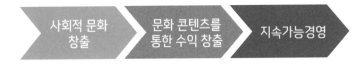

즉, 위와 같이 CJ ENM E&M 부문은 사회적 문화를 창출하여 지속가능경영을 실천하고, 이렇게 창출된 문화 콘텐츠를 통해 경제적 지속가능경영을 실천하고 있다. 따라서 CJ ENM E&M 부문의 **지속가능경영**은 경제적, 사회적, 환경적 지속가능경영 중 사회적인 측면이 강조되고 있다.

CJ ENM E&M 부문은 다양한 방식으로 사회적 지속가능경영을 하고 있다. 일례로 1인 콘텐츠 크리에이터의 창작 활동을 지원하는 'DIA TV', 재능 있는 신인 드라마/영화 스토리텔러를 발굴 및 지원하는 '오펜(O'PEN)' 등의 사업을 통해 창작 생태계 조성에 앞장서고 있다.

한편 중소기업과의 상생/동반성장을 위해 한류와 유관 비즈니스를 결합한 글로벌 컨벤션을 통해 중소기업의 해외 진출을 지원한다. 식문화와 콘텐츠를 결합한 '올리브 푸드 페스티벌'을 통해 지역별 소규모 푸드 사업가 및 소상공인을 지원함으로써 지역경제 활성화에도 기여한다.

문화 나눔 측면에서는 시청각장애인의 콘텐츠 관람 환경을 개선하기 위해 한글자막과 화면해설을 적용한 배리어프리(Barrier-free) 콘텐츠를 제작하여 영화관 배급 및 온라인(VOD) 서비스를 제공한다. 또한, 국내 영화관이 없는 문화 소외 지역 및 기관을 대상으로 최신 영화를 관람할 수 있도록 지원하며, 한글 수요가 높은 해외 지역 및 저소득 국가 등을 대상으로 ENM 영화 및 영상상영 장비를 제공하는 '시네마투유' 사업을 진행한다. 저소득 국가를 대상으로 한 'CJ ENM 세종학당'에서는 한국어 교육뿐만 아니라 한국 문화를 체험하고 즐길 수 있는 공간과 1인 콘텐츠 제작을 위한 스튜디오 및 제작 시설을 지원하기도 한다.

기업분석 Key Word

- **지속가능경영**: CJ ENM E&M 부문은 다양한 문화 콘텐츠를 통해 경제적, 사회적, 환경적 지속가능경영을 실천하고 있으며 그중 사회적 지속가능경영을 강조함

③ 인재상

CJ ENM E&M 부문은 CJ그룹의 인재상과 동일하다. 다음 CJ그룹의 인재상을 살펴보자.

정직하고 열정적이며 창의적인 인재	• 하고자 하는 의지가 있는 반듯한 인재 • 최선을 다하는 인재
글로벌 역량을 갖춘 인재	• 글로벌 시장에서 경쟁력 있는 어학 능력과 글로벌 마인드를 지닌 인재 • 문화적 다양성을 존중하는 인재
전문성을 갖춘 인재	• 자신의 분야에서 남과 다른 핵심 역량과 경쟁력을 갖춘 인재 • 자신이 속한 비즈니스의 트렌드에 민감하며, 끊임없이 학습하는 인재

〈출처: CJ그룹 채용 사이트〉

위의 CJ그룹의 인재상을 통해 알 수 있는 CJ ENM E&M 부문의 <u>인재상</u>에서 중요한 것은 반듯한 인재, 문화적 다양성을 존중하는 인재, 끊임없이 학습하는 인재이다. CJ제일제당과 마찬가지로 해외 시장 진출에 대한 의지가 있고, 이에 최선을 다할 수 있는 인재를 필요로 한다.

또한, 다양한 문화를 수용할 수 있는 자세를 갖추어야 하며, 자신이 지원한 직무에 대한 이해를 통해 자신의 역량과 경쟁력을 어떻게 강화할 수 있는지 잘 아는 인재를 원한다.

방송, 영화, 공연 등 문화 트렌드의 중심에 있는 산업을 발전시키기 위해서는 창의적이고 도전적인 인재가 필요하다. 문화 콘텐츠 기업의 원소스는 기사, 소설, 에세이, 고전 등의 텍스트로 되어 있는 것이 많다. 그러므로 원소스 문화 콘텐츠를 많이 접한 사람이 바로 CJ ENM E&M 부문이 원하는 인재일 것이다.

기업분석 Key Word

- **인재상**: 정직하고 열정적이며 창의적인 인재, 글로벌 역량을 갖춘 인재, 전문성을 갖춘 인재

합격자소서 작성 가이드

① CJ ENM 자소서 항목 (2020년 기준)

> **1.** 여러분이 CJ ENM과 해당 직무에 지원한 동기는 무엇이며, ENM이 여러분을 선발해야 하는 이유를 설명해주세요. ① CJ ENM과 해당 직무에 관심을 갖게 된 계기, ② 해당 직무를 잘 수행할 수 있는 이유(그동안의 노력, 도전, 경험, 강점 포함), ③ 입사 후 성장비전을 반드시 포함하여 작성해 주세요. (1,000자 이내)

*직무 공통으로 나오는 1개의 항목으로 항목 2, 3은 직군에 따라 다름

② 항목별 작성법

항목 1 여러분이 CJ ENM과 해당 직무에 지원한 동기는 무엇이며, ENM이 여러분을 선발해야 하는 이유를 설명해주세요. ① CJ ENM과 해당 직무에 관심을 갖게 된 계기, ② 해당 직무를 잘 수행할 수 있는 이유(그동안의 노력, 도전, 경험, 강점 포함), ③ 입사 후 성장비전을 반드시 포함하여 작성해 주세요. (1,000자 이내)

★ 이것만은 꼭! 구체적인 사례를 통해 지원동기와 직무 역량을 강조한다.

세 가지 하위 항목을 포함하여 지원동기와 선발 이유를 1,000자 이내로 작성해야 하므로 문단을 적절히 나누어, 제시된 내용이 골고루 담길 수 있도록 작성해야 한다. 이런 항목은 자칫 잘못하면 추상적으로 답변하게 될 수 있으므로, 사례를 제시하고 구체적으로 작성하여 다른 지원자들과 차별화될 수 있게 하는 것이 좋다.

특히 지원동기를 작성할 때는 회사에 대한 관심과 충성심을 분명하게 드러내는 것이 중요하다. 회사에 대한 남다른 애정과 입사에 대한 의지를 보여주기 위해서는 회사나 동종 산업 분야의 최근 동향 및 이슈, 회사가 추구하는 가치, 회사의 인재상 등을 자신의 가치관과 연결 지어 작성하면 좋다. 또한, 이러한 가치관을 형성하고 직무 역량을 쌓기 위한 과정을 설명하되, 자소서 항목에 열거된 노력, 도전, 경험, 강점을 모두 포함하여 작성해야 한다.

그리고 마지막으로 입사 후 성장비전에는 5년, 10년, 15년 등 구체적인 시기를 언급하며 입사 후의 모습을 성장그래프를 그리듯, CJ ENM에서 배운 노하우와 경험, 지식을 어떻게 발전시킬지 단계별로, 구체적으로 작성하는 것도 좋은 방법이다.

합격자소서 작성
TIP

- 직무 지원동기, 기업 지원동기, 직무 적합성, 직무 역량을 분명히 드러내도록 한다.
- 작성 분량이 길기 때문에 '기-승-전-결' 구조 또는 육하원칙을 이용하여 전달하고자 하는 내용을 명확하게 작성해야 한다.

15 IBK기업은행

합격자소서 작성을 위한 기업분석

① 경영목표

IBK기업은행의 비전은 더 나은 미래를 향한 금융 파트너, IBK이다. 여기서 '더 나은 미래'는 항상 진취적인 모습으로 새로운 가치를 창출하고 고객, 주주, 직원의 발전에 이바지하겠다는 열정의 표현이고, '금융 파트너'는 금융의 본연적 역할을 충실히 이행하여 고객의 성공을 위해 항상 함께하겠다는 의지를 표현한다. 그리고 'IBK'는 우리나라 대표 국책은행으로서 공공성과 공익성을 기반으로 국가 성장에 기여하겠다는 다짐의 표현이다.

이러한 비전을 실현하기 위해 IBK기업은행은 고객의 행복, 신뢰와 책임, 창조적 열정, 최강의 팀워크라는 핵심가치를 제시하고 있다. '고객의 행복'은 목표 가치로서 고객에게 행복을 드리는 은행이 되겠다는 IBK기업은행의 약속이며 가장 중요시 여기는 가치이다. 그리고 '신뢰와 책임', '창조적 열정', '최강의 팀워크'는 생활 가치로서 목표 가치인 고객의 행복을 실현하기 위해 모든 임직원이 일상생활에서 생각하고 행동하는 기준으로 삼아야 할 가치이다.

'신뢰와 책임'은 언제나 바른길을 가는 IBK기업은행의 마음가짐이고, '창조적 열정'은 조직의 역량을 극대화하기 위한 IBK기업은행의 일하는 방식이며, '최강의 팀워크'는 창의적 사고와 탁월한 실행력으로 미래를 창조하는 IBK기업은행의 힘이다.

또한, IBK기업은행은 'Until 2020 SME 중심의 종합금융그룹 기반 완성'과 'After 2020 Asia SME Top Player'를 전략적 지향점으로 설정하고, 다음과 같은 4가지의 전략방향 및 핵심과제를 수립하였다.

수익성 중심의 핵심 역량 변화 추진	• 중기금융 독보적 시장리더십 확대 • 개인금융 성공경험 확대 • 정책금융 역할 강화 • 리스크 관리 1등 은행 탈환
이익 포트폴리오 다변화	• 비이자 수익 기반 강화 • 글로벌·IB 비즈니스 영토 확장 • 금융그룹 시너지 극대화 • 신규 비즈니스 진출 추진
新 고객경험 가치 극대화	• 디지털 금융주도권 확보 • 全 채널의 고객경험 향상 • 금융소비자 권익 강화
효율 중심 업무 프로세스 재구축	• 핵심인재의 전략적 육성 • 조직문화의 혁신 DNA 장착 • 조직운영의 효율성 향상 • 이해 관계자 커뮤니케이션 강화

〈출처: IBK기업은행 기업 사이트〉

기업분석 Key Word

- **비전:** 더 나은 미래를 향한 금융 파트너, IBK
- **핵심가치:** 고객의 행복, 신뢰와 책임, 창조적 열정, 최강의 팀워크

② 지속가능경영

IBK기업은행은 금융의 새로운 미래를 위해 임직원의 확고한 가치관과 윤리 의식, 청렴한 조직문화 구축, 정도경영을 실천하여 고객과 시장으로부터 신뢰받는 은행을 만들어 모든 국민이 거래하고 싶은 최우량 금융기관으로 발전하고 미래에도 사회적 책임을 다하는 지속 가능한 은행이 되고자 윤리경영을 도입하였다.

이러한 윤리경영을 위한 IBK기업은행의 <u>실천 규범</u>은 '고객 감동을 실천하여 고객의 이익과 만족을 추구, 직원의 진취력과 창의력을 바탕으로 미래를 개척, 주주 가치와 기업 가치를 극대화하여 국가 경제 발전에 이바지'로 정의된다.

또한, IBK기업은행은 사회적 책임을 다하기 위해 사회공헌 활동도 활발히 하고 있다. 전국 자원봉사 센터 등에 무료 급식 차량과 급식비를 후원하여, 독거노인 등 소외 계층에

게 무료 점심을 제공하는 '참! 좋은 사랑의 밥차'를 운영하고 있다. 그리고 중소기업 지원을 위해 2009년부터 중소기업 전문 무료 취업포털 사이트인 '잡월드'를 구축하여 청년 실업과 중소기업의 인력난 해소를 위한 일자리 창출 사업을 추진하고 있다. 그 외에도 IBK기업은행의 대표 사회공헌 활동인 'IBK 청년희망멘토링'은 IBK기업은행 신입 행원이 금융권 취업 준비 청년의 취업 멘토가 되고, 그 청년들은 중소기업 근로자 자녀의 학습 멘토가 되어 주는 선순환적 멘토링 사업이다.

기업분석 Key Word

- **실천 규범**: 고객 감동을 실천하여 고객의 이익과 만족을 추구. 직원의 진취력과 창의력을 바탕으로 미래를 개척. 주주 가치와 기업 가치를 극대화하여 국가 경제 발전에 이바지

③ 인재상

인재를 중시하는 IBK기업은행은 최고의 인재, 최고의 직장, 최고의 시스템으로 기업 문화를 구성하려 하고 있다. 그리고 IBK기업은행이 원하는 인재는 시장 경쟁력을 갖추고, 고객을 감동시키며 성과를 창출하는 인재라고 말하고 있다.

여기서 '시장 경쟁력을 갖춘다'라는 말은 세계의 경제 상황과 금융 상식 등의 지식을 고루 갖춘 인재를 말하고 '고객을 감동시킨다'라는 말은 서비스 정신을 말한다. 즉, 세계의 경제 동향과 흐름을 파악하고 이해 관계자 및 고객에게 서비스 정신으로 다가가 성과를 내는 인재가 바로 IBK기업은행에 맞는 인재인 것이다. 이를 세분화하면 다음과 같이 세계인, 책임인, 창조인, 도전인으로 나타낼 수 있는데, 이러한 성향을 모두 합쳐 IBK기업은행은 <u>전문인</u>이라고 이야기하고 있다.

〈출처: IBK기업은행 기업 사이트〉

　　세계인은 금융 시장이 세계화됨에 따라 국제 경제의 흐름과 동향을 파악할 수 있는 인재인 것이다. 책임인은 자신이 맡은 일과 서비스 업무에 충실한 인재를 말하며, 창조인과 도전인은 새로운 가치로 새로운 것에 도전하는 인재를 가리킨다. 마지막으로 IBK기업은행의 최종 인재상인 전문인은 **시장 경쟁력**을 갖추고, **고객을 감동**시키며, **성과를 창출**하는 도전적인 인재를 의미한다.

기업분석 Key Word

- **전문인**: IBK기업은행의 인재상으로 시장 경쟁력을 갖추고 고객을 감동시키며 성과를 창출하는 도전적인 인재를 의미

합격자소서 작성 가이드

① IBK기업은행 자소서 항목

> **1.** [지원동기 및 포부] IBK기업은행을 지원한 이유와 입행 후 IBK기업은행에서 이루고 싶은 목표
> 에 대해 설명하여 주십시오.
> ① 지원동기, ② 목표 (각 800Byte)
>
> **2.** [경쟁력 및 역량] 본인이 은행원으로서 경쟁력(역량)을 갖추기 위해 어떠한 노력을 하였는지
> 다음 항목별(3가지 이내)로 설명하고, IBK기업은행에서 채용해야 하는 이유를 작성하여 주십
> 시오.
> ① 학업 및 교내활동, ② 대외활동, ③ 기타 취업(금융권) 준비, ④ 채용 이유 (각 400Byte)
>
> **3.** [창의성 및 문제해결] 귀하가 속한 단체나 조직에서 다음 각 항목별(4가지 이내)로 발휘하였던
> 경험에 대해 기술하여 주십시오.
> ① 창의력, ② 책임감, ③ 팀워크, ④ 신뢰 (각 400Byte)
>
> **4.** [감동 및 행복] 인간미를 발휘하여 감동(행복)을 주었던 경험을 대상별(4그룹 이내)로 기술하여
> 주십시오.
> ① 가족, ② 친구, ③ 선후배, ④ 기타 (각 400Byte)

② 항목별 작성법

항목 1 [지원동기 및 포부] IBK기업은행을 지원한 이유와 입행 후 IBK기업은행에서 이루고 싶은 목표에
대해 설명하여 주십시오.

① 지원동기, ② 목표 (각 800Byte)

★ **이것만은 꼭!** IBK기업은행과 지원 직무에 대한 이해도를 드러낸다.

이 항목에서는 기업의 비전과 핵심가치, 발전 방향 등이 자신의 목표나 가치관에 어떻
게 부합하는지를 설명해야 한다. 또한, 지원 직무에 대한 관심과 지원 직무를 수행하기 위
해 필요하다고 생각하는 역량, 그러한 역량을 쌓기 위한 과정을 강조하여 작성해야 한다.

나아가 입사 후 기업 및 지원 직무에서 자신이 어떤 역할을 수행할 수 있고, 어떻게 이
바지할 수 있는지에 대한 구체적인 계획을 덧붙이도록 한다. 만약 IBK기업은행 및 지원
직무에 관심을 갖게 된 결정적인 계기가 있다면 사례를 함께 제시함으로써 자신의 확고한
의지를 드러내는 것도 좋다.

항목 2 [경쟁력 및 역량] 본인이 은행원으로서 경쟁력(역량)을 갖추기 위해 어떠한 노력을 하였는지 다음 항목별(3가지 이내)로 설명하고, IBK기업은행에서 채용해야 하는 이유를 작성하여 주십시오.
① 학업 및 교내활동, ② 대외활동, ③ 기타 취업(금융권) 준비, ④ 채용 이유 (각 400Byte)

★ 이것만은 꼭! 남들과 차별화되는 강점을 제시한다.

IBK기업은행에 입사하기 위해 필요한 역량은 인재상에서 나타난다. IBK기업은행의 인재상은 시장 경쟁력을 갖추고, 고객을 감동시키며, 성과를 창출하는 도전적인 인재이다. '시장 경쟁력을 갖춘다'는 것은 세계의 경제 상황과 금융 상식 등의 지식을 고루 갖춘 인재, '고객을 감동시킨다'는 것은 서비스 정신을 뜻한다. 즉, 세계 경제 동향과 흐름을 파악하고 이해 관계자 및 고객에게 서비스 정신으로 다가가 성과를 내는 인재를 원하는 것이다. 따라서 이러한 역량을 강조할 수 있는 경험에 대해 작성해야 한다.

당신을 뽑아야 하는 이유를 설명하라는 것은 곧 남들이 가지지 못한 자신만의 강점을 드러내야 한다는 것이다. 직무를 잘 수행하기 위해서 필요하지만 다른 지원자에게는 없는 역량을 제시하고, 그러한 역량을 쌓기 위한 노력과 입사 후 업무 수행에 어떻게 적용할 수 있을지에 대해 설명하는 방식으로 작성하는 것이 좋다.

항목 3 [창의성 및 문제해결] 귀하가 속한 단체나 조직에서 다음 각 항목별(4가지 이내)로 발휘하였던 경험에 대해 기술하여 주십시오.
① 창의력, ② 책임감, ③ 팀워크, ④ 신뢰 (각 400Byte)

★ 이것만은 꼭! 상호 협력을 이끌기 위해 했던 일을 사례로 제시하는 것이 좋다.

이 항목은 지원자가 조직생활에 적합한 인재인지를 알아보기 위한 항목이다. 단체나 조직에서 설정한 공동의 목표를 달성하는 데에 있어 어떤 기여를 했는지에 초점을 맞춰 작성하는 것이 좋다. 특히 조직에는 서로 다른 생각과 가치관을 보유한 사람들이 존재하기 때문에 구성원 간에 갈등이 발생하거나 예상치 못한 문제 상황에 직면하는 경우가 많다. 따라서 구성원이 서로 다름을 인정하여 갈등을 해결하고, 각 구성원이 보유한 서로 다른 역량을 모아 문제를 해결한 경험이 이 항목에서 제시할 수 있는 가장 이상적인 경험일 것이다.

자소서에서 경험을 통해 평가하고자 하는 것은 단순히 무엇을 하였는지가 아니라 경험에서 드러나는 지원자의 태도, 역량 등이다. 따라서 경험에 대해서 작성할 때에는 '무엇'을 하였는지를 중심으로 작성하기보다는 '어떤 태도'로 임했고, '어떤 역량'을 발휘했으며, '어떤 노력'을 했는지를 강조하는 것이 좋다. 또한, 이 경험을 통해 어떤 것을 느끼고, 무엇을 얻게 되었는지 결과를 분명히 드러내야 한다는 것도 잊지 말아야 한다. 경험을 통해 얻은 결과물이나 생각을 입사 후 회사생활에 어떻게 연계시킬 수 있는지도 제시한다면 채점관에게 더 좋은 인상을 줄 수 있을 것이다.

항목4 [감동 및 행복] 인간미를 발휘하여 감동(행복)을 주었던 경험을 대상별(4그룹 이내)로 기술하여 주십시오.
① 가족, ② 친구, ③ 선후배, ④ 기타 (각 400Byte)

★ 이것만은 꼭! 대상의 특성을 파악해 감동 및 행복을 주었던 경험을 제시한다.

이 항목은 IBK기업은행의 인재상과 관련 있는 항목이다. IBK기업은행은 '시장 경쟁력을 갖추고, 고객을 감동시키며, 성과를 창출하는 도전적인 인재'를 인재상으로 설정하고 있다. 따라서 감동(행복)을 주었던 경험은 '타인을 만족시켰던 경험'으로 해석할 수 있다. 따라서 타인을 감동시키기 위해 어떤 노력을 하였고, 타인이 감동하였을 때 자신은 어떤 생각을 하게 되었는지에 대해 작성해야 한다.

이때 감동 및 행복을 주었던 대상을 가족, 친구, 선후배, 기타 등으로 나누어 제시한 것에 주목해야 한다. 각 대상이 가진 니즈를 분석하여 적절히 대응함으로써 감동 및 행복을 주었던 경험과 이것이 자신에게 어떤 깨달음을 주었는지 그 의미를 설명하는 방식으로 작성하는 것이 좋다.

합격자소서 작성
TIP
● 은행 업무 및 금융 전문 지식과 관련된 역량을 강조하여 나타낸다.
● 각 자소서 항목이 세부 문항으로 구성되어 있고, 세부 문항당 작성 분량이 많지 않으므로, 불필요한 미사여구는 지양하고 핵심 내용만 간단명료하게 정리하도록 한다.

16 삼성SDS

합격자소서 작성을 위한 기업분석

① 경영목표

삼성SDS는 1985년에 설립된 IT 서비스 기업으로 지난 30여 년간 대한민국 IT 산업의 역사를 개척한다는 자부심과 함께 고객의 니즈와 시대의 변화에 따라 발전하고 있는 기업이다. 삼성SDS는 생산성을 혁신하는 엔터프라이즈 솔루션 및 4차 산업혁명을 견인하는 인공지능(AI), 클라우드, 블록체인 등의 IT 기술력을 기반으로 제조, 금융, 물류, 리테일, 공공, 금융, 의료 등 다양한 비즈니스 영역에 맞춤형 솔루션을 지원하고 있다.

2018년에는 Data 기술과 분석역량을 바탕으로 제조현장부터 통합물류, 고객접점 및 업무 효율까지 디지털화함으로써 차별적 가치를 선도하는 기업이 되고자 Data-driven Digital Transformation Leader라는 비전을 선포하였다. 그리고 고객, 임직원, 파트너 모두의 꿈과 목표를 실현해 나가겠다는 의미에서 Realize your vision이라는 슬로건을 도입하고, 대상에 따른 제공가치를 다음과 같이 제시하였다.

for Customers Enable innovation	for Employees Unleash potential	for Partners Create synergy
고객에게는 디지털 혁신을 통해 비즈니스 성장을 견인하는 회사	임직원에게는 역량 강화를 통해 전문가로 성장할 기회를 제공하는 회사	파트너에게는 시너지 창출을 통해 생태계를 함께 성장시켜 나가는 회사

〈출처: 삼성SDS 기업 사이트〉

오늘날 전 세계적으로 4차 산업혁명에 대한 논의가 활발해지고 있다. 4차 산업혁명이란 인공지능(AI) 및 사물인터넷(IoT), 빅데이터 등 정보통신 기술과의 융합으로 생산성이 급격히 향상되고 제품과 서비스가 지능화되면서 경제·사회 전반적으로 혁신적인 변화가 나타나는 차세대 산업혁명을 일컫는다. 이러한 변화에 발맞추어 삼성SDS는 신성장동력 발굴의 기회를 엿보고 있다.

특히 최근에는 혁신적 성장을 이룬 IT 서비스의 4대 전략사업인 스마트 팩토리, 클라우드, 인공지능(AI)·학습 분석 기술, 솔루션 등에 집중하고, 물류 대외 사업과 전자 상거래를 연계한 신규 사업을 통해 2020년까지 두 자릿수 이상의 성장세를 이루겠다는 계획을 밝혔다. 따라서 삼성SDS가 주력하고 있는 사업 분야와 핵심 기술, 미래 전망 등에 대해 알아보고 자소서를 작성하면, 기업에 대한 관심도가 높은 지원자라는 점을 강조할 수 있을 것이다.

기업분석 Key Word

- **비전:** Data-driven Digital Transformation Leader
- **슬로건:** Realize your vision

② 지속가능경영

삼성SDS는 동반성장으로 **경제적 지속가능경영**을 실현하고 있다. 정도경영의 이념을 바탕으로 깨끗하고 투명한 비즈니스 환경을 만들고 파트너와의 동반성장을 통해 경쟁력도 향상시키고 있다. 삼성SDS는 비즈니스, 솔루션, 서비스 파트너와 네트워크를 형성하여 창의와 혁신을 통한 새로운 미래가치를 창출하고 있다. 또한, 금융, 기술, 교육 및 채용 지원을 통해 파트너와의 상생을 도모하고 있다.

한편 **사회적 지속가능경영** 측면에서는 기업이 보유한 IT 전문 지식과 자산을 적극 활용하여, IT 기술과 연계한 다양한 사회공헌 활동을 통해 정보 격차를 해소하기 위해 노력하고 있다. 신체적, 지리적, 경제적인 어려움으로 인해 IT 접근성이 낮고, 기회가 있어도 효과적인 활용 방법을 알지 못해 실질적으로 정보화로부터 소외된 아동과 청소년, 장애인, 노인 및 소외 지역 등을 대상으로 IT 인프라 구축과 교육 활동을 지원한다. 구체적으로는 장애인 대학생 IT 보조기구 지원, SDS 사랑의 IT 교실, 전국 소년원생 지원 활동, 임직원의 저소득 청소년 및 장애 청소년 IT 멘토링 등의 활동을 통해 정보격차를 해소하는 데 기여하고 있다. 또한, IT 기술의 발달과 함께 사회적 문제로 대두한 과도한 정보화의 역기능 문제를 해소하기 위해 인터넷 및 스마트폰의 올바른 사용법을 교육하는 프로그램도 운영하고 있다.

환경적 지속가능경영을 위해 첨단 기술을 활용한 친환경 데이터 센터를 운영하고 있다. 이는 전 세계적으로 문제시되고 있는 기후변화 문제에 적극 대처하기 위한 노력의 일환이다. 삼성SDS 데이터 센터의 IT 시스템은 절전형 플래시 메모리와 SSD를 사용해 에너지 효율성을 극대화한다. 또한, 태양열급탕, 태양광발전, 지열 냉/난방 시스템, 연료전지 기술 등을 데이터 센터의 동력원으로 활용하고 있다.

기업분석 Key Word

- **경제적 지속가능경영**: 깨끗하고 투명한 비즈니스 환경, 파트너와의 동반성장
- **사회적 지속가능경영**: IT 기술과 연계한 다양한 사회공헌 활동을 통해 정보 격차 해소
- **환경적 지속가능경영**: 첨단 기술을 활용한 친환경 데이터 센터 운영

③ 인재상

삼성SDS의 인재상은 삼성전자와 동일하게 삼성그룹 채용 사이트에서 확인할 수 있다.

Passion **열정**	We have an unyielding passion to be the best. 끊임없는 열정으로 미래에 도전하는 인재
Creativity **창의혁신**	We pursue innovation through creative ideas for a better future. 창의와 혁신으로 세상을 변화시키는 인재
Integrity **인간미 · 도덕성**	We act responsibly as a corporate citizen with honesty and fairness. 정직과 바른 행동으로 역할과 책임을 다하는 인재

〈출처: 삼성그룹 채용 사이트〉

삼성그룹은 인재와 기술을 바탕으로 최고의 제품과 서비스를 창출하여 인류 사회에 공헌한다는 경영이념을 갖고 있다. 이를 뒷받침하기 위해 삼성그룹은 인재제일이라는 신념으

로 모든 분야에서 최고를 추구하면서, 앞선 변화를 선도하고, 모두의 이익에 기여를 하는 핵심가치를 담고 있는 기업이라고 이야기할 수 있다.

삼성SDS는 SCSA를 통해 인문학 전공자를 대상으로 SW 기술에 대한 집중 학습 기회를 제공함으로써 인문학적 소양을 갖춘 융·복합형 인재를 양성하는 과정을 만들고 있다. 그러므로 삼성SDS의 인재상은 삼성그룹의 인재상에 더해 인문학적 소양을 갖춘 인재를 원하고 있다는 것을 알 수 있다. 또한, ICT 산업의 중심에 있는 기업이므로 ICT 문화와 산업에 대한 이해를 고루 갖춘 인재를 원하고 있다.

기업분석 Key Word

- **인재상:** 인문학적 소양 및 ICT 문화와 산업에 대한 이해를 갖춘 인재

합격자소서 작성 가이드

① 삼성SDS 자소서 항목 (2020년 기준)

> 1. 삼성SDS를 지원한 이유와 입사 후 회사에서 이루고 싶은 꿈을 기술하십시오. (700자 이내)
>
> 2. 본인의 성장과정을 간략히 기술하되 현재의 자신에게 가장 큰 영향을 끼친 사건, 인물 등(작품 속 가상인물도 가능)을 포함하여 기술하시기 바랍니다. (1,500자 이내)
>
> 3. 최근 사회이슈 중 중요하다고 생각되는 한 가지를 선택하고 이에 관한 자신의 견해를 기술해주시기 바랍니다. (1,000자 이내)

*기본 항목(취미/특기, 존경인물, 존경 이유)을 작성해야 함

② 항목별 작성법

항목 1 삼성SDS를 지원한 이유와 입사 후 회사에서 이루고 싶은 꿈을 기술하십시오. (700자 이내)

★ 이것만은 꼭! 자신의 인생관을 바탕으로 지원동기와 입사 후 포부를 작성해야 한다.

이 항목은 지원동기 및 입사 후 포부라는 복합적인 질문이 하나로 연결되어 있다. 지원동기를 제시하고 직무 역량에 근거하여 입사 후 포부를 작성해야 한다. 이 항목에서 가장 주의해야 할 점은 삼성SDS를 지원한 이유에 대해 명확하게 드러내야 한다는 것이다.

지원동기를 작성하려면 직무에 대한 이해가 필요하다. 그다음에 지원 직무가 하는 일 또는 삼성SDS 내에서 해당 직무의 영향력을 고려하여 가장 필요한 직무 역량을 선정한다. 또한, 경험을 통해 직무 역량을 보유했음을 드러내는 것이 좋다. 이때 특정한 경험을 통해 직무 역량을 갖추게 되었다는 내용 또는 직무 역량을 이용해 좋은 결과를 거둘 수 있었다는 내용으로 작성해야 한다. 당신의 역량을 통해 어떻게 회사에 기여할 것인지도 드러내야 한다. 추상적인 각오나 태도를 밝히는 것보다는 이를 토대로 이루고 싶은 직무 비전을 밝히고, 이 직무 비전이 장기적으로 회사에 가져올 수 있는 이익을 제시해야 한다.

항목 2 본인의 성장과정을 간략히 기술하되 현재의 자신에게 가장 큰 영향을 끼친 사건, 인물 등(작품 속 가상인물도 가능)을 포함하여 기술하시기 바랍니다. (1,500자 이내)

★ 이것만은 꼭! 삼성SDS의 인재상과 관련한 가치관이 드러나도록 작성한다.

성장과정을 묻는 항목에서는 자신의 인생관과 비전을 보여주어야 한다. 인생관은 삼성 SDS의 인재상과 연관되도록 작성하는 것이 좋다. 따라서 삼성SDS는 삼성그룹의 인재상인 끊임없는 열정으로 미래에 도전하는 인재, 창의와 혁신으로 세상을 변화시키는 인재, 정직과 바른 행동으로 역할과 책임을 다하는 인재에 더해 인문학적 소양을 갖춘 인재 및 ICT 문화와 산업에 대한 이해를 고루 갖춘 인재를 원하고 있다는 점을 고려하여 작성해야 한다. 성장과정에서 보유하게 된 자신의 인생관과 비전이 지원동기와 연결될 수 있으므로 첫 번째 항목에서 제시한 지원동기와 이 항목에서 제시한 인생관 및 비전이 유기적으로 연결될 수 있도록 작성하는 것이 중요하다.

항목3 최근 사회이슈 중 중요하다고 생각되는 한 가지를 선택하고 이에 관한 자신의 견해를 기술해주시기 바랍니다. (1,000자 이내)

★ 이것만은 꼭! 삼성SDS와 관련된 최신 이슈에 대한 조사가 선행되어야 한다.

이 항목은 지원자의 기업에 대한 관심도 및 해당 사업 분야에 대한 이해도를 파악하기 위한 항목이라고 볼 수 있다. 최근 삼성SDS는 물류 BPO 부문의 수익성이 개선되고 있으며, 지속적인 성장세를 보이는 IT 서비스의 4대 전략사업에 주력하면서 신기술 기반의 사업 경쟁력과 기술리더십을 강화하기 위해 노력하고 있다. 따라서 각 사업 부문에서 최근 삼성SDS가 거둔 성과에 대해 언급한 후, 향후 전망에 대한 자신의 견해를 기술하는 식으로 작성할 수 있을 것이다.

합격자소서 작성 TIP
- 삼성SDS는 인문학과 이공학의 융합을 중요하게 여기므로 통섭형 인재라는 점을 강조하면 채점관에게 좋은 인상을 남길 수 있다.
- 여러 가지 사례를 나열하는 것이 아니라 하나의 사례를 자세하게 작성해야 한다.

17 삼성물산

합격자소서 작성을 위한 기업분석

① 경영목표

2015년에 제일모직과 삼성물산의 합병을 통해 출범한 통합 삼성물산은 Global Business Partner & Lifestyle Innovator라는 비전을 수립하고, 토탈 라이프 서비스를 제공하는 글로벌 가치 창조 기업으로 거듭나려 하고 있다. 삼성물산을 구성하는 4개의 부문인 건설, 상사, 패션, 리조트 부문은 비전을 달성하고 지속 가능한 성장을 이루기 위해 부문별로 다음과 같은 경영목표를 제시하고 있다.

건설 부문	상사 부문
The Trusted Builder	Global Top 10 Trading Company
패션 부문	리조트 부문
Design for Life	Design Happiness

〈출처: 삼성물산 기업 사이트〉

기업분석 Key Word

- 비전: Global Business Partner & Lifestyle Innovator

② 지속가능경영

삼성물산은 CSR 경영을 통해 지속 가능한 성장의 길을 모색하고 있다. 삼성물산의 CSR 경영은 기업의 사회적 책임을 통한 지속 가능한 발전 실현을 <u>CSR 비전</u>으로 두고, 3대 전략방향과 6개의 전략과제 및 관련 목표를 수립하였다.

전략방향 및 전략과제	주요 목표
기후변화에 선제적 대응 – 지구 온난화 방지 – 친환경 제품 생산/구매	• 매출당 온실가스 배출량 감축 • 친환경 제품의 생산/구매 비중 확대
Biz 전 과정의 사회적 책임 강화 – 지속 가능한 공급망 관리 – 운영 사업장의 노동/인권 리스크 관리	• 전체 협력회사 대상 CSR 평가 적용 • 전체 운영 사업장 대상 노동/인권 실사 실시
사회와 함께하는 가치 창출 – 공유가치 창조 및 성과 측정 확대 – 사회공헌 활성화	• 부문별 CSV 프로젝트 추진 • 임직원 봉사활동 참여율 확대

〈출처: 삼성물산 기업 사이트〉

기업분석 Key Word

● CSR 비전: 기업의 사회적 책임을 통한 지속 가능한 발전 실현

③ 인재상

삼성물산의 인재상은 삼성그룹의 인재상을 기반으로 하고 있으며, 각 부문으로 나눠 인재상을 제시하고 있다. 먼저 건설 부문의 인재상을 살펴보자.

열린 마음 인간미와 도덕성으로 충만한 마음을 지닌 사람	• 바르지 않은 것을 바로 고치도록 당당히 말하는 용기가 있고 더불어 사는 사람을 실천할 수 있는 따뜻한 사람 • 집단과 개인 이기주의를 버리고 서로를 격려하며 이끌어 주는 진정한 동료애를 발휘할 줄 아는 사람
열린 머리 창의와 협력을 바탕으로 미래를 창조해 나가는 사람	• 변화를 리드하여 새로운 것을 받아들이고 창조함으로써 조직과 사회에 활력과 신선함을 주는 사람
열린 행동 글로벌 인재로서의 감각과 능력을 갖춘 사람	• 명확한 목표와 목적의식 속에 자신의 위치를 입체적, 국제적으로 파악하는 자세를 가진 사람 • 치열한 무한경쟁의 열린 시대에 살아남을 수 있는 기본기와 능력을 갖춘 사람

〈출처: 삼성물산 건설 부문 기업 사이트〉

이번에는 상사 부문의 인재상을 살펴보자.

기(基) 기본과 원칙 준수	인간미·도덕성·정직성을 바탕으로 기업윤리와 경영철학을 실천하고 컴플라이언스를 준수하는 인재
창(創) 창의와 도전	열정과 상상력을 바탕으로 신규사업을 창출하고 변화와 혁신을 선도하는 인재
협(協) 협력 마인드, 종합력	협업을 통해 사업 시너지를 극대화하고 다양한 기능과 조직의 역량을 통합하여 Value chain 상의 가치를 창출하는 인재
전(專) 전문성과 글로벌 감각	전문 지식과 노하우를 보유하고 글로벌 문화 이해를 토대로 하여 전 세계를 무대로 꿈을 실현하는 인재

〈출처: 삼성물산 상사 부문 기업 사이트〉

패션 부문의 경우 인재상이 따로 제시되어 있지 않지만, 핵심가치를 통해 삼성물산 패션 부문이 추구하는 인재상을 엿볼 수 있다.

Creativity 창조	변화와 실패를 두려워하지 않는 열정으로, 새로움에 끊임없이 도전하고 혁신을 추구하는 것
Commitment 열정	나의 일에 대한 주인의식과 강한 책임감으로, 세계 최고가 되기 위해 항상 최선을 다하는 것
Openness 개방	다양한 문화와 새로운 정보를 능동적으로 받아들이며 나와 다름을 인정하고 이해하려는 마음가짐
Respect 존중	제일모직 패션인의 자존감을 바탕으로, 나와 회사에 대한 자부심을 갖고, 파트너를 인정하고 배려하는 것
Collaboration 협력	공동의 가치와 목표 완성을 위한 최선의 방안을 찾아, 서로를 인정하고 지원하여 최고의 시너지를 창출하는 것

〈출처: 삼성물산 패션 부문 기업 사이트〉

마지막으로 리조트 부문의 인재상을 살펴보자.

Open-minded 적극적인 자세로 먼저 다가서는 개방인	• 누구하고라도 소통할 수 있는 유연함 • 상대를 배려하는 따뜻한 가슴
Creative 상상을 현실로 만들어내는 열정가	• 새로운 관점과 창의적 발상 • 다른 것을 하나로 연결하는 통합적 기획력
Expert 끊임없이 연구하는 학습인	• 자기 분야에 대한 전문적 식견 • 세계 최고를 지향하는 긍지와 자부심
Challenging 새로운 시도와 경쟁을 즐기는 선도자	• 현실에 만족하지 않는 도전 정신 • 실패를 두려워하지 않는 과감함

〈출처: 삼성물산 리조트 부문 기업 사이트〉

삼성물산은 글로벌 사업 진출을 활발하게 전개하고 있는 기업이다. 따라서 삼성그룹의 인재상과 더불어 삼성물산의 <u>인재상</u>에서 관심 있게 봐야 할 부분은 **국제적인 감각**을 가진 인재를 필요로 하고 있다는 점이다.

기업분석 Key Word

- **인재상:** 삼성그룹의 인재상과 더불어 국제적인 감각을 갖춘 인재

합격자소서 작성 가이드

① 삼성물산 자소서 항목 (2020년 기준)

> 1. 삼성물산을 지원한 이유와 입사 후 회사에서 이루고 싶은 꿈을 기술하십시오. (700자 이내)
>
> 2. 본인의 성장과정을 간략히 기술하되 현재의 자신에게 가장 큰 영향을 끼친 사건, 인물 등(작품 속 가상인물도 가능)을 포함하여 기술하시기 바랍니다. (1,500자 이내)
>
> 3. 최근 사회이슈 중 중요하다고 생각되는 한 가지를 선택하고 이에 관한 자신의 견해를 기술해주시기 바랍니다. (1,000자 이내)

*기본 항목(취미/특기, 존경인물, 존경 이유) 및 항목 4(상사업에서 본인 전공, 경험, 보유 자격 활용 방안)를 작성해야 함

② 항목별 작성법

항목 1 삼성물산을 지원한 이유와 입사 후 회사에서 이루고 싶은 꿈을 기술하십시오. (700자 이내)

★ 이것만은 꼭! 지원동기와 입사 후 포부가 유기적으로 연결되어야 한다.

이 항목에서는 지원동기와 입사 후 포부를 모두 드러내야 한다. 따라서 지원동기를 제시하고 직무 역량에 근거하여 입사 후 포부를 작성해야 한다. 지원동기를 작성하려면 직무 및 직무에서 필요로 하는 역량에 대한 이해가 필요하다. 삼성물산의 경우, 삼성그룹 중에서도 특히 국제적인 감각과 커뮤니케이션 능력을 중요시하는 기업이다. 따라서 국제적인 감각과 커뮤니케이션에 대한 자신의 역량이 부각되도록 작성해야 한다. 국제적인 감각과 커뮤니케이션 능력을 바탕으로 입사 후 회사의 발전에 어떠한 기여를 하고 싶은지, 회사는 이를 통해 어떤 이익을 얻을 수 있는지까지 작성할 수 있다면 더욱 좋은 자소서가 될 수 있을 것이다.

항목 2 본인의 성장과정을 간략히 기술하되 현재의 자신에게 가장 큰 영향을 끼친 사건, 인물 등(작품 속 가상인물도 가능)을 포함하여 기술하시기 바랍니다. (1,500자 이내)

★ 이것만은 꼭! 성장과정과 직무 역량을 연결하여 작성한다.

본인의 성장과정과 직무에 필요한 역량을 연결시켜야 하는 것이 이 자소서 항목의 핵심이라고 할 수 있다. 성장과정을 통해 자신의 인생관과 목표 의식 등을 이야기하고 그것을 토대로 직무에 필요한 역량을 연결시켜야 한다.

먼저 삼성물산의 각 부문에서 중요하게 여기는 사업 및 분야를 확인하고, 이를 통해 핵심 역량을 파악하도록 한다. 삼성물산의 건설 부문은 해외수주를 중심으로 발전하고 있으므로 국제적인 감각을 보여주어야 한다. 따라서 국제적인 감각을 키우거나 발휘하는 데 중요한 역할을 할 역량이 무엇인지 생각해보도록 한다. 상사 부문의 경우 에너지 사업과 신재생 에너지 사업에 중점을 두고 있으므로 이 부분에 대한 이해가 깊다는 것이 좋은 역량으로 제시될 수 있다. 또한, 상사 부문에서는 중요한 역량 중 하나가 기획력이라는 점도 눈여겨보아야 한다.

작성 분량이 많은 만큼 직무 수행 시 필요한 태도나 능력과 관련 있는 추상적인 역량, 예를 들면 적응력, 추진력, 분석력 등을 직무 역량으로 제시할 수도 있다. 이때 이 추상적인 역량을 어떠한 구체적인 경험을 통해 익히게 되었는지가 잘 드러나야 한다.

항목3 최근 사회이슈 중 중요하다고 생각되는 한 가지를 선택하고 이에 관한 자신의 견해를 기술해주시기 바랍니다. (1,000자 이내)

★ 이것만은 꼭! '서론-본론-결론'의 구조가 명확히 드러나도록 작성한다.

이 항목은 자소서라기보다는 논술이나 논설에 가까운 항목이다. 그러므로 '서론-본론-결론'의 논리적인 구조를 갖추면 다른 지원자와 차별점을 둘 수 있을 것이다. 서론은 문제 제기와 본론에 나올 논리에 대해 적어야 한다. 본론에서는 '글로벌 시장의 상황-삼성물산의 현재 상황-문제점이나 발전 방향'의 순으로 적는다. 그리고 마지막 결론은 전체를 요약하는 것으로 마무리 지을 수 있다.

합격자소서 작성 **TIP**

- 글로벌 역량을 보유한 인재라는 점을 드러내되, 많은 지원자들이 우선적으로 떠올리는 출중한 외국어 구사 능력 이외에 또 어떤 능력이 글로벌 역량의 기반이 되는지 생각해본다.
- 우리나라는 물론 최대 무역국, 개발도상국의 무역, 경제 정책을 빠르게 파악하는 것이 중요한 역량 중 하나라는 점을 염두에 둔다.
- 다양한 산업 분야와 업무를 진행하는 기업의 특성을 고려하여 다양한 산업 분야에 대한 이해도 및 관심도가 높다는 점을 드러내면 좋다.

18 SK하이닉스

합격자소서 작성을 위한 기업분석

① 경영목표

2018년에 SK하이닉스는 첨단 기술의 중심, 더 나은 세상을 만드는 회사라는 기업이 지향하는 정체성을 담아 We Do Technology라는 새로운 슬로건을 도입하였다. 이는 4차 산업혁명 시대를 맞이하여 글로벌 경쟁에 대응하기 위해서는 기술밖에 없다는 인식에서, 기술 개발로 성과를 이루고 이를 바탕으로 사회적 가치를 창출해나가겠다는 의지를 압축적으로 표현한 것이다.

그리고 SK하이닉스가 존재하는 목적, SK하이닉스 구성원 모두가 지켜야 할 가치, 고객과 사회가 SK하이닉스를 선택하고 지지하는 동인(動因)을 다음과 같이 제시하고 있다.

Purpose	Values	Drivers
기술 기반의 IT 생태계 리더로서 사회 구성원 모두와 함께 더 나은 세상을 만듭니다.	Tenacity 강한 집념 Tech. Advanced 기술 혁신 Together Prosperity 함께 성장	Leading Technology Trusted Partnership Shared Social Value

〈출처: SK하이닉스 기업 사이트〉

SK하이닉스는 모바일과 컴퓨터 등 각종 IT 기기에 필수적으로 들어가는 D램(DRAM)과 낸드플래시(NAND Flash) 등 메모리반도체를 중심으로 CMOS 이미지센서(CIS)와 같은 시스템반도체 등을 생산하는 기업이며 혁신적인 반도체 제품을 시장에 선보이면서 기술리더십을 공고히 해왔다.

이러한 SK하이닉스의 <u>사업영역</u>은 D램, 낸드플래시, CMOS 이미지센서로 나누어진다. 다음 SK하이닉스의 사업 영역을 살펴보자.

DRAM	• PC·노트북·서버 등에 사용되는 컴퓨팅 DRAM, 전력 소모가 적어 각종 휴대용 기기에 적합한 모바일 DRAM 생산 • 많은 양의 데이터를 고속으로 처리할 수 있어 그래픽 데이터 처리에 사용되는 그래픽 DRAM 생산 • 다양한 디지털 기기의 동작에 필요한 컨슈머 DRAM 생산
NAND Flash	• 최근 스마트폰, 태블릿 PC, SSD(Solid State Drive) 등으로 응용처가 다변화되는 추세 • MLC(Multi Level Cell), TLC(Triple Level Cell) 등 최신 낸드 플래시를 생산하고 있으며 128~512Gb까지 폭넓은 용량의 제품군 보유
CIS	• 각종 IT 기기에서 전자 필름 역할을 하는 비메모리반도체 • 생산 공정이 메모리반도체 기술과 연관이 가장 많은 제품 • CIS 사업에 성공적으로 진입하고, 고화소 미세공정 기술을 확보하는 등 CIS 사업의 새로운 장을 열어가고 있음

〈출처: SK하이닉스 기업 사이트〉

이러한 사업 영역을 보면 SK하이닉스는 IT 산업의 기반이 되는 산업을 중심으로 발전하고 있다. 반도체의 기술 집적도를 높여 소프트웨어 시장으로 변해가고 있는 지금 SK하이닉스는 기반 산업에 눈을 돌려 이윤을 내려 한다는 것을 알 수 있다.

SK하이닉스는 SK그룹의 기업문화를 따르고 있다. SK그룹의 기업문화는 <u>SKMS</u> (SK Management System)이다. SKMS는 SK 고유의 기업문화 및 경영이념, 경영기법을 체계적으로 정리한 것으로서, SK의 경영철학이자 기업문화의 근간이 된다.

SK그룹은 SKMS의 정립을 통해 기업문화를 발전시키고 경영 관리 수준을 향상시킬 수 있는 초석을 마련하게 되었고, 현재에도 SK그룹의 모든 구성원은 SKMS를 기준으로 판단하여 경영 활동에 임하고 있다. 그리고 SK의 모든 구성원은 자발적·의욕적 두뇌활용을 통한 SUPEX 추구 문화로 이해 관계자 행복을 구현할 수 있다고 믿는다는 경영철학을 수립하였다.

이해 관계자의 행복	• 기업은 이해 관계자 간 행복이 조화와 균형을 이루도록 노력하고, 장기적으로 지속 가능하도록 현재와 미래의 행복을 동시에 고려해야 한다. • 구성원은 기업의 이해 관계자 중 하나임과 동시에 기업을 구성하는 주체이다. • 이해 관계자에 대한 행복을 추구함으로써 구성원 전체의 행복이 커지고, 이를 통해 구성원 각자의 행복도 지속될 수 있다는 것을 믿고 실천한다.
VWBE를 통한 SUPEX 추구 문화	• 급변하는 환경 속에서 기업은 이해 관계자 행복을 키워나가기 위하여 인간의 능력으로 도달할 수 있는 최고의 수준인 SUPEX(Super Excellent Level) 추구를 통하여 최고의 성과를 지속적으로 창출해야 한다. • 이를 위해 구성원은 자발적(Voluntarily)이고 의욕적(Willingly)인 두뇌활용(Brain Engagement)을 통해 최대한의 역량을 발휘하여 성과 창출에 기여한다.

〈출처: SK그룹 기업 사이트〉

위의 경영철학을 보면 SK하이닉스가 중요하게 여기는 인재의 특징은 자발적 행동을 통해 습득한 자신만의 노하우를 가지고 있고, 자신의 능력을 충분히 알고 활용하는 사람임을 알 수 있다.

SK하이닉스에 지원하는 사람이라면 위와 같이 SK그룹 고유의 기업문화인 SKMS를 통해 인재상을 구체화해야 한다.

기업분석 Key Word

- **사업영역:** D램(DRAM), 낸드플래시(NAND Flash), CMOS 이미지센서(CIS)
- **SKMS:** SK Management System의 약자로, 보다 큰 행복을 만들어가는 SK그룹 고유의 경영철학이자 기업문화의 근간

② 지속가능경영

SK하이닉스는 지속적인 성장을 통해 고객, 구성원, 주주를 포함한 이해 관계자의 가치를 창출함으로써 사회와 경제 발전에 기여하는 한편 인류의 행복에 공헌하는 것을 목표로 하고 있다. 그리고 급변하는 경영 환경에서 기업이 생존을 넘어 지속적으로 성장하기 위해 SK그룹의 경영철학이자 경영 시스템인 SKMS를 기반으로 지속경영 제반 활동이 일관성을 유지하고 유기적으로 연계되며 동시에 동태적으로 변화하는 외부 환경에 시스템적으로 대응할 수 있도록 체계를 구축해 나가고 있다.

경제적 지속가능경영을 하기 위해 SK하이닉스는 글로벌 자율준수 프로그램을 실천하고 있다. 글로벌 자율준수 프로그램은 SK하이닉스가 스스로 사회와 시장, 정부를 향해 관련 법규 및 규제를 준수하기 위하여 상시적인 교육, 관리, 자율감사를 기반으로 공정한 경쟁을 해나가겠다는 의지를 표현하는 것이다. 즉, 모든 구성원 스스로 공정거래법규를 준수할 수 있도록 교육을 지속적으로 실시하면서 경제적 이익을 도모하고 있다.

사회적 지속가능경영을 하기 위해 SK하이닉스는 지역사회 소외 계층을 지원하고, 미래 인재 육성 및 장학 사업을 추진하면서 존경받는 기업상을 구현하고 있다. 이를 실천하기 위해 기초복지 지원, 미래 인재 육성, 사회문제 지원, 구성원 봉사활동 등을 통해 사회공헌 활동을 펼치고 있다.

그리고 SK하이닉스는 환경적 지속가능경영을 실현하기 위해 깨끗하고 안전한 환경을 보전하고 사회 구성원 모두가 누릴 수 있는 미래의 삶을 추구한다. 이에 SK하이닉스는 적극적으로 환경경영 방침을 도입했다.

SK하이닉스는 사람과 환경 중심의 가치를 최우선으로 추구한다는 이념을 바탕으로 SHE(Safety, Environment, Health) 분야의 지속적인 혁신과 안전문화 장착을 통해 세계 최고 수준의 사업장 안전관리, 구성원 건강증진을 실천하고 지구환경을 보전한다는 안전보건환경 방침을 수립했다. 그리고 SHE 4대 경영원칙으로 선진 SHE 경영 시스템 구축, 안전 Risk Free 사업장 구축, 사람 중심의 보건 시스템 구축, 지속 가능한 환경 시스템 구축 등을 제시하고 있다.

기업분석 Key Word

- **경제적 지속가능경영**: 글로벌 자율준수 프로그램 실천
- **사회적 지속가능경영**: 소외 계층을 지원하고, 미래 인재 육성 및 장학 사업을 추진하면서 존경받는 기업상 구현
- **환경적 지속가능경영**: 환경경영 방침 도입

③ 인재상

SK하이닉스의 인재상은 SK텔레콤과 마찬가지로 SK그룹 인재상을 따라 경영철학에

대한 확신을 바탕으로 일과 싸워서 이기는 패기를 실천하는 인재이다.

경영철학에 대한 확신	경영철학에 대한 확신과 VWBE를 통한 SUPEX 추구 문화로 이해 관계자 행복 구현 – VWBE: 자발적이고(Voluntarily) 의욕적으로(Willingly) 두뇌활용(Brain Engagement) – SUPEX: 인간의 능력으로 도달할 수 있는 최고의 수준인 Super Excellent 수준
패기	과감한 실행의 패기, 일과 싸워서 이기는 패기를 실천하는 인재 – 스스로 동기 부여하여 높은 목표에 도전하고 기존의 틀을 깨는 과감한 실행 – 그 과정에서 필요한 역량을 개발하기 위해 노력하며, 팀워크를 발휘

〈출처: SK그룹 채용 사이트〉

기업분석 Key Word

● **인재상**: 경영철학에 대한 확신을 바탕으로 일과 싸워서 이기는 패기를 실천하는 인재

합격자소서 작성 가이드

① SK하이닉스 자소서 항목 (2020년 기준)

1. 자발적으로 최고 수준의 목표를 세우고 끈질기게 성취한 경험에 대해 서술해주십시오.
   - 본인이 설정한 목표/목표의 수립 과정/처음에 생각했던 목표 달성 가능성/수행 과정에서 부 딪힌 장애물 및 그때의 감정(생각)/목표 달성을 위한 구체적 노력/실제 결과/경험의 진실성을 증명할 수 있는 근거가 잘 드러나도록 기술 (700~1,000자 / 10단락 이내)

2. 새로운 것을 접목하거나 남다른 아이디어를 통해 문제를 개선했던 경험에 대해 서술해주십시오.
   - 기존 방식과 본인이 시도한 방식의 차이/새로운 시도를 하게 된 계기/새로운 시도를 했을 때 의 주변 반응/새로운 시도를 위해 감수해야 했던 점/구체적인 실행 과정 및 결과/경험의 진실성을 증명할 수 있는 근거가 잘 드러나도록 기술 (700~1,000자 / 10단락 이내)

3. 지원 분야와 관련하여 특정 영역의 전문성을 키우기 위해 꾸준히 노력한 경험에 대해 서술해주십시오.
   - 전문성의 구체적 영역(예: 통계분석)/전문성을 높이기 위한 학습 과정/전문성 획득을 위해 투입한 시간 및 방법/습득한 지식 및 기술을 실전적으로 적용해본 사례/전문성을 객관적으로 확인한 경험/전문성 향상을 위해 교류하고 있는 네트워크/경험의 진실성을 증명할 수 있는 근거가 잘 드러나도록 기술 (700~1,000자 / 10단락 이내)

4. 혼자 하기 어려운 일에서 다양한 자원 활용, 타인의 협력을 최대한으로 이끌어 내며, 팀워크를 발휘하여 공동의 목표 달성에 기여한 경험에 대해 서술해주십시오.
   - 관련된 사람들의 관계(예: 친구, 직장 동료) 및 역할/혼자 하기 어렵다고 판단한 이유/목표 설정 과정/자원(예: 사람, 자료 등) 활용 계획 및 행동/구성원들의 참여도 및 의견 차이/그 에 대한 대응 및 협조를 이끌어 내기 위한 구체적 행동/목표 달성 정도 및 본인의 기여도/경험의 진실성을 증명할 수 있는 근거가 잘 드러나도록 기술 (700~1,000자 / 10단락 이내)

② 항목별 작성법

항목 1 자발적으로 최고 수준의 목표를 세우고 끈질기게 성취한 경험에 대해 서술해주십시오.

– 본인이 설정한 목표/목표의 수립 과정/처음에 생각했던 목표 달성 가능성/수행 과정에서 부딪힌 장애물 및 그때의 감정(생각)/목표 달성을 위한 구체적 노력/실제 결과/경험의 진실성을 증명할 수 있는 근거가 잘 드러나도록 기술 (700~1,000자 / 10단락 이내)

★ 이것만은 꼭! 자신의 한계를 넘어선 목표를 세운 이유와 한계를 극복한 결과가 중요하다.

최고 전문성을 지향하는 SK하이닉스의 경우, 지원자의 목표 달성 경험을 통해 스스로 발전할 가능성이 있는지 확인하고자 한다. 항목에서 '최고 수준의 목표'가 제시되었으므로, 한계를 인식했음에도 불구하고 왜 그것을 목표로 했는지 그 이유가 드러나야 한다.

이 경험에서는 한계를 극복한 결과물이 제시되어야 하는데, 한계 극복에 대한 강력한 의지가 있었으며 이를 토대로 어떠한 역량을 발휘하여 한계를 극복할 수 있었는지가 드러나야 한다. 다시 말해, 문제 해결에 대한 열정을 어떤 역량으로 발현시켰는지 보여주라는 것이다.

경험에 대한 결과는 가능하다면 가시적인 성과물과 경험을 통해 느낀 점을 함께 제시하는 것이 가장 좋다. 비록 객관적 성과물이 좋지 않았더라도, 경험을 통해 느낀 점이나 갖추게 된 태도만큼은 반드시 드러나야 한다.

항목 2 새로운 것을 접목하거나 남다른 아이디어를 통해 문제를 개선했던 경험에 대해 서술해주십시오.
– 기존 방식과 본인이 시도한 방식의 차이/새로운 시도를 하게 된 계기/새로운 시도를 했을 때의 주변 반응/
새로운 시도를 위해 감수해야 했던 점/구체적인 실행 과정 및 결과/경험의 진실성을 증명할 수 있는 근거가
잘 드러나도록 기술 (700~1,000자 / 10단락 이내)

★ 이것만은 꼭! 엄청난 시도만을 의미하는 것이 아님을 알아야 한다.

SK하이닉스는 스스로 동기 부여하여 높은 목표를 도전하고 기존의 틀을 깨는 과감한 실행을 하는 인재를 원한다. 이 항목은 대단한 시도만을 의미하는 것이 아니라 남들이 인지하지 못한 부분에 대해 민감하게 반응하고, 이를 조금 더 낫게 바꾸기 위해 노력한 경험이 있는지 묻고 있는 것이다.

한편 개선 방안은 종래의 방식을 완전히 뒤집는 방식뿐만 아니라 기존 방식에 다른 방식을 더해 결과를 낸 사례도 포함될 수 있다. 따라서 '기존과는 다른 방식'에 대해 너무 부담스럽게 생각하지 말고 작은 변화를 줌으로써 이전보다 좋아진 경우가 있었는지 생각해보고 서술한다. 만약 시도를 했음에도 좋은 결과를 얻지 못했다면, 어떤 부분에서 부족했는지를 서술하고 문제 개선 의지를 함께 보여준다.

항목 3 지원 분야와 관련하여 특정 영역의 전문성을 키우기 위해 꾸준히 노력한 경험에 대해 서술해주십시오.
– 전문성의 구체적 영역(예: 통계분석)/전문성을 높이기 위한 학습 과정/전문성 획득을 위해 투입한 시간 및
방법/습득한 지식 및 기술을 실전적으로 적용해본 사례/전문성을 객관적으로 확인한 경험/전문성 향상을

위해 교류하고 있는 네트워크/경험의 진실성을 증명할 수 있는 근거가 잘 드러나도록 기술 (700~1,000 자 / 10단락 이내)

★ **이것만은 꼭!** 지원 직무에서 중요시되는 역량 파악이 선행되어야 한다.

이 항목을 작성하기 위해서는 먼저 SK하이닉스에서 지원 직무가 하는 일을 정확하게 아는 것이 중요하다. SK그룹 채용 사이트에서 SK하이닉스의 직무별 업무 내용과 필요 역량, 관련 전공 등을 확인할 수 있다. 따라서 직무 소개 내용을 토대로 자신이 가지고 있는 역량 중 지원 직무와 접점을 찾은 뒤, 그와 관련한 경험을 제시하도록 한다.

이때 현재 보유한 직무 관련 전문성과 그 전문성을 키우기 위한 과정을 제시한 뒤, 이러한 경험이 입사 후 회사생활을 하는 데 중요한 기반이 될 수 있음을 강조한다.

항목 4 혼자 하기 어려운 일에서 다양한 자원 활용, 타인의 협력을 최대한으로 이끌어 내며, 팀워크를 발휘하여 공동의 목표 달성에 기여한 경험에 대해 서술해주십시오.

– 관련된 사람들의 관계(예: 친구, 직장 동료) 및 역할/혼자 하기 어렵다고 판단한 이유/목표 설정 과정/자원 (예: 사람, 자료 등) 활용 계획 및 행동/구성원들의 참여도 및 의견 차이/그에 대한 대응 및 협조를 이끌어 내기 위한 구체적 행동/목표 달성 정도 및 본인의 기여도/경험의 진실성을 증명할 수 있는 근거가 잘 드러나도록 기술 (700~1,000자 / 10단락 이내)

★ **이것만은 꼭!** 자신이 협업에서 수행했던 역할과 그 과정에서 드러난 자신의 역량을 강조한다.

SK하이닉스는 조직의 성공을 위해 계획된 것을 즉각적으로 실행할 수 있으며, 상호 성장을 도모하는 인재를 원한다. 따라서 어떤 조직에서 자신의 역할을 분명히 파악하고, 그 역할을 수행하기 위해 실천했던 행동을 제시하여 조직에 대한 개인의 노력을 구체화해야 한다.

이때 조직 내에서 자신의 역할을 수행함에 있어서 어떤 역량을 발휘하여 어떤 결과를 이끌어 냈는지가 드러나야 한다. 어떤 역할을 했는지에 따라 리더십, 책임감, 자발적인 태도 등 해당 사례에서 나타난 자신의 강점을 서술하도록 한다. 또한, 조직과 자신을 일치시켜 조직의 성공을 통해 자신도 성공을 거둘 수 있었다는 내용을 제시할 필요가 있다.

● 대부분의 항목이 특정 경험을 요구해 다소 복잡해 보이긴 하지만, 모두 경험의 배경 및 결과를 중심으로 경험을 통해 보유하거나 발휘한 역량을 드러내야 한다는 공통점이 있다는 것에 주목한다.

● 각 항목의 작성 분량이 많은 만큼 단락을 나누거나 소제목을 붙여 가독성을 높이도록 한다.

19 GS리테일

합격자소서 작성을 위한 기업분석

① 경영목표

대한민국 대표 유통 선도 업체인 GS리테일의 <u>경영이념</u>은 '고객과 함께 내일을 꿈꾸며 새로운 삶의 가치를 창조한다.'이다. 그리고 '모두가 선망하는 Value No.1 GS리테일'이 되기 위해 '끊임없는 도전으로 고객의 라이프 이노베이션을 선도하는 GS리테일'이라는 비전을 제시한다.

이를 실현하기 위해 GS리테일의 조직가치인 Fair, Fresh, Friendly, Fun의 <u>4F</u>를 실천하고 있다. GS리테일은 4F 조직가치 하에서 기업의 사회적 책임을 다하고자 노력하고 있다. 협력 업체에게는 공정한 열린 기회 제공 및 다양한 혜택 지원을 통한 상생경영을, 어려움에 처한 이웃과 지역에게는 사회의 한 구성원으로서 고통 분담과 봉사활동을, 지역 자치 단체와는 특화 상품 공동 개발/판매를 통한 지역사회 발전에 이바지하고 있으며, 이를 지속적으로 강화시키고 있다. 다음 GS리테일의 4F를 살펴보자.

Fair 올바른	Fresh 신선한
진실된 생각과 올바른 행동을 한다.	항상 새로움을 추구하며 최고를 지향한다.
Friendly 친근한	Fun 즐거운
모두에게 진심 어린 애정과 관심으로 배려한다.	즐겁게 일하고 서로에게 기쁨을 준다.

〈출처: GS리테일 기업 사이트〉

이러한 4F를 통해 GS리테일은 사회에 공헌하고, 경제를 활성화시키는 데 주력하고 있다.

기업분석 Key Word

- **경영이념**: 고객과 함께 내일을 꿈꾸며 새로운 삶의 가치를 창조하는 것
- **4F**: Fair, Fresh, Friendly, Fun으로 구성된 GS리테일의 조직가치

② 지속가능경영

GS리테일은 경제적 지속 가능성을 모색하기 위해 정도경영을 하고 있다. 그 목적과 취지는 다음과 같다.

목적	취지
정당성 획득	기업의 존재 가치에 대한 사회적 정당성 획득의 기반을 갖춘다.
경쟁력 향상	장기적인 측면에서 기업 및 국가의 경쟁력을 향상시킨다.
마찰과 갈등 해소	행동에 대한 올바른 기본을 제시함으로써 구성원 간의 마찰과 갈등을 해소할 수 있다.

〈출처: GS리테일 기업 사이트〉

GS리테일은 정당성 획득을 위해 자유경쟁을 추구하며, 법규를 준수하고 있다. 또한, 경쟁력 향상을 위해 진정한 실력으로 정정당당하게 선의의 경쟁을 하며, 경쟁사의 이익을 침해하거나 약점을 부당하게 이용하지 않는다. 그리고 행동에 대한 올바른 기본을 제시함으로써 구성원 간의 마찰과 갈등을 해소하고자 한다.

이에 따라 모든 거래는 평등한 참여 기회가 보장된 가운데 자유경쟁의 원칙에 따라 이루어지며, 투명하고 공정한 거래를 통해 상호 신뢰와 협력 관계를 구축하고, 이를 통해 장기적 관점에서 공동의 발전을 추구한다. 즉, 평등한 기회와 공정한 거래 절차, 상호 발전의 추구를 통해 GS리테일은 경제적 지속가능경영을 하고 있다.

또한, 사회공헌을 통해 기업의 이미지를 제고하고, 이를 통해 수익 및 사회적 이익을 도모하고 있다. GS리테일의 사회공헌은 사회 소외 계층을 지원하고, 지역 친화 활동을 하고 있으며, 재해·재난 지원과 나눔 캠페인을 실시한다.

기업분석 Key Word

- **정도경영**: GS리테일의 지속가능경영의 핵심으로 평등한 기회와 공정한 거래 절차, 상호 발전의 추구를 통한 경제적 지속가능경영과 사회공헌을 통한 사회적 지속가능경영을 모색하는 것

③ 인재상

GS리테일의 인재상은 진심 어린 서비스와 창의적인 사고로 고객에게 사랑받는 최고의 전문가이다. 구체적으로 살펴보면 다음과 같다.

창의적 인재 Creative	즐겁게 일하면서 창의적인 사고를 하는 사람
서비스 정신이 확고한 인재 Service	확고한 서비스 정신으로 고객에게 최상의 서비스를 제공하는 사람
분야 최고의 전문가 Professional	분야 최고의 전문가로 고객에게 신뢰를 주고 사랑을 받는 사람

〈출처: GS리테일 기업 사이트〉

기업분석 Key Word

- **인재상**: 진심 어린 서비스와 창의적인 사고로 고객에게 사랑받는 최고의 전문가

합격자소서 작성 가이드

① GS리테일 자소서 항목 (2020년 기준)

> 1. 지원동기 및 열정에 대하여 (800자 이내)
> 2. 성장과정 및 학교생활에 대하여 (800자 이내)
> 3. 입사 후 포부(Vision)에 대하여 (800자 이내)
> 4. 성격의 장단점 및 보완노력에 대하여 (800자 이내)
> 5. 정직함에 대하여(경험이 있다면 그 상황에서의 본인의 입장 및 대처 사례) (800자 이내)

② 항목별 작성법

항목 1 지원동기 및 열정에 대하여 (800자 이내)

★ 이것만은 꼭! 직무 지원동기와 기업 지원동기를 함께 드러내는 것이 좋다.

이 항목에서 중요한 것은 "입사만 하면 열정을 보여 주겠다."라는 식으로 쓰면 안 된다는 점이다. GS리테일은 직무 역량을 묻는 항목이 따로 마련되어 있지 않다. 따라서 이 부분에는 자신이 왜 GS리테일을 선택했는지를 드러내고, GS리테일이 발전하는 데 지원한 직무에서 어떤 역량을 발휘할 수 있는지를 제시해 지원동기와 열정을 보여줘야 한다. 이때 GS리테일을 선택한 이유는 유통업에 대한 생각과 함께 국내 유통업계에서 GS리테일이 가진 강점과 이에 대한 생각을 보여주는 것이 좋다.

한편 직무에서 발휘할 수 있는 역량과 이를 갖추기 위해 했던 노력을 '열정'으로 제시할 수 있어야 한다. 이때 고객 응대 시 필요한 서비스 정신, 커뮤니케이션 능력 등과 관련한 경험을 제시하는 것이 이상적이다.

항목 2 성장과정 및 학교생활에 대하여 (800자 이내)

★ 이것만은 꼭! 기업이 중요하게 여기는 가치관과 관련한 경험이 제시되어야 한다.

GS리테일이 제시한 주요 가치와 관련한 경험을 제시하여 이미 기업이 요구하는 가치관을 보유하고 있는 지원자라는 점을 드러낸다.

예를 들어, GS리테일이 강조하는 부분 중 창의성을 제시하고자 하면, 성장과정이나 학교생활 중 창의성을 발휘한 경험을 제시하고 입사 후 직무 수행을 위해 필요한 창의성에 대한 정의를 내리면 된다. 한편 전문성을 보유한 인재라는 점을 드러내고 싶다면 어떤 것을 꾸준히 하여 능력을 신장한 경험과 이를 통해 느낀 점을 제시하고, 직무에서 필요로 하는 역량을 발전시킬 수 있다는 각오로 연결할 수 있다.

항목3 입사 후 포부(Vision)에 대하여 (800자 이내)

★ 이것만은 꼭! 기업의 비전과 부합하는 자신의 비전과 구체적인 계획을 제시해야 한다.

GS리테일의 가장 중요한 비전은 지속적으로 성장하고 고객에게 신뢰받는 것이다. 이 비전을 달성하기 위해 직무에서 어떤 일을 할 수 있는지 생각해본다. 이후 직무에서 해야 하는 일을 구체화하여 계획으로 나타내거나, 직무에서 그 일을 해내는 데 필요한 역량을 발전시키는 계획을 제시한다. 계획은 실제적이고 구체적이어야 하며 되도록 단기적, 장기적 목표가 모두 드러나야 한다.

한편 직무 수행 시 마주할 수 있는 어려운 경험에 대한 극복 의지와 함께 포부를 밝힌다면 더욱 적극적인 지원자의 면모를 보여줄 수 있다.

항목4 성격의 장단점 및 보완노력에 대하여 (800자 이내)

★ 이것만은 꼭! 직무와 관련된 성격의 장점을 드러내고, 단점은 개선 방안 의지를 밝힌다.

작성 분량이 다소 적으므로, 직무 수행 시 가장 효과가 좋을 것으로 예상되는 장점을 직접적으로 드러낸다. 이때 장점을 갖추게 된 사례나, 장점을 발휘한 사례를 함께 제시한다.

단점의 경우 최대한 직무 수행에 영향을 주지 않는 것으로 선택하되, 자신의 단점을 어떤 식으로 개선해왔고, 앞으로도 어떻게 개선해나갈 수 있는지에 초점을 맞춰 작성한다. 개선 방안 역시 실질적이고 구체적이면 훨씬 설득력을 높일 수 있다.

★ 이것만은 꼭! 정직함에 대한 자신만의 정의를 제시할 수 있어야 한다.

    유통업의 중심에는 고객이 있고, 고객에게 서비스를 제공함에 있어 가장 중요한 것은 정직함이다. 따라서 이 항목에서는 자신이 생각하는 정직함에 대한 정의를 내리고, 정직함을 지킴으로써 도덕성과 실리를 모두 갖출 수 있었던 사례를 제시하는 것이 가장 이상적이다.

    도덕성과 실리를 모두 갖출 수 있었던 사례를 찾는 것이 어렵다면, 정직함을 지킴으로써 타인의 신뢰를 얻을 수 있었던 사례를 제시하도록 한다. 추가로 인간관계에 있어서 정직함의 의미가 작지 않다는 점을 강조하여 정직함을 중요하게 여기는 모습을 보여주면 더욱 좋다.

합격자소서 작성 TIP

● 모든 항목이 단순하고, 작성 분량이 적은 편이므로 각 항목에 담겨있는 GS리테일의 숨은 의도를 파악하여 요점만 제시하도록 한다.
● 입사 후 포부에서 제시하는 직무 비전이 GS리테일의 약점을 보완하는 것과 연결이 된다면 채점관에게 더욱 깊은 인상을 줄 수 있다.

20 LG디스플레이

합격자소서 작성을 위한 기업분석

① 경영목표

글로벌 디스플레이 산업을 이끌어가고 있는 LG디스플레이는 보다 많은 사람들이 더욱 쉽고 편리하게 첨단 디스플레이를 사용하여 즐겁고 풍요로운 삶을 살아갈 수 있도록 기술을 발전시켜 나가고 있는 기업이다.

LG디스플레이의 비전은 You Dream, We Display로 '여러분이 꿈꾸는 세상, LG디스플레이가 함께 만들어 나갑니다.'라는 의미이다. LG디스플레이의 비전을 통해 LG디스플레이는 창의적인 사고와 기술 혁신을 바탕으로 모든 사람의 꿈을 현실화하고자 함을 알 수 있다. 또한, LG디스플레이는 전 세계 1등 디스플레이 기업이 되는 것을 목표로 하고 있다. 이 비전과 목표를 달성하기 위해 LG디스플레이는 열린 소통, 능동적 협업, 변화와 도약이라는 3개의 **핵심가치**를 지향하고 있다.

열린 소통	능동적 협업	변화와 도약
겸손, 경청/배려, 열린 마음	신뢰, 주인의식, 시너지	창의, 도전, 가치 창출

〈출처: LG디스플레이 기업 사이트〉

'열린 소통'은 현재에 자만하지 않고 상대방을 존중하는 겸손, 경청과 배려 그리고 열린 마음가짐과 행동을 바탕으로 신속하고 정확하게 소통하는 것을 의미한다. 다른 사람을 배려하고 다른 사람의 말에 귀 기울일 줄 아는 경청이 가장 중요한 부분이다.

'능동적 협업'은 구성원 및 개별 조직들이 상호 신뢰를 바탕으로 조직의 성장과 발전을 곧 자신의 성장과 발전으로 여기며 강한 열정을 가지고 자발적으로 서로의 강점을 최대한 발휘하여 협업함으로써 성과를 창출하는 것을 의미한다. 신뢰를 바탕으로 서로 협업함으로써 이 시너지로 위대한 성과를 창출하는 것을 강조하고 있다.

'변화와 도약'은 근본부터 변화하여 LG디스플레이의 한계, 더 나아가 업계의 한계를 돌파하여 치열한 경쟁을 승리로 이끌어서 명실상부한 진정한 1등 LG디스플레이로 도약하자는 것을 의미한다. 이 핵심가치에서는 LG디스플레이가 혁신을 통해 발전해나가고자 한다는 것을 알 수 있다.

LG디스플레이는 디스플레이 제품과 관련 기술을 개발하여 판매하는 것에 주력하는 회사이다. TV, IT, Mobile, 상업용 및 차량용 디스플레이부터 OLED 조명까지 다양한 제품을 생산하고 있으며, 차세대 디스플레이에 대한 지속적인 연구개발과 투자를 하며 사업 분야를 확장해나가고 있다. 한국뿐만 아니라 전 세계에 생산기지 및 판매법인과 지사를 운영하며 선도적인 기술과 마케팅 역량을 바탕으로 고객 만족을 실현하고 있다. LG디스플레이는 OLED, 플렉서블 등 새로운 콘셉트의 디스플레이를 통한 신제품 및 신시장 발굴을 위해 노력하며, 차세대 디스플레이 기술을 확보하기 위해 끊임없는 연구개발을 통해 발전하고 있는 회사이다.

기업분석 Key Word
- **핵심가치:** 열린 소통, 능동적 협업, 변화와 도약

② 지속가능경영

LG디스플레이는 보다 더 체계적인 지속가능경영을 실천하기 위해 '체계적인 CSR 활동을 통해 회사의 경쟁력 확보 및 지속 가능한 발전에 기여'라는 회사 미션을 설정하고, 이를 추진하기 위한 전략 방향성과 **중점 전략과제**를 도출하였다.

체계적이고 통합된 지속가능경영을 추진하기 위해 CEO 직속의 CSR Committee를 개설하여 지속가능경영 의사결정체계를 구축하였다. CSR 위원회는 전사 운영과 관련된 다양한 이슈를 파악하여 지속가능경영 전략 및 방향성을 수립하고 이와 관련된 성과와 이슈를 지속적으로 모니터링하는 역할을 수행한다. 앞으로는 중국 총괄조직을 구성하여 자사의 생산거점인 중국에서의 CSR 활동을 강화해나갈 예정이다.

LG디스플레이는 국내외 모든 활동, 제품 및 서비스에 대하여 '안전·보건·에너지·환경'을 기업경영의 주요 요소로 인식하고 있다. 지속 가능한 발전과 사회와의 신뢰 구축을 위해 안전·보건·에너지·환경 경영방침을 수행해나가고자 한다. 이를 정리하면 다음과 같다.

01	법규 및 국제 협약을 충실히 이해하고 지속적 개선을 추구한다.
02	기본을 준수하는 안전문화 구축 및 건강하고 안전한 작업환경 조성을 위해 노력한다.
03	에너지 사용 최적화를 통해 지구 온난화 방지에 기여한다.
04	제품 설계부터 생산, 사용, 폐기에 이르는 전 과정에서 환경 영향을 최소화하고, 친환경 제품 개발을 위해 노력한다.
05	협력회사와 지역사회의 안전·보건·에너지·환경 분야의 개선을 위해 적극 지원한다.

이러한 경영방침을 통해 LG디스플레이는 청정생산, 기업의 사회적 책임 추구, 이해관계자의 만족을 통해 글로벌 기업으로의 투명성을 바탕으로 더욱 나은 세상을 만들어나가는 데 공헌하고자 한다는 것을 알 수 있다.

기업분석 Key Word

● **중점 전략과제:** CSR 내재화, CSR 리스크 관리, 이해 관계자 커뮤니케이션, 전략적 사회공헌

③ 인재상

전문성과 창의력, 열정 그리고 협동을 강조하는 LG디스플레이는 일과 사람에 대한 애정, 타인에 대한 배려, 일과 소통에 대한 탁월한 방식으로 어떤 환경에서도 역동적이고 활기차게 일하여 고객에게 최고의 가치를 제공하고자 한다. LG디스플레이는 강한 열정을 바탕으로 전문성과 팀워크를 발휘하여 일등을 추구하는 사람을 <u>LG디스플레이인</u>으로 삼고 있다.

열정 Passion	일과 사람에 대한 애정, 주도적인 자세로 세계 최고에 도전하는 사람
전문성 Professionalism	끊임없는 혁신과 창의적 사고를 바탕으로 정정당당하게 경쟁하여 고객에게 최고의 가치를 제공하는 사람
팀워크 Teamwork	상호존중과 신뢰를 기반으로 공동의 가치와 목표를 추구하는 사람

〈출처: LG디스플레이 기업 사이트〉

이상이 LG디스플레이의 인재상이다. 각 인재상을 종합해보면 신뢰를 통해 협력하며 혁신과 창의력을 바탕으로 열정적으로 일하고 도전하는 인재를 이야기하고 있음을 알 수 있다. 특이한 점은 팀워크를 강조한다는 것이다. 각기 다른 전문적인 능력을 갖고 사고를 하는 구성원들이 조직 내에서 팀워크를 발휘한다면, 각 구성원들의 장점이 모여 더 큰 시너지를 발휘하여 위대한 성과를 창출함으로써 기업에 이익이 될 수 있다고 믿고 있기 때문에 팀워크를 강조하는 것이다.

기업분석 Key Word

● **LG디스플레이인:** 열정, 전문성, 팀워크를 발휘하여 일등을 추구하는 사람

합격자소서 작성 가이드

① LG디스플레이 자소서 항목 (2019년 기준)

1. 해당 회사 및 직무에 지원하는 동기에 대해 기술해주십시오. (100~1,000자)
   - 성격(장단점), 직무에 관련된 경험 및 역량, 관심사항, 개인의 목표 및 비전 등 자신을 어필할 수 있는 내용을 기반으로 자유롭게 기술하시기 바랍니다.

2. 도전적인 목표를 정하고 열정적으로 일을 추진했던 경험을 구체적으로 기술해주십시오. (100~1,000자)
   - 일을 추진해 나가는 데 있어서 어려웠던 점과 그 결과에 대해서 중점적으로 기술해주시기 바랍니다.

3. 지원 직무와 관련된 이력을 간결하게 나열해주시기 바랍니다. (100~500자)
   - 학교수강 교과목, 외부교육수강 이력, 프로젝트 경험 등을 제목/경험/성적(또는 성과) 등으로 기술해주시면 됩니다.

② 항목별 작성법

항목 1 해당 회사 및 직무에 지원하는 동기에 대해 기술해주십시오. (100~1,000자)

– 성격(장단점), 직무에 관련된 경험 및 역량, 관심사항, 개인의 목표 및 비전 등 자신을 어필할 수 있는 내용을 기반으로 자유롭게 기술하시기 바랍니다.

★ 이것만은 꼭! LG디스플레이의 핵심가치를 포함해야 한다.

이 항목은 지원동기에 대해 작성하는 항목이기는 하지만 작성하기에 다소 까다롭게 느껴질 수 있다. 기업 지원동기, 직무 지원동기와 함께 성격의 장단점, 자신의 역량, 관심사 및 입사 후 포부까지 작성해야 하기 때문이다. 기업 지원동기와 직무 지원동기를 성격의 장단점, 역량, 관심사, 개인의 목표와 비전을 기반으로 작성하라는 것은 곧 지원동기가 자신의 가치관, 성격, 비전과 연결되어야 한다는 것을 의미한다. 자신의 가치관과 비전은 회사의 경영이념, 핵심가치 및 비전과 부합해야 하므로 이 항목에서는 반드시 기업의 핵심가치를 포함해야 한다. LG디스플레이의 핵심가치는 열린 소통, 능동적 협업, 변화와 도약이다. 그러므로 자신이 커뮤니케이션 능력, 열정, 창의력을 가진 인재라는 것을 보여줄 경험을 찾아, 이를 강조하여 작성해야 한다.

이처럼 한 항목에서 자신의 역량, 성격의 장단점, 입사 후 포부를 밝히기 위해서는 직무에 필요한 역량과 성격을 갖추고 있으며, 이를 토대로 기업의 비전 달성에 도움이 되는 직무적 비전을 지향하겠다는 식으로 서술하는 것이 가장 이상적이다.

지원동기는 현재 기업에서 진행하고 있는 사업과 관련된 것으로 연결시켜 필요한 핵심 역량을 기술해주면 좋다. LG디스플레이에서 진행하는 각 사업이 하는 일의 특징을 찾고 이를 통해 자신의 역량을 찾는 것이다. LG디스플레이에서 각 사업이 하는 일의 특징과 극복해야 하는 난관이 무엇인지 살펴보고, 이를 통해 어떤 역량을 강조할 수 있는지 생각해본다. 이는 LG디스플레이의 채용 사이트에서 확인할 수 있다.

이후, 역량을 보유하거나 갖추게 된 경험을 제시하여 해당 역량을 보유하고 있음을 보여줘야 한다. 직무 전문성과 관련한 역량을 보여주는 경험으로는 직무 관련 전공과목을 수강했던 대학시절의 경험이 적합할 것이다.

한편 성격은 되도록 직무를 수행하는 데 필요한 태도나 가치관과 관련된 것이 좋다. 협업이 많은 업무라면, 협업 시 필요한 태도와 관련된 능력, 예를 들면 적응력, 의사소통 능력, 토론 능력 등을 도출하고 이와 관련된 경험을 제시하는 것이 좋다.

개인의 비전은 회사의 비전과 같은 방향이라는 점을 드러내야 한다. 기업이 지향하는 바를 찾고, 자신의 성격과 역량을 토대로 직무에서 어떤 기여를 할 수 있는지 제시한다면 지원동기를 풍부하게 만들 수 있을 것이다.

항목 2 도전적인 목표를 정하고 열정적으로 일을 추진했던 경험을 구체적으로 기술해주십시오. (100~1,000자)

– 일을 추진해 나가는 데 있어서 어려웠던 점과 그 결과에 대해서 중점적으로 기술해주시기 바랍니다.

★ 이것만은 꼭! 전문성(직무 역량), 열정, 협동심 등을 드러낼 수 있는 경험을 제시한다.

이 항목은 LG디스플레이의 인재상과 관련 있는 항목이라고 할 수 있다. 따라서 LG디스플레이의 인재상을 먼저 파악한 후 기술해야 한다. LG디스플레이는 인재상으로 열정, 전문성, 팀워크를 명시하고 있다. 따라서 다른 사람들과 팀을 이뤄서 했던 경험을 쓰는 것이 좋다.

실패를 두려워하지 않는 태도도 강조하면 좋을 부분이다. 한 번의 시도 만에 성공한 사례는 절대 끌리지 않는다. 여러 번의 도전 끝에 성공한 경험담이야말로 LG디스플레이의 인재상에서 강조하는 전문성과 열정에 가장 걸맞은 경험이 될 것이다.

항목 3 지원 직무와 관련된 이력을 간결하게 나열해주시기 바랍니다. (100~500자)
- 학교수강 교과목, 외부교육수강 이력, 프로젝트 경험 등을 제목/경험/성적(또는 성과) 등으로 기술해주시면 됩니다.

★ 이것만은 꼭! 지원 직무에 대해 정확히 이해한 후 작성해야 한다.

이 항목은 지원자의 이력을 통해 직무 역량을 보유하기 위한 노력, 경험 등을 알아보고자 하는 항목이다. 따라서 이 항목을 효과적으로 작성하기 위해서는 지원하는 직무에 대한 정확한 이해가 선행되어야 한다. 채용 공고를 통해 지원 직무에서 하는 업무를 명확히 파악하고 이와 관련된 자신의 경험을 정리해나가야 한다. 중고등학교와 같은 학창시절의 경험보다는 가급적 최근에 취득한 자격증이나 진행했었던 프로젝트, 아르바이트 등을 작성하는 것이 좋다.

또한, LG디스플레이에서는 커뮤니케이션 능력, 협업 등에 대해 강조하고 있다. 직무와 직접적으로 관련이 없더라도 업무에 간접적으로 도움이 되는 능력을 보여줄 수 있는 경험도 포함하여 기술하는 것이 좋다. 예를 들어 외국어 능력이나 봉사활동 경험 등과 같이 커뮤니케이션 능력, 사람에 대한 애정을 드러낼 수 있는 경험도 포함하여 작성할 수 있다.

합격자소서 작성 TIP
- 비교적 항목이 간단하고, 작성 분량도 적은 편이므로 전달하고자 하는 바를 최대한 직접적이고 간결한 문장으로 제시한다.
- 기업의 핵심가치, 인재상 및 지원 직무에서 하는 업무, 사업 등에 대해 분석하고 이와 관련한 자신의 역량이 드러날 수 있는 경험을 정리한 후 작성하는 것이 좋다.

에필로그

취업 강의를 할 때 가끔 "여러분들은 정말 취업하고 싶으세요?"라고 질문한다. 취업 강의에서 생뚱맞은 질문이라고 생각할 수도 있지만 가장 본질적인 질문이다. 나의 질문에 대해 학생들은 당연히 "네, 취업하고 싶어요."라고 대답한다. 그러면 나는 "왜 취업하고 싶으세요?"라고 재차 질문한다. 이때부터 학생들은 대답을 주저하기 시작한다. 본인이 생각하는 답이 적절하지 않다고 생각하기 때문이다. 예를 들어 돈을 벌기 위해서라고 한다면, 꼭 돈을 벌기 위해 취업해야 하는 것은 아니다. 결국 내가 하고 싶은 말은 '취업'이라는 것이 요즘 시대에 '묻지마 취업'으로 바뀌고 있다는 것이다. 어떠한 비전이나 로드맵을 생각하지 않고 일단 취업부터 해야 한다는 프레임에 갇히면 어떤 것도 할 수 없다. 그리고 그때부터 취업을 위한 모든 행위는 우리를 고통으로 몰아간다.

자소서를 쓰는 것도 마찬가지다. 수많은 자소서를 쓰지만, 쓸 때마다 괴롭고 힘들다. 가장 먼저 해야 하는 일은 자소서를 쓰는 행위를 고통스럽게 만들지 않는 것이다. 자소서는 습관이다. 글은 한 번에 몰아서 쓸 수 있는 것이 아니다. 또한, 바탕이 되는 소스를 가지고 있어야 한다. 자소서를 쓰는 것이 괴로운 행위가 되는 이유는 글쓰기의 바탕이 되는 자신의 경험이나 소스를 머릿속에서만 만들고 있기 때문이다. 자소서에서 바탕이 되는 소스를 가시적인 결과물로 만들어야 한다.

무엇이든 써야 한다. 처음부터 자소서를 잘 쓸 수는 없다. 자소서를 쓰는 것이 괴롭기 때문에 처음 쓰는 자소서를 고치지 않고 한 번에 쓰려고 한다. 이 때문에 자소서를 쓰면 쓸수록 괴로울 수밖에 없다. 처음부터 완벽하게 잘 쓴 자소서는 없다. 적어도 세 번 이상을 고민하고 고쳐야 한다. 자소서는 활자를 통해 자신의 생각과 행위를 담아내는 '글쓰기'이기 때문이다.

이런 글쓰기의 영역에서 자소서는 자신만의 이야기를 쓰는 것이다. 자신만의 이야기를 담기 위해서는 우선 자신을 돌아보는 시간을 가질 수 있어야 한다. 시간을 들여 자신에 대해 생각해보지 않는 것은 자소서 작성을 어렵게 하는 지름길이다. 왜 그러한 경험을 했는지, 그 경험을 통해 어떤 생각을 했는지, 앞으로 그 경험을 어떻게 활용할 수 있는지 등의 질문을 스스로 던지고 그에 대한 답을 해야 한다. 질문은 생각을 만들고, 생각은 답을 만든다. 그리고 그 답은 자신을 행동하게 만들어 준다. 이런 모든 것들은 자소서의 소재가 될 것이다.

삶을 돌아보고 자신의 경험에 의미를 부여하는 것은 자신이 인생을 헛되이 살지 않았음을 확인하는 작업이다. 그러므로 자소서는 취업을 위한 수단이 아니다. 당신은 분명 생각보다 멋진 인생을 살아왔다. 4차 산업혁명의 물결이 소용돌이치고 있는 작금의 시대에 자신을 표현하는 일은 굉장히 멋진 일이자, 중요한 일일 것이다. 자소서 하나 쓰는 것에 너무 거창한 표현을 하는 것이 아니냐는 반문도 있을 수 있다. 하지만 자소서 하나 잘 쓰면 당신이 살아온 삶의 의미를 글에 담는 능력을 갖춘 것이다. 당신이 한 경험들은 결코 헛되거나 무력하지 않다. 당신의 삶에서 얻은 바를 잘 보여주고 이를 통해 면접관을 비롯한 자소서를 읽는 이들의 마음을 움직여보자.

ejob.Hackers.com

자소서부터 면접까지 해커스잡에서 ONE-STOP!
온/오프라인 취업강의 · 무료 취업자료

부록

[합격자소서 작성 TOOL]
활용 예시: '입사 후 포부' 작성하기

NCS 합격자소서 작성 가이드

활용 예시: '입사 후 포부' 작성하기

합격자소서 작성 TOOL - ❶ [기업분석으로 자소서 작성 준비하기]

[기업분석으로 자소서 작성 준비하기] 프로세스

STEP 1 기업의 경영목표, 비전, 철학을 분석한다.

STEP 2 기업의 지속가능경영을 분석한다.

STEP 3 기업의 인재상을 분석한다.

STEP 4 분석 내용을 토대로 자소서에서 강조하면 좋을 역량을 찾는다.

프로세스 적용 사례

입사 후 포부(Vision)에 대하여 [GS리테일/영업 직군]

STEP 1 기업의 경영목표, 비전, 철학을 분석한다.

경영이념	고객과 함께 내일을 꿈꾸며 새로운 삶의 가치를 창조한다.
비전	끊임없는 도전으로 고객의 라이프 이노베이션을 선도하는 GS리테일

⇒ 회사의 경영이념 및 비전의 초점을 '고객'에 두고 있는 기업

⇒ 변화하는 고객 니즈에 맞춰 새로운 서비스를 제공함으로써 지속적으로 발전하고자 하는 기업의 의지

STEP 2　기업의 지속가능경영을 분석한다.

GS리테일의 지속가능경영인 정도경영을 분석한다.

정당성 획득	기업의 존재 가치에 대한 사회적 정당성 획득의 기반 구축
경쟁력 향상	장기적인 측면에서 기업 및 국가의 경쟁력 향상
마찰과 갈등 해소	행동에 대한 올바른 기본을 제시함으로써 구성원 간의 마찰과 갈등 해소

⇒ 기업 경쟁력 향상을 통해 사회 및 국가에 기여하고자 하는 기업

⇒ 정직함, 책임감, 규정 준수 등을 비롯한 올바른 행동 추구를 강조하는 기업

STEP 3　기업의 인재상을 분석한다.

창의적 인재	즐겁게 일하면서 창의적인 사고를 하는 사람
서비스 정신이 확고한 인재	확고한 서비스 정신으로 고객에게 최상의 서비스를 제공하는 사람
분야 최고의 전문가	분야 최고의 전문가로 고객에게 신뢰를 주고 사랑을 받는 사람

⇒ 차별화된 서비스 정신을 갖춰 기업의 목표인 '고객 만족'을 달성할 수 있는 인재

⇒ 기업과 직무에 대한 이해가 확실하며, 스스로 경쟁력을 발전시킬 수 있는 인재

STEP 4　분석 내용을 토대로 자소서에서 강조하면 좋을 역량을 찾는다.

⇒ 기업의 경쟁력을 지속적으로 확보할 수 있는 '고객 만족 서비스' 방안을 찾으려는 태도

⇒ 직무에 대한 이해를 바탕으로 필요한 역량을 스스로 꾸준히 발전시키려는 의지

활용 예시: '입사 후 포부' 작성하기

합격자소서 작성 TOOL – ❷ [자소서의 소재가 될 경험 찾기]

[자소서의 소재가 될 경험 찾기] 프로세스

STEP 1　그동안 해왔던 경험을 나열해본다.

STEP 2　낯설게 보기를 통해 경험의 결과와 새로운 의미를 찾는다.

STEP 3　지원하는 기업 또는 직무와 관련 있는 경험을 선별한다.

프로세스 적용 사례

입사 후 포부(Vision)에 대하여 [GS리테일/영업 직군]

STEP 1　그동안 해왔던 경험을 나열해본다.

대학교 성적 향상, 카페 아르바이트, 농촌 봉사활동, 기차 여행 등

STEP 2　낯설게 보기를 통해 경험의 결과와 새로운 의미를 찾는다.

세부 활동	경험의 결과 또는 의미
대학교 성적 향상	– 단기적이고 세부적인 계획을 통해 성적 향상이라는 목표를 달성함 – 목표를 달성하는 데 꾸준함이 중요하다는 것을 느낌
카페 아르바이트	– 카페의 위치에 따라 방문 고객의 취향도 달라진다는 점을 파악함 – 노인 고객이 메뉴 선택을 어렵게 느낀다는 점을 알게 됨 – 고객 응대를 통해 커뮤니케이션 능력이 신장됨

농촌 봉사활동	– 개인의 역량을 토대로 업무를 배분함으로써 효율적으로 한 팀에 할당된 일을 마칠 수 있었음 – 도시와 마찬가지로 농촌 역시 다양한 편의 시설이 마련되어야 함을 느낌 – 팀 리더로서 팀원의 고충을 귀담아들으려고 노력하였으며 이를 봉사활동 프로그램 기획 시 반영함
기차 여행	– 혼자서 기획하고 떠났다는 데에 의의가 있었음 – 게스트 하우스에서 다양한 사람들을 만나 어울리는 기회를 가졌음 – 잘 알려진 관광 명소뿐만 아니라 방문할 만한 곳이 많다는 것을 새삼 느낌

STEP 3 지원하는 기업 또는 직무와 관련 있는 경험을 선별한다.

GS리테일은 고객 만족 서비스 방안을 찾으려는 태도와 영업 직무 수행 시 가장 중요한 커뮤니케이션 능력을 갖춘 인재를 원하므로 이와 관련 있는 경험인 '카페 아르바이트'를 선택함

활용 예시: '입사 후 포부' 작성하기

합격자소서 작성 TOOL - ❸ [채점관을 사로잡는 나만의 자소서 작성하기]

[채점관을 사로잡는 나만의 자소서 작성하기] 프로세스

STEP 1 A(주장): 자신의 주장과 생각을 앞부분에 나타내라.

STEP 2 B(사례): 2W1H 원칙을 이용하여 사례를 제시하라.

STEP 3 A'(강조): 하고 싶은 이야기를 다시 한번 강조한다.

STEP 4 문장 길이, 주어와 서술어의 호응, 내용 공백에 유의하며 셀프 첨삭한다.

프로세스 적용 사례

입사 후 포부(Vision)에 대하여 [GS리테일/영업 직군]

STEP 1 A(주장): 자신의 주장과 생각을 앞부분에 나타내라.

기업과 직무에 대한 관심도를 나타낼 수 있는 자신의 주장과 생각을 앞부분에 작성한다.

예) GS리테일에 입사한 후 제가 지향하고자 하는 목표는 '고객 신뢰 실현'입니다.

STEP 2 B(사례): 2W1H 원칙을 이용하여 사례를 제시하라.

주장과 생각을 뒷받침해줄 수 있는 경험을 왜 하게 되었는지 제시하고, 그 경험의 과정과 결과를 구체적으로 작성한다.

예) 상권이 다른 동 프랜차이즈 카페에서 일을 하며, 상권에 따라 고객의 취향도 달라진다는 점을 알았습니다. 또한, 카페에 방문하는 노인 고객이 메뉴 선택을 어려워하는 상황을 몇 번 목격하였습니다.

STEP 3 A'(강조): 하고 싶은 이야기를 다시 한번 강조한다.

앞부분에 작성한 주장과 생각을 강조하기 위해 다시 한번 자신의 주장과 생각을 기업과 연결 지어 직접적으로 작성한다.

예) 아르바이트 경험을 살려 고객과 직접 소통하고, 고객이 스스로 인지하지 못하는 욕구까지 파악한 서비스를 마련하여 고객으로부터 사랑받겠습니다.

단기적으로는 점포 위치에 따른 고객층 분류 및 선호 상품을 정리하겠습니다. 이는 추후 상권에 따른 점포별 특화 상품 및 서비스를 마련하는 데 토대가 되어 줄 것입니다. 중기적으로는 지속적으로 증가하고 있는 노인 가구를 위한 서비스를 마련하겠습니다. 앞서 언급한 점포 분석 내용을 통해 노인 가구가 많은 상권에 위치하고 있는 점포에 인기 상품 리스트, 가격 비교표 등을 제공하여 노인 고객들로 하여금 상품을 쉽게 선택하도록 하겠습니다. 이러한 단기적, 중기적 계획을 실행함으로써 고객 서비스의 전문가가 되고 이를 통해 장기적으로는 신입 영업사원이 참고할 만한 상권별 영업관리 매뉴얼을 만들어 GS리테일이 지속적인 성장을 하는 데 기여하겠습니다.

STEP 4   문장 길이, 주어와 서술어의 호응, 내용 공백에 유의하며 셀프 첨삭한다.

ABA′ 원칙에 따라 작성된 자소서를 셀프 첨삭한다.

예) GS리테일에 입사한 후 제가 지향하고자 하는 목표는 '고객 신뢰 실현'입니다. 대학교 2학년 때부터 고객 응대를 배우기 위해 카페 아르바이트를 하였습니다. 상권이 다른 동 프랜차이즈 카페에서 일을 하며 상권에 따라 고객의 취향도 달라진다는 점을 알았으며, 카페에 방문하는 노인 고객이 메뉴 선택을 어려워하는 상황을 몇 번 목격하였습니다.

> ✓ 문제점 및 수정방안: 문장이 길고 장황하므로 두 문장으로 수정함
>
> → 수정 후
> 상권이 다른 동 프랜차이즈 카페에서 일을 하며 상권에 따라 고객의 취향도 달라진다는 점을 알았습니다. 그리고 카페에 방문하는 노인 고객이 메뉴 선택을 어려워하는 상황을 몇 번 목격하였습니다.

아르바이트 경험을 살려 고객과 활발히 소통하고, 고객이 스스로 인지하지 못하는 욕구까지 파악한 서비스를 마련하여 고객으로부터 사랑받겠습니다. 단기적으로는 점포 위치에 따른 고객층 분류 및 선호 상품을 정리하겠습니다. 이는 추후 상권에 따른 점포별 특화 상품 및 서비스를 마련하는 데 토대가 되어줄 것입니다. 중기적으로는 지속적으로 증가하고 있는 노인 가구를 위한 서비스를 마련하겠습니다.

> ✓ 문제점 및 수정방안: 주장에 대한 이유가 없으므로 이를 추가함
>
> → 수정 후
> 중기적으로는 지속적으로 증가하고 있는 노인 가구를 위한 서비스를 마련하겠습니다. 고령화 사회의 도래로 증가하고 있는 노인 가구는 이제 GS리테일이 반드시 잡아야 하는 고객층일 것입니다. 또한, 노인 가구에 대한 GS리테일의 서비스는 기업 이미지 제고에도 도움이 될 것입니다.

앞서 언급한 점포 분석 내용을 통해 노인 가구가 많은 상권에 위치하고 있는 점포를 파악하고, 이곳에 인기 상품 리스트, 가격 비교표 등을 제공하여 노인 고객들로 하여금 상품을 쉽게 선택하도록 하겠습니다. 이러한 단기적, 중기적 계획을 실행함으로써 고객 서비스의 전문가가 되고 이를 통해 장기적으로는 신입 영업사원이 참고할 만한 상권별 점포 영업관리 매뉴얼을 만들어 GS리테일이 지속적인 성장을 하는 데 기여하겠습니다.

NCS 합격자소서 작성 가이드

1. NCS 기반 자소서 알아보기

공기업에서는 NCS 기반으로 채용을 진행하고 있다. NCS 기반 채용이란 지원자의 직업기초능력과 직무수행능력을 중점적으로 평가하여 해당 직무에 적합한 인재를 선발하는 채용 방식이다. NCS 기반 채용의 도입으로 공기업 서류 전형에 NCS 기반 자소서가 속속 등장하면서, NCS 기반 자소서를 처음 접하는 지원자들이 혼란스러워하고 있다.

하지만 NCS 기반 자소서에 나오는 질문들이 기존 자소서 항목에 없었던 새로운 질문들이 아니기 때문에 걱정할 필요는 없다. NCS 기반 자소서 작성을 요구한 기업들의 사례를 통해 NCS 기반 자소서의 특징을 파악하고 이에 대한 전략을 수립한다면 NCS 기반 자소서 작성도 일반 자소서처럼 얼마든지 미리 대비할 수 있다.

❶ 직무능력소개서(경력/경험기술서)

공기업 중 일부는 자소서와는 별도로 직무능력소개서(경력기술서 또는 경험기술서)를 쓰라고 요구한다. 직무능력소개서는 입사지원서에 기재한 경험이나 경력의 세부 내용에 대해 작성하는 것이기 때문에 중요도가 낮다고 생각할 수도 있다. 하지만 직무능력소개서는 지원자가 입사지원서에 작성한 경력 및 경험 항목 내용의 진위 여부를 판단하거나 면접 시 지원자에 대한 기초 자료로 활용되며, 동일한 경험이라도 그것을 어떻게 표현하느냐에 따라 채점관이 지원자에 대해 갖는 생각이 달라질 수 있기 때문에 자소서만큼이나 중요하다.

입사지원서에 작성했던 경험이나 경력에 대해 자세히 작성할 것을 요구하는 이유는 NCS 채용 전형에서는 경력 및 경험을 중요하게 평가하기 때문이다. 또한, 경력 및 경험기술서는 지원자가 보유한 경험을 기업에게 객관적으로 증명하는 일종의 증거가 되기 때문이다.

직무능력소개서는 입사지원서에서 작성한 경력 및 경험사항에 대해 당시 맡았던 역할 및 주요 수행업무, 성과를 자세히 기술하도록 요구하고 있다. 직무능력소개서에 경험의 세부 과정을 상세하게 작성하되, 반드시 잊지 말아야 할 것은 해당 경험을 통해 자신이 느낀 점이나 배운 점을 작성하고 이를 강조해야 한다는 것이다. 추가로 느낀 점이나 배운 점을 지원동기나 입사 후 포부로 연결할 수 있다면 더 좋은 직무능력소개서를 작성할 수 있을 것이다.

❷ 구체화된 자소서

NCS 기반 자소서는 기존의 공기업, 대기업에서 사용해오던 자소서 항목의 내용과 달리 평가하고자 하는 역량에 따라 자소서 항목이 매우 상세하게 제시된다는 차이가 있다. **다음 예시를 보도록 하자.**

〈NCS 기반 자소서 예시〉

자소서 항목	평가착안사항
• 예상치 못한 어려움에 직면했지만, 이를 해결하신 경험에 대해 기술해주십시오. • 창의적인 아이디어를 제시하고 적용하여 좋은 성과를 도출했던 경험에 대해 기술해주십시오.	문제해결능력
• 조직이나 단체생활에서 다른 구성원들과의 원활한 정보 공유나 소통을 통해 긍정적 변화를 이끌어낸 경험에 대해 구체적으로 작성해주시기 바랍니다. • 자신의 생각을 논리적으로 전개하여 다른 사람을 효과적으로 설득했던 경험에 대해 구체적으로 기술해주십시오.	의사소통능력
• 학교나 조직생활에서 구성원들과의 협동을 통해 좋은 결과를 냈던 경험을 기술해주시기 바랍니다. • 자신이 속한 집단(학교, 동아리)에서의 생활 중 다른 구성원과 발생한 어려움이나 갈등을 적극적으로 해결한 경험에 대해 서술하시오.	대인관계능력
• 지원 분야와 관련한 능력을 키우기 위해 지원자 스스로 노력한 경험을 기술해주십시오. • 자신의 역량을 한 단계 성장시키기 위해 노력했던 경험이 있다면 구체적으로 작성해주시기 바랍니다.	자기개발능력
• 학교나 조직 등에서 한정된 자원(인적, 물적, 시간)으로 어려웠던 과제를 처리했던 경험을 기술해주십시오.	자원관리능력
• 학교나 조직 등에서 과제를 수행하기 위해 다양한 정보를 효과적으로 수집, 활용한 경험과 노하우가 있다면 기술해주십시오.	정보능력
• 우리 기관 존재 이유 및 핵심 역할이 무엇인지 설명하시오. • 학교 및 여러 조직의 경험을 바탕으로 조직생활에서 가장 중요하다고 생각하는 점을 기술해주십시오.	조직이해능력

NCS 합격자소서 **작성 가이드**

• 자신의 개인적인 목표보다 자신이 속한 팀이나 집단 전체의 목표를 우선적으로 여기며 행동했던 경험에 대하여 기술해주십시오. • 직장인으로서의 직업윤리가 왜 중요한지 자신의 가치관을 중심으로 설명하십시오.	직업윤리
• 본인이 지원한 직무 분야에서 가장 필요하다고 생각하는 기술과 향후 해당 기술을 업무에 적용하기 위한 구체적인 계획을 작성해주시기 바랍니다. • 자신이 보유한 기술을 효과적으로 활용하였던 경험이 있으시면 구체적으로 기술해주십시오.	기술능력
• 일상생활을 하면서 오류나 실수의 상황을 수리적 사고능력을 통해서 좋은 성과를 창출한 경험을 기술해주십시오.	수리능력

〈출처: NCS 국가직무능력표준 사이트〉

이는 NCS 국가직무능력표준 사이트에서 공개한 NCS 기반 자소서의 예시이다. 포인트가 있다면 항목들이 대부분 경험을 중심으로 지원동기와 조직 적합성에 대해 묻고 있다는 것이다. 또한, 특정 상황에 대한 자신의 생각 및 관련 경험 등에 대해 자세하게 묻고 있다는 것을 알 수 있다.

이처럼 자소서의 항목이 구체화되기 시작했다. 일례로 2018년 한국지역난방공사의 자소서는 총 19개의 항목으로 구성되어 있었다. 크게는 6개의 항목이지만, 그 안에 3~4개 항목으로 세분화하여 기업 및 직무에 대한 지원자의 이해도와 관련 경험, 생각 등을 세부적으로 작성하도록 하였다. 마찬가지로 항목을 세분화하여 제시한 2018년 한국수력원자력의 자소서 항목을 함께 살펴보자.

> 1. 본인이 지원한 직무와 관련된 경험(금전적 보수 없음) 혹은 경력(금전적 보수 있음)에 대해 기술해주시기 바랍니다. 다양한 활동(학교, 회사, 동아리, 동호회 등)을 통해 지원한 직무와 관련하여 쌓은 경험 또는 경력사항에 대해 작성해주십시오. (1,000자 이내)
>
> 1-1. 언제, 어디서 활동했던 경험인지 기술해주십시오. (200자 이내)
> 1-2. 해당 활동에서 본인이 맡았던 역할에 대해 기술해주십시오. (400자 이내)
> 1-3. 해당 활동의 결과와 이를 통해 본인이 배운 점은 무엇인지 기술해주십시오. (400자 이내)
>
> 2. 정직, 남을 위한 봉사, 규칙 준수 등 윤리적인 행동으로 좋은 결과를 얻었던 경험을 아래 세부 항목에 따라 구체적으로 작성해주십시오. (800자 이내)
>
> 2-1. 언제, 어디서 있었던 일이며, 본인이 맡았던 역할은 무엇이었는지 기술해주십시오. (300자 이내)

2-2. 구체적으로 한 행동과 그렇게 행동하셨던 이유는 무엇인지 기술해주십시오. (300자 이내)

2-3. 그러한 행동이 당신과 타인에게 미친 영향은 무엇인지 기술해주십시오. (200자 이내)

3. 집단(학교, 회사, 동아리, 동호회 등)의 원만한 화합, 또는 공동의 목표 달성을 위해 남들보다 더 많이 노력하고 헌신했던 경험을 아래 세부 항목에 따라 구체적으로 작성해주십시오. (800자 이내)

3-1. 언제, 어디서 있었던 일이며, 당시 갈등 상황이나 목표는 무엇이었는지 기술해주십시오. (200자 이내)

3-2. 당신의 역할은 무엇이었으며, 집단의 화합 또는 목표 달성을 위해 구체적으로 어떤 노력을 하셨는지 기술해주십시오. (400자 이내)

3-3. 본인이 노력한 결과는 어떠하였고, 이 일이 집단 혹은 공동체에 미친 영향은 무엇인지 기술해주십시오. (200자 이내)

4. 본인이 한국수력원자력의 인재상에 맞는 인재가 되기 위해 어떤 면에서 준비가 되어 있으며, 해당 능력을 개발하기 위해 어떠한 노력을 하였는지 구체적인 사례를 아래 세부 항목에 따라 작성해주십시오. (800자 이내)

4-1. 어떤 능력을 개발하였고, 이러한 능력 개발을 위해 어떤 목표를 세웠는지 기술해주십시오. (200자 이내)

4-2. 목표 달성을 위해 어떤 계획을 세웠고, 계획을 실천하는 과정에서 가장 어려웠던 점과 이를 어떻게 극복하였는지 기술해주십시오. (400자 이내)

4-3. 향후 자신의 능력을 향상시키고 이를 잘 활용하기 위해 어떻게 노력할 것인지 기술해주십시오. (200자 이내)

5. 단체(학교, 회사, 동아리, 동호회 등)에서 대화나 토론을 통해 상호 입장과 상황을 정확히 이해함으로써 건설적으로 문제를 해결해 본 경험에 대해 아래 세부 항목에 따라 작성해주십시오. (800자 이내)

5-1. 구성원들이 의견 차이를 보였던 견해에는 어떤 것들이 있었고 그 이유는 무엇인지, 그리고 본인의 입장은 어떠했는지 기술해주십시오. (200자 이내)

5-2. 상대방을 이해하고, 설득하기 위해 본인이 사용한 방법과 그 결과를 기술해주십시오. (400자 이내)

5-3. 대화를 진행하는 과정에서 가장 중요하게 생각한 점은 무엇이었는지 기술해주십시오. (200자 이내)

이 자소서 항목을 살펴보면 기존의 다른 기업들의 자소서 항목과는 많이 다르다는 것을 알 수 있다. 일단 굉장히 구체적이다. 그리고 논리적 구조로 되어 있다는 것을 알 수 있다. 논리적 구조란 자소서 항목이 '원인-과정-결과' 순서대로 구성되어 있다는 의미이다. 위의 문항들을 살펴보면 생각을 정리하고 그에 맞는 상황을 설명한 뒤, 그 결과에 대해 쓰는 순서로 되어 있다. 이처럼 항목이 구체화된 자소서를 작성하

NCS 합격자소서 **작성 가이드**

기 위해서는 자신의 경험을 자소서의 구체화된 항목 및 지원 직무와 연결 지을 수 있는 능력이 필요하다. 그뿐만 아니라 논리적인 구조로 글을 쓸 수 있는 글쓰기 실력이 뒷받침되어야 한다.

❸ 직업기초능력형 자소서

직업기초능력형 자소서의 형태가 NCS 기반 자소서의 가장 큰 특징이자 새로운 점이라 할 수 있다. 기본적으로 직업기초능력은 의사소통능력, 수리능력 등을 포함하여 총 10개의 영역으로 나누어져 있다. 그런데 아직 이를 토대로 객관식 필기 문제를 출제할 수 있는 영역이 많지 않다. 이를 정확하게 필기시험의 형식으로 출제할 수 있는 것은 의사소통능력 중에서 문서이해능력이나 문서작성능력, 수리능력에서 기초연산능력이나 통계능력이다. 자원관리능력이나 정보능력은 객관식, 서술형 문제로 만들 수 있지만, 문제해결능력이나 자기개발능력, 대인관계능력 등은 객관식이나 서술형 문제로 출제하기가 어렵다. 그러므로 이와 같은 영역은 자소서를 통해 평가하게 된다.

직업기초능력에 포함되는 영역과 관련이 있는 자소서 항목을 제시함으로써 지원자의 문제해결능력, 조직이해능력 등을 평가할 수 있다. 다음은 2018년 한국산업안전보건공단의 자소서 항목이다.

자소서 항목	평가착안사항
1. 사업장에서는 산업안전보건법 및 공단의 사업이 현장과 동떨어져 있으며 현장의 현실을 반영하지 못한다는 불만을 토로하고 있습니다. 이에 대한 생각과 해결방안을 지원 분야를 중심으로 기술해주십시오.	• 문제해결능력 • 조직이해능력 • 대인관계능력 • 직무수행능력
2. 최근 정부는 2020년까지 사고사망만인율을 절반으로 줄여 안전선진국으로 도약하겠다는 목표를 설정하였습니다. 이에 대한 본인의 견해를 밝히고, 이를 위하여 어떠한 노력을 해야 하는지 지원 분야를 중심으로 기술해주십시오.	• 문제해결능력 • 정보능력 • 조직이해능력 • 직무수행능력
3. 지원 분야의 업무 중 이슈를 1개 선정하여, 해당 이슈에 대한 견해를 밝히고, 본인의 지식과 경험을 활용하여 우리 공단에 기여할 수 있는 바를 구체적으로 기술해주십시오.	• 조직이해능력 • 직무수행능력
4. 지원 분야의 전문성을 향상시키기 위한 최근 5년 이내의 노력, 성과 등의 사례를 직무설명자료를 참고하여 구체적으로 기술해주십시오.	• 자기개발능력 • 직무수행능력
5. 공직자로서의 직업윤리에 대하여 기술하고 본인은 이 직업윤리와 얼마나 부합하는 인물인지에 대하여 기술해주십시오.	• 직업윤리 • 직무수행능력

위의 자소서 항목을 살펴보면 3번과 4번 항목을 제외하고는 다소 생소한 내용이라고 할 수 있다. 3번과 4번 항목은 기존 자소서에서 지원동기와 입사 후 포부를 좀 더 구체적으로 작성하는 항목이다. 하지만 이와는 달리 1번 항목은 기업 문화에 대해 알고 있어야 하며, 2번 항목은 기업의 목표 및 해결책에 대한 관심과 지식이 있어야 쓸 수 있다. 특히 한국산업안전보건공단이 하는 일에 대해 정확하게 분석하고 있어야 지원 분야를 중심으로 작성할 수 있으므로 기업 분석이 필요한 항목이라고 할 수 있다. 5번 항목은 공공기관 및 공공기관에 종사하는 임직원에게 요구되는 사회적 역할에 대해 알고 있어야 풀 수 있는 항목으로 공적 마인드를 가지고 있으면 쉽게 접근할 수 있다.

이처럼 NCS 기반 자소서는 지원 기업 및 지원 직무에 대한 정보를 바탕으로 자신의 견해를 작성해야 한다. 따라서 자소서를 작성하기 전 지원 기업, 지원 직무에 대해 철저히 사전 조사를 하여 지원 기업의 경영이념, 인재상, 사업 분야, 향후 계획 등과 같은 기본적인 정보를 파악하고 이에 대한 자신의 생각을 정리해두는 것이 좋다.

NCS 합격자소서 작성 가이드

2. NCS 합격자소서 작성 전략

앞서 살펴본 바와 같이 NCS 기반 자소서는 기존의 자소서에서 항목 수가 늘어나고, 그 항목들의 내용이 구체화되었기 때문에 자소서 작성도 전략적으로 접근해야 할 필요가 있다. 다음에 제시되는 NCS 기반 자소서 작성 전략을 숙지한다면 NCS 기반 자소서 항목이 아무리 많고, 구체화되어 있을지라도 명확한 방향을 가지고 쉽게 자소서를 작성할 수 있을 것이다.

❶ 직무 분석부터 한다

구직을 위해서는 직무에 대한 철저한 이해가 필요하다. 특히 NCS 기반 채용에서는 '직무 능력'을 보다 중점적으로 평가하고 있기 때문에 직무에 대한 명확한 이해 없이 자소서를 작성하면 낭패를 보기 쉽다. 직무 분석 없이 자소서를 작성하면 자소서 작성 방향을 수립하기가 어려워 자소서의 내용이 부실해질 가능성이 높다. 또한, 직무에 대한 이해도가 낮기 때문에 자신의 능력과 직무의 연관성을 찾기가 어려워진다. 따라서 자소서 작성 전에 자신이 지원하는 직무에 대한 분석을 해야 한다.

❷ 직무기술서를 꼼꼼히 확인한다

NCS 기반 채용을 하는 기업에서는 채용공고에 '직무기술서'를 포함하고 있다. 직무기술서는 NCS 분류체계, 채용 기업의 주요 사업 내용, 직무 개요와 함께 해당 직무요건들로 구성되어 있다. 직무기술서는 모집 직무별로 각 평가요소를 구체화하고 그 요건을 명확하게 제시하여 입사지원자들에게 자신이 지원한 분야에서 수행해야 할 직무 내용을 사전에 안내해 주는 역할을 한다. 따라서 직무기술서는 지원하고자 하는 직무에서 필요로 하는 지식, 능력, 태도 등에 대해 미리 파악할 수 있는 중요한 자료이다. 다음은 2018년 한국수력원자력의 직무기술서이다.

채용분야	사무			
	대분류	중분류	소분류	세분류
분류체계	02. 경영·회계·사무	01. 기획사무	01. 경영기획	01. 경영기획
			02. 홍보·광고	01. 기업홍보
		02. 총무·인사	02. 인사·조직	01. 인사
		03. 재무·회계	02. 회계	01. 회계·감사
		04. 생산·품질관리	01. 생산관리	01. 구매조달

주요사업	• 원자력, 수력, 양수, 신재생 에너지 발전소 건설 및 운영
능력단위	• (경영기획) 01. 사업환경 분석, 04. 신규사업 기획, 05. 사업별 투자 관리, 06. 예산관리, 07. 경영실적 분석, 08. 경영 리스크 관리, 09. 이해관계자 관리 • (기업홍보) 03. 온라인 홍보, 05. 언론 홍보 • (인사) 01. 인사기획, 02. 직무관리, 03. 인력채용, 04. 인력이동관리, 05. 인사평가, 07. 교육 훈련 운영, 08. 임금관리, 09. 급여지급, 10. 복리후생 관리 • (회계·감사) 01. 전표관리, 02. 자금관리, 04. 결산관리, 06. 재무분석, 07. 회계감사 • (구매조달) 01. 구매전략 수립, 04. 발주관리, 05. 구매품 품질관리, 07. 구매 원가 관리, 09. 구매 계약, 10. 구매 성과관리
직무수행 내용	• (경영기획) 경영목표를 효과적으로 달성하기 위한 전략을 수립하고 최적의 자원을 효율적으로 배분하도록 경영진의 의사결정을 체계적으로 지원하는 업무 수행 • (기업홍보) 기업의 위기 상황에 대응하고 긍정적 이미지를 제고하기 위하여 전략과 계획의 수립, 온·오프라인(ATL·BTL) 채널을 이용한 활동의 수행, 효과 측정과 피드백 등을 수행 • (인사) 조직의 목표 달성을 위해 인적 자원을 효율적으로 활용하고 육성하기 위하여 직무조사 및 직무분석을 통해 채용, 배치, 육성, 평가, 보상, 승진, 퇴직 등의 제반 사항을 담당하며, 조직의 인사제도를 개선 및 운영하는 업무를 수행 • (회계·감사) 기업 및 조직 내·외부에 있는 의사결정자들이 효율적인 의사결정을 할 수 있도록 유용한 정보를 제공하며, 제공된 회계정보의 적정성을 파악하는 업무 수행 • (구매조달) 조직의 경영에 필요한 자재, 장비, 장치를 조달하기 위해 구매전략 수립, 구매계약의 체결, 구매 협력사 관리, 구매품 품질, 납기, 원가 관리를 수행
필요지식	• (공통) 업무 관련 법률 체계 이해 및 적용 • (경영기획) 조직의 경영이념 및 경영철학, 핵심가치체계, 기업윤리, 사업계획 수립 및 자원계획 운용전략, 회계 및 결산에 대한 기본개념 • (기업홍보) 온라인 채널별 특성, 목표의 요건, 계획서 구성요소, 성과지표 요소, 온라인 홍보정책, 콘텐츠 구성요소, 콘텐츠 유형별 특성, 저작권법, 검색엔진의 특성, 고객반응 유형, 온라인 채널 종류, 개인정보보호정책, 평가요소, 분석기법, 언론의 종류별 특성, 언론사의 구조, 홍보방법, 계획서 구성요소, 인터뷰기법, 기자의 유형 • (인사) 직무분석방법론, 인사규정, 근로기준법 및 노동법, 채용기법, 면접기법, 검사기법, 성과평가기법, 조직의 이해, 인건비 분석 및 경력관리, 역량모델링

NCS 합격자소서 작성 가이드

필요지식	• (회계·감사) 교환거래·손익거래·혼합거래에 대한 이해, 입금·출금·대체 전표에 대한 지식, 각종 자금관리에 대한 규정 이해, 원가흐름, 원가 개념 및 분류법, 원가배부 기준 및 방법, 기업실무에 필요한 회계 관련 규정, 재무제표 개념, 차대이해
	• (구매조달) 조직의 중장기 재고관리 및 발주계획, 자재별 시장동향, SCM 이해, 구매원가 기초지식, 협상 과정, 협력사 관리의 개념 및 프로세스, 계약에 대한 기본개념, 관세 및 부가가치세에 대한 지식, 외자국제입찰 레터 작성법(외국어 관련 지식 필요), 국제계약 정형약관에 대한 이해, 보험(국제무역 정형약관 등)에 관한 지식
필요기술	• (공통) 프레젠테이션 기술
	• (경영기획) 핵심가치·자산·역량에 대한 분석기법, 경영환경 분석기법, 핵심성과지표 설정기법, 기획서 및 보고서 작성 기술, 기초통계기술
	• (기업홍보) 정보수집 능력, 기획력, 콘셉트 설정능력, 고객관리 능력, 키워드 도출능력, 이벤트 운영능력, 분석 평가 능력, 매체 선택 능력, 홍보방법 선택능력, 관계구축 능력, 커뮤니케이션 능력, 자료 작성능력, 협상 교섭력, 문제 해결력, 언어표현 능력, 상황별 대응능력, 개선안 도출능력
	• (인사) 환경 및 직무 분석, 인력운영 효율성 분석, 동기부여, 인력수요 예측 기술, 퍼실리테이팅 기술, 교육요구분석, 교육과정 설계, 인사관리시스템 활용 능력
	• (회계·감사) 전표 작성, 자금관리 및 관련 문서 작성 방법, 원가산출능력, 회계 및 분석 프로그램 활용능력, 손익산정능력, 자산·부채평가능력, 내·외부감사 준비능력
	• (구매조달) 입찰공고 및 계약체결을 위한 정보시스템 및 데이터베이스 활용능력, 경제성 분석능력, 제안서 및 입찰서 검토능력, 협상기술, 국제협상을 위한 회화능력
직무수행 태도	• (공통) 객관적 판단 및 논리적 분석 태도, 효율적·개방적 의사소통, 전략적 사고, 기획력, 타부서와의 협력성, 인적자원에 대한 관심, 기업의 가치 추구 자세, 포괄적이고 거시적인 시각, 데이터에 입각한 업무처리, 신속성과 정확성, 관련 법령 및 규정을 준수하는 태도, 상대방에 대한 의견존중, 상대를 인정하는 수용성
	• (기업홍보) 기획 마인드, 체계적 사고, 기업 이슈에 대한 관심, 정보에 대한 호기심, 콘셉트와 콘텐츠의 창의성, 디자인 마인드, CS 마인드, 고객대응과 프로모션의 창의성, 분석적 사고, 다양한 의견의 경청, 피드백에 대한 수용성, 문제점에 대한 개선의지, 언론 관계자와의 친화성, 전략적 사고, 상황 대응의 민첩성
직업기초 능력	• 의사소통능력, 수리능력, 문제해결능력, 자원관리능력, 조직이해능력, 기술능력, 정보능력
참고	www.ncs.go.kr

직무기술서에서는 직무수행내용, 필요지식, 필요기술, 직무수행태도를 반드시 확인해야 한다. **예를 들**어, 인사 직무의 경우 필요지식으로는 직무분석방법론, 인사규정 등이 있고, 필요기술로는 환경 및 직무 분석, 인력수요 예측 기술 등이 뒷받침되어야 한다. 직무수행태도로는 데이터에 입각한 업무 처리, 신속성과 정확성 등이 필요하다. 직무기술서의 이 내용들을 숙지하면 자신이 지원하는 직무에서 필요로 하는 지식, 기술 등에 대한 정보를 빠르고 정확하게 파악할 수 있다. 그뿐만 아니라 이를 통해 지원 직무와 관련이 있는 자신의 능력, 경험을 소재로 자소서를 작성할 수 있으므로 자소서 작성 전에 직무기술서를 반드시 확인해야 한다.

❸ **자소서 항목의 의미를 명확하게 분석하고, 지원 직무와 관련된 경험, 능력 등을 제시한다**

대부분의 지원자들이 자소서 항목은 분석하지 않고 자소서 작성부터 하는 경우가 많다. 하지만 자소서 항목들은 지원자들의 능력, 태도 등을 알아보기 위한 의도로 만들어졌기 때문에 자소서 항목에 숨겨진 의도를 명확히 파악하지 않고 자소서부터 작성해서는 안 된다.

NCS 기반 자소서의 항목들은 직무 능력을 입증할 수 있도록 직무 능력과 관련된 자신의 경험, 가치관, 생각 등을 적는 항목들로 구성되어 있으며 항목의 내용이 매우 구체화되어 있다. 따라서 논술 문제를 푸는 것처럼 접근하는 것이 좋다. 항목의 의미를 명확히 분석하여 이에 맞게 자신의 경험, 생각, 직무 능력 등을 설득력 있게 작성해야 한다. 단순히 회사에 입사하기 위해 또는 직무 관련 능력을 기르기 위해 노력해왔다는 식의 태도적인 측면만을 언급하지 말고 실제로 어떤 능력을 보유하고 있는지를 자소서에 명확하게 드러내야 한다.

❹ **경험을 통해 얻게 된 능력을 구체적으로 밝히고, 지원 직무에서 어떻게 활용할 수 있는지를 제시한다**

기업은 자소서를 평가할 때 지원자가 무엇을 했느냐에 중점을 두지 않는다. 지원자가 어떤 일을 어떻게 진행하였고, 그 경험을 통해 얻은 것이 무엇인지에 초점을 맞추어 평가한다. 따라서 자소서를 작성할 때도 자신이 어떤 일을 어떻게 하였으며 그 결과로 무엇을 얻게 되었는지에 초점을 맞추어 작성해야 한다. 직무와 관련된 경험 및 경험으로 얻게 된 생각이나 능력을 제시하고, 이 생각이나 능력을 통해 향후 회사에 입사 후, 구체적으로 무엇을 할 것인지에 대한 구체적인 계획을 언급해주면 더욱 좋은 자소서를 쓸 수 있을 것이다.

NCS 합격자소서 작성 가이드

NCS 합격자소서 작성 전략 적용 사례

1. 지원 분야와 관련된 업무 경력 및 실적 등 경력사항이나 기타 경험 및 활동에 대하여 상세히 기술해주시기 바랍니다. 경력사항의 경우, 채용 분야의 직무와 관련하여 기업 또는 조직에서 실제적으로 수행한 업무에 관하여 작성해주십시오. 경험 및 활동의 경우, 산학, 팀 프로젝트, 연구회, 동아리/동호회, 재능기부 등 지원 분야와 관련하여 쌓은 경험에 관하여 작성해주십시오.

1-1. 지원한 직무와 관련한 경력이나 경험 및 활동의 내용을 기술해주십시오.

   예) 컨벤션 회사에서 계약직 인턴을 한 적이 있습니다. 이때 '제8회 동아시아 댐 기술교류회의' 프로젝트를 진행했습니다. 조직 내에서 저는 컨벤션 1팀에 소속되어 국제회의와 서울 투어, 기술 댐 투어 등의 4박 5일의 행사 기획에 참여했습니다. 기획부터 투어 참가자 통솔 행사 진행에 이르기까지 행사의 기획과 진행에 모두 관여하여 활동했습니다.

1-2. 해당 조직이나 활동에서 본인이 맡았던 역할을 기술해주십시오.

   예) 저는 이곳에서 예산 확보를 위한 홍보 마케팅, 진행 인력 교육과 인력 통솔, X 배너, 현수막, 룸사인 등의 다자인 시안을 만들어 요청했고, 국제회의에서 진행할 시나리오 대본을 작성하거나 번역을 했습니다. 또한 행사 진행 중에는 중국 참가자들을 인천공항에서부터 맞이하여 서울 투어를 통솔하여 진행했고, 기술 댐 투어에서는 일본 참가자들을 통솔하여 투어를 진행했습니다.

1-3. 해당 경험이 △△△△△△공단 입사 후 업무 수행에 어떠한 도움을 줄 수 있는지 기술해주십시오.

   예) 저는 이런 경험을 통해 사업의 진행을 위해서는 명확한 매뉴얼이 필요하다는 것을 배웠습니다. 또한 대본을 만들면서 문서작성능력과 효과적인 전달 방법에 대해 배웠습니다. △△△△△△공단은 국민이 건강한 삶을 영위하기 위해 정보를 정확하게 전달해야 합니다. 저는 매뉴얼을 통해 논리적으로 민원인을 설득할 수 있습니다. 또한 국민에게 정보를 쉽고 정확하게 알려주는 문서를 작성할 수 있습니다.

2. [의사소통능력] 자신이 속했던 조직(학교, 회사, 동아리 등) 안에서 자신과 의견이 다른 조직 구성원을 효과적으로 설득하거나 합의를 이끌어낸 경험이 있습니까? 당시 상황을 간략하게 요약하고 성공 요인이 무엇이라고 생각하는지 기술해주십시오.

   예) 컨벤션 회사 인턴 당시, '동아시아 댐 기술교류회의' 프로젝트의 기획 과정 중 예산 절감에 대한 회의를 진행했습니다. 회의 중, 저는 논문집과 프로그램 북의 자체 제작으로 예산을 줄일 수 있을 것이라고 제안했습니다. 그러나 다른 사원들은 논문집과 프로그램 북은 외주에 맡기고 투어 일정을 줄이자는 의견을 제시했습니다. 저는 진행 전체를 생각해 프로젝트에서 중요한 투어 일정을 줄이면 안 된다고 했습니다. 다른 분들을 설득하기 위해 수백 권의 논문집을 검토하고 내용을 요약했습니다. 근거자료들을 가지고 일하는 시간을 늘린다면 기한도 맞출 수 있다고 설득하여 논문집과 프로그램 북의 자체

제작을 확정받을 수 있었습니다. 결국 예산이 절감되었고 행사를 성공리에 마쳤습니다. 제가 다른 분들을 설득할 수 있었던 것은 프로젝트의 전반적인 진행 내용을 이해하고 가장 이익이 되는 것에 대해 선택한 다음, 근거자료를 제시했기 때문이라고 생각합니다.

3. [대인관계능력] 공동의 과제를 여럿이서 함께 수행하는 과정에서 갈등이 발생했을 때 갈등을 원만하게 해결한 경험이 있습니까? 갈등 상황을 간략하게 기술하고 해당 문제를 해결하기 위해 발휘한 본인의 역량과 역량에 따른 결과를 구체적으로 기술해주십시오.

　예) 인턴으로 국제회의 프로젝트에 참여하게 되었습니다. 프로젝트가 진행되는 중에 참여하게 되어 조직에 융화하는 것이 어려웠습니다. 기존 인턴들끼리만 친하게 지내며, 담당자 몰래 자기들의 일까지 저에게 넘기는 등의 텃세가 있었던 것입니다. 과업을 하는 데 있어 사람들과의 사적인 관계는 공적인 일에도 영향을 미칠 수 있다고 생각했습니다. 그래서 저는 저의 장점인 친화력을 발휘해 사람들로부터 호감을 얻기 위한 노력을 했습니다. 점심시간이 되면 점심을 같이 먹자고 제안하고, 그들의 생활에 함께 융화되기 위해 노력했습니다. 그리고 항상 그들의 말에 경청을 하면서 자연스럽게 대화에 참여했습니다. 노력의 결과로 기존의 인턴들과 친해질 수 있었습니다. 또한 일이 힘들어 며칠 근무하고 나오지 않는 인턴들로 인해 배타적일 수밖에 없었던 그들의 입장도 이해하게 되었습니다. 그리고 프로젝트 역시 별다른 갈등 없이 서로를 격려하며 성공적으로 완수할 수 있었습니다.

4. 팀 프로젝트나 그룹 과제와 같은 공동 작업을 할 때 팀원들의 성격과 특성을 잘 파악하여 각 사람에게 맞는 역할을 부여함으로써 효과적으로 일을 완료한 경험이 있다면 기술해 주십시오. 구체적인 사례와 함께 본인이 취했던 전략이나 방식들을 중심으로 기술해주십시오.

　예) 마케팅 조사론을 수강할 때, 유실적 고객을 늘리는 방안에 대한 프로젝트가 주어졌습니다. 이 프로젝트에서는 팀워크가 중요했기 때문에 사전 회의를 많이 진행했습니다. 저는 회의를 진행하면서 정적인 과업과 동적인 과업으로 나눴습니다. 과업을 진행할 때 본인의 성향에 맞지 않으면 과업이 더뎌진다고 생각했기 때문입니다. 회의를 진행하면서 사람들의 말과 행동에 주의를 기울였습니다. 의견을 피력하는 사람, 의견에 동조하는 사람, 메모를 잘하는 사람, 전체적인 진행을 피력하는 사람들로 구분했습니다. 그래서 적극적인 사람들과 전체 진행을 피력하는 사람들은 동적인 과업을, 메모를 꼼꼼히 하고 의견에 동조하는 사람들에게는 정적인 과업을 주었습니다. 과업의 성격을 정확하게 알고 사람들의 성향을 파악하기 위한 기준을 수립하고, 학과에서 배운 성향 분석 이론을 통해 그에 맞는 역할을 부여해 프로젝트를 완수했습니다.

"1분 레벨테스트"로
바로 확인하는 내 토익 레벨! ▶

| 토익 교재 시리즈

유형+문제				
~450점 왕기초	450~550점 입문	550~650점 기본	650~750점 중급	750~900점 이상 정규

현재 점수에 맞는 교재를 선택하세요! ▶ : 교재별 학습 가능 점수대

해커스 토익
왕기초 리딩   해커스 토익
왕기초 리스닝

해커스 토익
스타트 리딩   해커스 토익
스타트 리스닝

해커스 토익
700+ [LC+RC]

해커스 토익
중급 리딩   해커스 토익
중급 리스닝

해커스 토익
리딩   해커스 토익
리스닝

해커스 토익
Part 7 집중공략 777

실전모의고사

해커스 토익
실전 LC+RC   해커스 토익
실전 1200제 리딩   해커스 토익
실전 1200제 리스닝   해커스 토익
실전 1000제 1 리딩/리스닝
(문제집 + 해설집)   해커스 토익
실전 1000제 2 리딩/리스닝
(문제집 + 해설집)   해커스 토익
실전 1000제 3 리딩/리스닝
(문제집 + 해설집)

보카

해커스 토익
기출 보카

문법 · 독해

그래머
게이트웨이
베이직   그래머
게이트웨이
베이직
Light Version   그래머
게이트웨이
인터미디엇   해커스
그래머 스타트   해커스
구문독해 100

| 토익스피킹 교재 시리즈

해커스 토익
스피킹 스타트   해커스 토익
스피킹 [Level 7·8]   해커스 토익
스피킹 실전모의고사

| 오픽 교재 시리즈

해커스 오픽 스타트
[Intermediate 공략]   해커스 오픽
[Advanced 공략]

[해커스 어학연구소] 교보문고 종합 베스트셀러 토익/토플 분야 1위
(2005~2019 연간 베스트셀러 기준, 해커스 토익 보카 7회/해커스 토익 리딩 8회)